电子商务实务

主　编　陈　雨　周　旖　汪　冶
副主编　邱　馨　赵雨晴　孟　华
参　编　贺道春

北京理工大学出版社
BEIJING INSTITUTE OF TECHNOLOGY PRESS

内 容 简 介

本书共分为六个模块，打破传统的教材架构，采用基于工作过程系统化的思维，把整个电子商务工作分解为不同的岗位，再根据每个岗位职责的不同要求设定不同的项目内容，知识深入浅出，案例新颖且贴近生活，实训可操作性强。本书从电子商务初识、电子商务的定位与选品、网络营销、电子商务安全与电子支付、电子商务物流、电子商务客户服务等多个方面，全方位多角度地介绍电子商务的工作流程。以工作过程为导向，本书不仅讲解电子商务的理论知识，而且提供电子商务运营的实操演练。

本书既可作为高等职业院校、高等专科学校、民办高校及本科院校举办的二级职业技术学院及其他高等职业教育机构的电子商务类、网络营销类、营销类相关专业的教材，也可作为网络营销、电子商务公司从业人员的培训、参考用书。

版权专有　侵权必究

图书在版编目（CIP）数据

电子商务实务 / 陈雨，周旖，汪冶主编 . —北京：北京理工大学出版社，2023.5

ISBN 978-7-5763-2443-3

Ⅰ. ①电… Ⅱ. ①陈… ②周… ③汪… Ⅲ. ①电子商务-高等学校-教材 Ⅳ. ①F713.36

中国国家版本馆 CIP 数据核字（2023）第 097304 号

出版发行 / 北京理工大学出版社有限责任公司
社　　址 / 北京市海淀区中关村南大街 5 号
邮　　编 / 100081
电　　话 / （010）68914775（总编室）
　　　　　（010）82562903（教材售后服务热线）
　　　　　（010）68944723（其他图书服务热线）
网　　址 / http：//www.bitpress.com.cn
经　　销 / 全国各地新华书店
印　　刷 / 涿州市新华印刷有限公司
开　　本 / 787 毫米 × 1092 毫米　1/16
印　　张 / 17.75　　　　　　　　　　　　　责任编辑 / 申玉琴
字　　数 / 416 千字　　　　　　　　　　　　文案编辑 / 申玉琴
版　　次 / 2023 年 5 月第 1 版　2023 年 5 月第 1 次印刷　责任校对 / 刘亚男
定　　价 / 79.00 元　　　　　　　　　　　　责任印制 / 施胜娟

图书出现印装质量问题，请拨打售后服务热线，本社负责调换

前　言

党的二十大报告对于"实施科教兴国战略，强化现代化建设人才支撑"进行了详细丰富、深刻完整的论述，其中有许多创新的提法，如"职普融通"和"优化职业教育类型定位"均是首次出现在党代会的文件中。发展职业教育的重要性和紧迫性，在党的二十大报告里已经表述得很清晰了。职业教育法更是将"产教融合"作为一个基本制度提出来。本书就是基于电子商务实务的产教融合来构思的。

随着互联网的不断发展，电子商务不断发展完善。电子商务因其覆盖面较广、服务众多等特点，能够满足不同消费者的消费需求，甚至消费者可以根据个人喜好进行个性化的设定。鉴于此，我们启动了本书的编写工作，以期为社会提供一本高质量的电子商务运营实践技能锻炼与培训教程。

《中华人民共和国职业教育法》指出："职业教育必须坚持中国共产党的领导，坚持社会主义办学方向，贯彻国家的教育方针，坚持立德树人、德技并修，坚持产教融合、校企合作，坚持面向市场、促进就业，坚持面向实践、强化能力，坚持面向人人、因材施教。"因此我们在本书的编写过程中注重弘扬社会主义核心价值观，对学生进行思想政治教育和职业道德教育，培育学生的劳模精神、劳动精神、工匠精神。总体来说，本书与其他同类教程相比，主要有以下特点。

本书是基于目前电子商务运营的主流工具和平台来编写的。本书以电子商务项目的流程来安排教学，每个项目都是基于电子商务运营工作岗位的特点和具体技能要求来设计的。因此内容贴近社会工作实际，便于高职高专学生学习，以及今后零距离就业。

本书内容的组织结构与学科体系教材不同。本书按照"以全面素质为基础""以职业能力为本位"的教学理念来组织内容，符合学生的认知规律和技能养成规律；遵循劳动过程的系统化，符合工作过程逻辑；坚持以应用为主线，不强调理论知识的系统性、完整性，不追求教材的学科结构与严密的逻辑体系，以适应课程综合化和模块化的需要。

本书按照新形态教材的要求编写。本书基于新形态教材编写思路与方法，突出职业引导功能。通过本书，学生可以了解职业、热爱职业岗位，树立正确的价值观、择业观，培养良好的职业道德和职业意识。

本书在内容表达、呈现方面适应学生的心理特点和认知习惯，语言简明通顺、浅显易懂、生动有趣，采用与真实工作过程一致的图像，做到图文并茂、引人入胜。

本书在教学内容遴选、取舍方面突出实用性和实践性。本书坚持以职业能力为本位，以应用为目的，以必需、够用为度，满足职业岗位的需要，与相应的职业资格标准或行业技术等级标准接轨；告诉学生的是"是什么，做什么，怎么做"，而不是"是什么、为什么"，不强调"知其然，又知其所以然"。

本书还配套了网络立体教学资源（如课件、教案、微课视频等配套资源）供学生使用。

本书由重庆建筑科技职业学院陈雨、周旖、汪冶担任主编，由重庆建筑科技职业学院邱馨、赵雨晴和重庆化工职业学院孟华担任副主编，浙江天猫技术有限公司贺道春参与本书编写。本书在编写过程中得到了浙江天猫技术有限公司、重庆华龙网集团、重庆龙网教育信息咨询服务有限公司、重庆广电集团等企业人员、学者、专家的帮助。可以说，本书是深度校企合作的产物，在此对以上企业及社会人士的帮助和支持表示深深的感谢。

鉴于电子商务运营涉及的内容具有可变性和时效性的特点，加之编写人员经验与水平的限制，书中难免有不足之处，敬请各位读者批评指正，以利于再版时修订。

编　者

目 录

模块一 电子商务初识 （1）
项目一 电子商务基本概念及分类 （2）
  任务一 电子商务基本概念及行业发展 （2）
  任务二 电子商务分类 （9）
项目二 电子商务典型模式应用 （15）
  任务一 B2C 模式应用实训 （15）
  任务二 移动 O2O 模式应用实训 （23）
  任务三 移动 C2C 模式应用实训 （33）

模块二 电子商务的定位与选品 （42）
项目一 电子商务定位 （42）
  任务一 电子商务定位的基础认知 （43）
  任务二 电商店铺定位的方法与技巧 （48）
项目二 电子商务选品 （54）
  任务一 电子商务选品的基础认知 （54）
  任务二 电子商务选品的方法与技巧 （61）

模块三 网络营销 （68）
项目一 网络调研 （69）
  任务一 网络调研问卷设计与制作 （69）
  任务二 网络调研报告撰写 （78）
项目二 微信营销 （83）
  任务一 微信个人号与公众号的定位 （83）
  任务二 微信营销软文策划与编辑 （94）
项目三 微博营销 （100）
  任务一 微博营销账号的定位 （101）
  任务二 微博营销软文策划与编辑 （108）

项目四　音频营销 ………………………………………………………………（115）
　　任务一　音频营销账号的定位 ……………………………………………（115）
　　任务二　音频策划与制作 …………………………………………………（122）
项目五　短视频营销 ……………………………………………………………（129）
　　任务一　短视频营销账号的定位 …………………………………………（130）
　　任务二　短视频策划与制作 ………………………………………………（136）
　　任务三　短视频营销推广 …………………………………………………（148）
项目六　直播营销 ………………………………………………………………（157）
　　任务一　直播软硬件环境搭建 ……………………………………………（157）
　　任务二　直播营销内容策划 ………………………………………………（166）
　　任务三　直播流程与技巧点 ………………………………………………（174）

模块四　电子商务安全与电子支付 …………………………………………（181）

项目一　电子商务安全 …………………………………………………………（182）
　　任务一　电子商务安全认知 ………………………………………………（182）
　　任务二　电子商务日常安全防范 …………………………………………（187）
项目二　电子支付 ………………………………………………………………（191）
　　任务一　电子支付概述 ……………………………………………………（191）
　　任务二　典型电子支付方式应用——微信支付实训 ……………………（197）

模块五　电子商务物流 …………………………………………………………（209）

项目一　电商物流基础知识 ……………………………………………………（210）
　　任务一　电商物流的含义及特点 …………………………………………（210）
　　任务二　电商物流配送中心及配送流程 …………………………………（215）
项目二　智慧物流 ………………………………………………………………（221）
　　任务一　智慧物流的概念及技术 …………………………………………（221）
　　任务二　电子商务环境下智慧物流的应用 ………………………………（228）

模块六　电子商务客户服务 ……………………………………………………（234）

项目一　电商客服基本技能 ……………………………………………………（235）
　　任务一　电商客服基本素养及技能 ………………………………………（235）
　　任务二　客户服务软件介绍 ………………………………………………（239）
项目二　电商客服基本流程 ……………………………………………………（248）
　　任务一　售前客户服务实训 ………………………………………………（248）
　　任务二　售中客户服务实训 ………………………………………………（257）
　　任务三　售后客户服务实训 ………………………………………………（264）

参考文献 …………………………………………………………………………（275）

模块一

电子商务初识

本模块主要介绍的内容为：第一，电子商务的基础知识，包含商务及电子商务的含义及模型。第二，详细阐述电子商务与传统电子商务之间的区别和联系，从而分析总结出电子商务自身的特点和优势。第三，目前电子商务产生及发展的条件及发展趋势。第四，电子商务的基本分类。第五，电子商务主要模式（B2C、O2O、C2C）的具体应用场景。

学习目标

一、知识目标

1. 熟悉电子商务的概念及内涵。
2. 掌握电子商务与传统电子商务的区别。
3. 掌握电子商务的优势。
4. 掌握电子商务的产生与发展。
5. 掌握电子商务的常见分类。
6. 掌握电子商务的主要应用模式。

二、技能目标

1. 能够在理解掌握电子商务概念的基础上，分析出电子商务与传统电子商务的区别。
2. 能够全面地阐述和介绍电子商务的产生与发展。
3. 能够根据电子商务在生活中的应用探索电子商务的发展趋势。
4. 能够针对电子商务的模式（B2C、O2O、C2C），分析其具体应用场景的特点和作用。

三、思政目标

1. 通过了解电子商务的产生和发展，引导学生关注国家社会发展，了解建设数字中国的意义。
2. 通过我国电子商务发展成就的展示，让学生感受我国在全球经济发展中的重要地位。
3. 融入大国自信和家国情怀，开展爱国主义教育，增强学生的民族自豪感。
4. 加强对学生职业素养的教育和培养。

项目一　电子商务基本概念及分类

随着计算机与网络技术的普及与发展，电子商务依靠开放的市场、便捷的交易手段和强大的物流支撑蓬勃兴起并席卷全球。近年来，我国电子商务也发展迅猛，不仅创造了新的消费需求，引发了新的投资热潮，而且为大众创业、万众创新提供了新空间。加快发展电子商务是企业降低成本、提高效率、拓展市场和创新经营模式的有效手段，对于满足和提升消费需求、改善民生和带动就业具有十分重要的意义，对于经济和社会可持续发展具有愈加深远的影响。本项目重点介绍电子商务的基本概念及分类。通过本项目的内容，学生可以建立对电子商务的初步认识。

任务一　电子商务基本概念及行业发展

一、学习任务

电子商务改变了人们的生活方式。人们足不出户就可以悠然自得地在网上购物，也可以做到家事、国事、天下事事事清楚，甚至可以坐在家中聆听世界一流大学知名教授的精彩授课。新零售、无人超市这些词已经不再陌生，电子商务将人类过去的很多美好憧憬都变成了现实。本任务是让学生通过对电子商务理论知识及案例的学习，掌握电子商务的基本概念及行业发展。

二、建议课时

4 课时。

三、任务分析

本任务将对电子商务的基本概念及行业发展进行系统的讲解。学生在学习了本任务后，应对电子商务有初步的认识，为后续学习做好铺垫。

四、引入案例

传统茶企转型电商之路——四川宜宾川红茶业集团有限公司

1. 企业介绍

四川宜宾川红茶业集团有限公司成立于 2010 年 12 月，公司前身是 1952 年成立的宜宾茶厂，是新中国最早成立的中国红茶外贸出口五大骨干企业之一。20 世纪 90 年代，宜宾茶厂生产的川红工夫茶大量出口到欧洲，出口量占据四川茶叶出口的 80%。1958 年，宜宾"川红工夫"被罗马尼亚政府指定为当年的国庆礼宾专用茶，1985 年，宜宾茶厂生产的"川红工夫"在葡萄牙举行的第二十四届世界优质食品博览会上获得了金质奖章，成为四川茶叶的骄傲。

经过60多年的发展，川红集团已经发展成为一家集茶叶种植、生产加工、研发、销售为一体的省级农业产业化经营重点龙头企业。

2. 企业转型之路

2012年11月，川红集团看到电子商务即将进入快速发展阶段，其重要性越来越凸显，策划成立了电商部，启动电子商务网络营销。然而，在运营初期遇到了很多问题，企业发现电商营销并不只是把原有的产品换个方式转到线上来销售那么简单，实际上这对于这种传统茶企来说也是一个陌生而痛苦的抉择。由于企业地处四川，当时的信息化人才又相对匮乏，加之自身传统经营理念的束缚等，导致初期不善于运用互联网思维、信息化手段来进行经营，企业转型并没有取得好的效果。

如何突破？通过什么样的方式可以最快、最节省成本地进入这个炙热的电子商务领域？便成了川红集团必须解决的难题。

> **思政看点**
> 通过该案例可以看出，传统企业依靠电子商务转型，潜力巨大。企业要善于在新的形势下，研究新策略，促进自身发展，让"好的产品自己会说话"。

经过半年多的磨合和总结，企业意识到做好电商关键要解决人的问题，拥有真正专业的团队才是传统企业电商成功的关键，因为这类人才不但要懂电商还要懂茶。茶叶的购买因素有价格、包装、健康、功效、口感、汤色、香气，等等，而且线上营销的手法有别于线下，必须从年轻人的角度去解读、品味茶本身，要让茶叶"自己讲故事"。所以企业开始大量寻找电商专业的人才，而且要让这些人才用最快的时间去了解茶、了解四川茶、了解川红茶，同时公司不断送员工到成都、杭州、广州等电商发达的地方进行考察、学习、培训，让电商团队大胆地去试水、总结。

短短2年多的时间，川红集团由原来3个人组成的电商部发展到现在有30多人的电子商务公司，月发单平均达到30 000单，日流量40 000多。2016年，川红电商销售突破8 000万元，成为四川茶企电商销售第一名、京东商城重要商家。通过电子商务，川红集团将宜宾早茶推向了全国，2015年在仅仅一个月的天猫春茶节就销售早茶18 000件，近6 000斤。

（案例来源：http://www.moa.gov.cn/ztzl/scdh/sbal/201609/t20160905_5264658.htm）

五、任务的实施

（一）商务与电子商务

1. 什么是商务

商务可以解释为：以营利为目的的市场经济主体，通过实现商品的交换而开展的一系列经营管理活动的总称。对商务含义的解释，大致可归纳如下：

（1）现代商务主体的多元性，即包括一切以营利为目的的市场经济主体。商务主体涉及企业、政府部门（包括事业单位）、家庭和个人等。

（2）现代商务的实质是商品交换，即通过买卖方式实现商品所有权转移的交换行为。

（3）现代商务的对象或客体是所有的经济资源，包括各种有形商品和无形商品。

（4）商务活动包括采购、生产、销售、商贸磋商、价格比较、经营决策、营销策略、推销促销、公关宣传、售前和售后服务、客户关系、咨询服务等。

2. 什么是电子商务

电子商务是指利用互联网及现代通信技术进行任何形式的商务运作、管理或信息交换。

一方面，企业通过互联网，与客户实现充分的交流，实时了解客户需求；另一方面，企业内部及企业与其合作伙伴之间又通过网络实现高效协同、紧密合作，以最低成本、最快速度满足客户需求。它包括企业内部的协调与沟通、企业之间的合作及网上交易三方面的内容。

狭义的电子商务（Electronic Commerce，EC），仅指在互联网上开展的交易或与交易有关的活动。

广义的电子商务（Electronic Business，EB）是指利用信息技术使整个商务活动实现电子化，包括利用互联网、内联网（Intranet）、外联网（Extranet）等不同形式的网络，以及信息技术进行的商务活动。换句话说，广义的电子商务实际就是将所有商务活动业务流程电子化，不仅包括了企业商务活动中面向外部的业务流程，如网络营销、电子支付、物流配送等，还包括了企业内部的业务流程，如企业资源计划、客户关系管理、供应链管理、人力资源管理、市场管理、生产管理、研发管理及财务管理等内容。

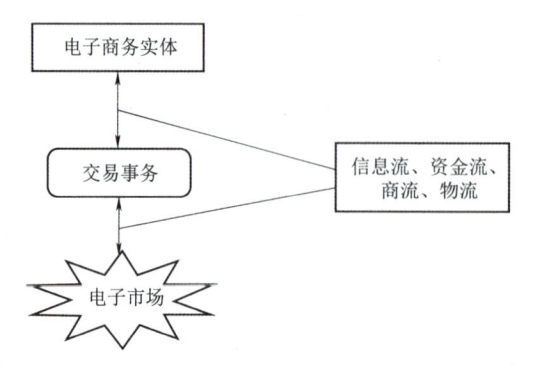

3. 电子商务的概念模型

电子商务的概念模型是对现实世界中电子商务活动的抽象描述。它由电子商务实体、电子市场、交易事务和信息流、资金流、商流、物流等基本要素构成，如图1-1-1所示。

图1-1-1 电子商务的概念模型

电子商务实体是指能够从事电子商务活动的客观对象，它可以是企业、银行、商店、政府机构、个人等。

交易事务是指电子商务实体之间所从事的具体的商务活动的内容，如询价、报价、转账支付、广告宣传、商品运输等。

电子市场是指电子商务实体从事商品和服务交易的场所，它是由各种各样的商务活动参与者，利用各种接入设备，通过网络连接成的一个统一的经济整体。

任何商务活动都离不开四种基本的"流"，即信息流、资金流、商流和物流。电子商务作为电子化手段的商务活动，也同样如此，电子商务的任何一笔交易都包含信息流、资金流、商流和物流四个基本要素，如图1-1-2所示。

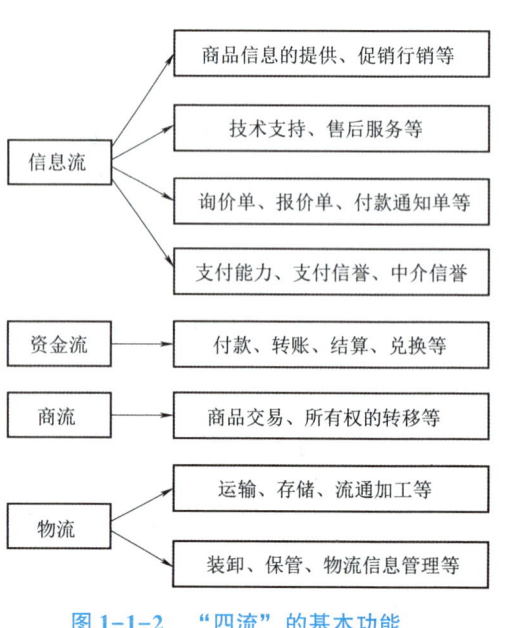

图1-1-2 "四流"的基本功能

（二）传统商务与电子商务的比较

传统商务及电子商务有相似之处，但也有着明显的区别，如表1-1-1及表1-1-2所示。

表1-1-1　传统商务与电子商务的整体对比

比较项目	传统商务	电子商务
交易对象	部分地区	全球
交易时间	规定的营业时间内	一周7天×24小时服务
交易地点	需要销售空间（实体店铺、仓库等）	虚拟空间（网络店铺、商品列表、图片等）
流通渠道	企业→批发商→零售商→消费者（成本高）	企业→消费者（降低流通成本）
销售方式	通过各种关系买卖	完全自由购买
销售推动	销售商努力（单方）	交易双方一对一沟通（双向）
信息提供	根据销售商的不同而不同	透明、准确
顾客方便度	受时间和地点的限制	顾客按自己的方式无拘无束地购物
顾客需求把握	需要用很长时间掌握顾客的需求	能够迅速捕捉顾客的需求，及时应对

表1-1-2　传统商务和电子商务运作过程的比较

运作过程	传统商务	电子商务
交易前的准备	以纸面材料为主，进行商品信息的发布、查询和匹配的过程	以网络为主，进行商品信息的发布、查询和匹配的过程
贸易磋商	交易双方进行口头磋商或纸面贸易单证的传递	交易双方通过网络进行磋商或通过电子信息传递贸易单证
合同与执行	交易双方签订纸面商贸合同	交易双方通过第三方认证机构签订电子合同
支付与清算	一般有支票和现金两种方式	网上支付

（三）电子商务的优势

电子商务主要具备以下四点优势。

1. 时空优势

电子商务是在由现代信息技术构建的虚拟市场中进行的，超越了时间和空间的界限，只要能够连接到互联网，便可随时随地进行商品和服务的交易。

2. 速度优势

电子商务在信息获取、购买、配送等方面都有着巨大的速度优势。

3. 成本优势

电子商务有着突出的成本优势：①降低信息的获取成本；②降低营销成本；③降低交易成本。

4. 信息优势

现代信息技术的发展加快了数据的传递速度，信息的搜集变得方便快捷，信息的保存、整理和运用也更加合理、高效。

（四）电子商务产生和发展的条件

1. 信息技术的发展

（1）计算机的广泛应用。20世纪90年代之后，计算机的处理速度越来越快，处理能力越来越强，价格越来越低，应用越来越广泛，这为电子商务的发展奠定了基础。

（2）网络的普及和成熟。随着互联网逐渐成为全球通信与交易的媒介，全球上网用户数量呈几何级数增长，网络快捷、安全、低成本的特点为电子商务的发展提供了应用条件。

> 知识拓展
> 电子商务的发展阶段

2. 社会经济的发展

随着社会经济的发展，大多数商品出现了供应远远大于需求的现象。这时急需一种新的商务模式来提高企业的竞争力，电子商务即扮演了这种角色。电子商务是人类社会经济发展的必然趋势。电子商务产生和发展的条件如图1-1-3所示。

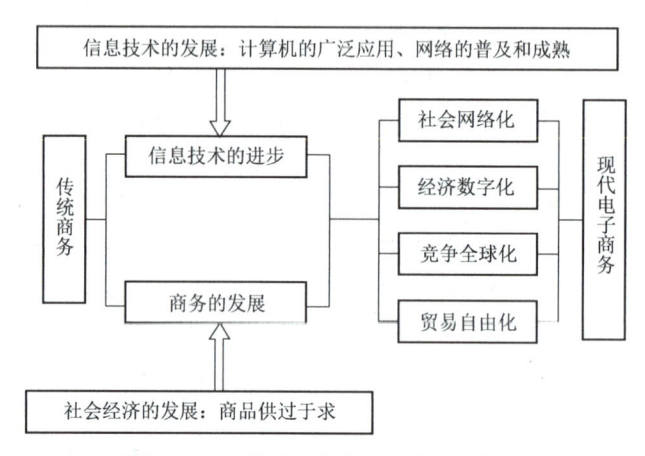

图 1-1-3　电子商务产生和发展的条件

（五）我国电子商务的发展趋势

1. 在线教育

在线教育（E-Learning），也称远程教育、网络教育，即为了教育、培训和知识管理而进行的在线信息传递。教与学可以不受时间、空间和地点等条件的限制，知识获取渠道灵活多样。

2. 互联网医疗

科技革新与消费需求升级是商业世界得以重塑的最重要的两大推动力，在医疗健康服务领域也是如此。在这两大推动力下，现今的医疗健康服务领域诞生了许多创新的商业模式。

互联网医疗电子商务（互联网医疗）主要指面向C端（消费者端，Consumer）的医疗健康互联网产品。互联网医疗按类别可以划分为以下几种类型。

（1）围绕"疾病"来提供健康服务。

（2）围绕"药品"来提供健康服务。

（3）围绕"内容"来提供健康服务。

3. 在线旅游

在线旅游电子商务（在线旅游）是通过互联网、移动互联网及电话呼叫中心等方式为消费者提供旅游相关信息、产品和服务。在线旅游包括在线机票/火车票预订、在线住宿预订、在线度假预订和其他旅游产品及服务（如商旅、保险、Wi-Fi 等）。

六、考核与评价

本任务对电子商务的基本概念及行业发展进行了系统讲解。学生应在学习了本任务后，对电子商务建立初步的认识。请根据表 1-1-3 进行自我评价。

表 1-1-3　电子商务基本概念及行业发展学习评价

评价项目	评价要点	自评	互评	师评
电子商务的基本概念	1. 了解什么是商务（10分）			
	2. 理解什么是电子商务（10分）			
	3. 能够阐述电子商务概念模型的含义（10分）			
	4. 能够区别传统商务及电子商务（10分）			
	5. 能够对传统商务和电子商务运作过程进行比较（10分）			
	6. 了解电子商务的优势（10分）			
电子商务的行业发展	7. 能够说出电子商务产生和发展的条件（10分）			
	8. 能够阐述电子商务的发展趋势（10分）			
	9. 能够举例说明互联网对传统行业的影响（10分）			
	10. 能够列举几种互联网医疗的类型（10分）			
总评成绩				

备注：自评、互评、师评三项的分数取平均值，计入总分。评价结果分为 A（85~100 分）、B（75~84 分）、C（60~74 分）、D（60 分以下）四个等级。

A 优秀；B 良好；C 合格；D 待合格。

七、巩固与练习

1. 判断题

(1) 电子商务是指利用互联网及现代通信技术进行任何形式的商务运作、管理或信息交换。　　　　　　　　　　　　　　　　　　　　　　　　　　　　　　（　　）

(2) 任何商务活动都离不开四种基本的"流"，即信息流、资金流、商流和物流。
　　　　　　　　　　　　　　　　　　　　　　　　　　　　　　　　　　（　　）

(3) 传统商务相较于电子商务更具有成本优势。　　　　　　　　　　　（　　）

2. 简答题

(1) 电子商务的优势有哪些？

(2) 电子商务产生和发展的条件有哪些？

3. 技能实训题

请结合本任务所学，举例说出电子商务带动了哪些行业的发展。

八、技能归纳图表

技能回顾：
（绘制本任务的技能关系图）

电子商务基本概念及行业发展 { 基本概念：

行业发展：

思考总结：

九、拓展案例

苏宁——从传统电器零售企业转型为互联网零售企业

从前的苏宁是一个传统电器实体企业，而现在提起苏宁，大部分人首先想到的是"苏宁易购"。现在的苏宁已经实现了电商化，变成了互联网的零售企业。张近东用八个字来概括互联网新苏宁——"一体、两翼、三云、四端"。一体，是坚持苏宁的本体，即零售本质。两翼，是O2O性质，打造线上线下两个开放平台。三云，是围绕着一体（零售本质）将零售企业的"商品、信息和资金"这三大核心资源社会化、市场化，建立面向供应商和消费者以及社会合作伙伴开放的物流云、数据云和金融云。四端，是围绕着线上线下两翼平台，因时因地因人，融合布局POS端、PC端、移动端和电视端。

苏宁的成功转型带动的是苏宁五大产业全面领跑，线上销售增速连超对手，O2O融合最为彻底、全品类爆发，手机、超市等增速领跑行业、品牌商户快速成长，线下农村电商千店连开。纵观苏宁近年来的创新实践，可以清晰看出一条O2O融合发展路径。苏宁推出"店商+电商+零售服务商"的"云商"模式，希望通过互联网的零售、物联网的服务、大数据的管理，开启线上线下融合新模式，对于消费者、行业和社会的发展都将创造新的价值。对此，中欧商学院市场营销学教授王高评价说："苏宁的线上线下融合符合了未来消费者购物习惯，通过覆盖消费者的全渠道，提供全品类，做的是全渠道、全零售，做的是规模经济加范围经济，不仅是在颠覆自己，也是在颠覆整个行业，是很了不起的事。"

中国商业联合会副会长王耀表示，我国零售业已经全面进入消费者为王的时代，零售业的竞争进入为消费者服务竞争的时代。网上商品价格与实体店商品价格的差距将逐步缩小，网络零售不再单纯依靠低价竞争，而主要依靠提供购物方便、省时以及货品的丰富，来吸引消费者。

商务部电子商务和信息化司副司长张佩东表示，网络零售对传统流通业带来冲击是必然的，但两者并非简单的零和竞争，线上线下融合发展将成为未来零售业的主流模式。而在线上线下融合之路上，苏宁的步子也明显比其他零售企业迈得更快、更大，已经逐步实现了商品融合、服务融合和价格融合。

那么传统企业怎么攻克转型的阵痛呢？

首先，传统企业要端正态度。所谓端正态度，就是要正视互联网。一方面，互联网避不开、绕不过，所以与其胆怯逃避，不如积极应对。另一方面，互联网是技术，是企业发展的工具。

其次，传统企业要明确定位。所谓明确定位，就是传统企业一定要看清自己，找出自己的核心竞争力，明白企业存在和发展的根本在哪里。

传统企业必须明白，所谓的互联网化转型，不是一切推倒重建，更不是要全盘否定自己。而是要用互联网的工具，来武装自己，来重塑自己，来强化自己的核心优势，为企业发展插上互联网的翅膀。

（案例来源：https://zhuanlan.zhihu.com/p/75146206）

任务二　电子商务分类

一、学习任务

电子商务的应用范围十分广泛，不仅为我们的个人消费带来了便利，也改变了企业的经营管理模式。不仅如此，电子商务还优化了政府部门的行政方式。个人、企业及政府是三类不同的交易主体，由此可见，从不同的角度可以将电子商务分为不同的类型。本任务主要是通过对电子商务分类的介绍，让学生从多个角度系统地认识电子商务。

二、建议课时

4课时。

三、任务分析

本任务将对电子商务的分类进行讲解。学生在学习了本任务后，能够对电子商务的多种类型有较为全面的认识。

四、引入案例

电子政务让生活愈来愈便捷

通过智能柜台机，"不见面"一样能办理业务；登录电子税务局，"非接触"也能办税缴费；线上提交申请，足不出户即可获知审批结果……"申报网上办，审批在云端"。新冠肺炎疫情发生以来，一些管理部门将政务大厅搬上网络平台，相继推出各项电子政务服务，为人们的生产生活带来极大便利。

疫情防控期间，电子政务的作用得到充分凸显。一方面，各地凭借大数据、云计算等分析手段，为疫情防控工作提供了精确的数据指引，构筑起"精准防控""智能防控"的严密防线。另一方面，通过电子政务服务平台，公众和企业在指尖上就能享受到高效便捷的服务，解决了生产生活中亟待解决的难题，实现"数据信息多跑腿、企业群众少出门"的治理效果。从这个角度来看，电子政务的大规模应用，助推各地在疫情防控与复工复产、区域管控与城市正常运行之间找到平衡点，有利于统筹推进疫情防控和经济社会发展两条战线齐头并进。

电子政务在疫情期间集中"上线"，也折射出该领域存在的短板和问题。比如，一些业务首次上线，流程设计不流畅，信息填报要求多，甚至需要事先邮寄资料预约；有的地方政务 App 多达几十种，缺乏统一规划和有效整合，反而给群众办事带来新的麻烦……种种情况表明，电子政务的"数据壁垒""信息烟囱"尚未完全拆除，用户体验不佳、平台各自为政等问题依然存在。这就要求我们加快创新步伐，完善体制机制，打通业务协同、数据共享等方面的堵点，让电子政务加速发展的同时，变得更加高效、便民、透明。

> **思政看点**
>
> 随着社会的发展，人们对生活的需求越来越高，对电子政务也会提出更高的要求。而电子政务要想不断进步，就得紧跟时代需求，紧跟人民群众的需求，不断优化自身，这样方能惠及更多老百姓。

以更大视野来看，推进电子政务加速发展，是提升数字化治理能力的应有之义。近年来，随着"放管服"改革向纵深推进，各地不断创新"互联网政务服务"模式，持续简化办事流程、优化办事体验、提高办事效率。从浙江"最多跑一次"、江苏"不见面审批"，到上海"一网通办"、贵州"足不出村，就村办理"，电子政务在全国各地陆续推开，在取得惠民便民实效的同时，也不断提升着数字化治理水平。相信随着继续推进电子政务的发展，提升数字化治理能力，一定会让城市建设更智慧、让人们生活更便捷。

（案例来源：https://baijiahao.baidu.com/s? id=1664463306637459377&wfr=spider&for=pc）

五、任务的实施

根据不同的分类标准，电子商务可以分为不同类。

1. 按参与电子商务的交易主体分类

电子商务通常在三类交易主体之间进行，即企业（Business）、政府部门（Government）和个人消费者（Consumer）。按信息在这三类交易主体之间的流向，电子商务可以分为以下八种类型。

（1）企业对企业的电子商务。

企业对企业的电子商务（Business to Business，B2B）是指企业与企业之间通过专用网络或 Internet（因特网），进行数据信息的交换、传递，开展交易活动的商业模式。它将企业内部网和企业的产品及服务，通过 B2B 网站或移动客户端与客户紧密结合起来，通过网络的快速反应，为客户提供更好的服务，从而促进企业的业务发展。

B2B 是目前应用最广泛的一种电子商务类型。企业可以是生产企业（如海尔、戴尔等),其与上游原材料和零配件供应商、下游经销商、物流运输商、产品服务商等之间利用各种网络商务平台开展电子商务活动;企业也可以是商家,如某商家通过阿里巴巴平台采购公司的商品等。B2B 网站的典型代表有阿里巴巴、中国制造网、慧聪网和敦煌网等。

(2)企业对消费者的电子商务。

企业对消费者的电子商务(Business to Consumer,B2C)是指通过信息网络以及电子数据信息的方式实现企业或商家机构与消费者之间的各种商务活动、交易活动、金融活动和综合服务活动,是消费者利用 Internet 直接参与经济活动的形式。

B2C 是企业对消费者直接开展商业活动的一种电子商务模式。这种形式的电子商务一般以直接面向客户开展零售业务为主,主要借助互联网开展在线销售活动,故又称为电子零售(电子销售)或网络销售。B2C 模式是我国最早产生的电子商务模式,它的产生以 1999 年 8848 网上商城(2001 年 9 月倒闭)正式运营为标志。在今天,B2C 电子商务以完备的双向信息沟通、灵活的交易手段、快捷的物流配送、低成本高效益的运作方式等在各行各业展现了其强大的生命力。目前 B2C 电子商务的典型网站有亚马逊、天猫商城、京东商城、唯品会等。

(3)消费者对企业的电子商务。

消费者对企业的电子商务(Consumer to Business,C2B),是一种先由消费者提出需求,后由生产或商贸企业按需求组织生产或提供货源的电子商务模式。

①消费者群体主导的 C2B,即通过聚合客户的需求,组织商家批量生产或组织货源,让利于消费者。团购属于一种由消费者群体主导的 C2B 模式。团购就是将零散的消费者及其购买需求聚合起来,形成较大批量的购买订单,从而可以得到商家的优惠价格,商家也可以从大批量的订单中享受到"薄利多销"的好处,这对消费者与商家而言是双赢的。团购也叫 C2T(Consumer to Team)模式。

②消费者个体参与定制的 C2B(深度定制)。在这种方式下,消费者能参与定制的全流程,企业可以完全满足消费者的个性化需求。如果企业为制造厂商,也可以称作 C2M(Customer to Manufactory)。目前,应用这种方式最成熟的行业当数服装类、鞋类、家具类等行业。

(4)个人消费者对个人消费者的电子商务。

个人消费者对个人消费者的电子商务(Consumer to Consumer,C2C),是一种个人消费者之间通过网络商务平台实现交易的电子商务模式。该模式不仅能够让消费者出售自己所持有的物品,而且能够促使个人消费者在网络商务平台上开店创业。如物品持有者可通过淘宝网发布物品信息,物品需求者可在淘宝网上购买所需要的物品。典型的 C2C 网站除了淘宝网以外,还有 eBay 等。

(5)B2B2C 电子商务模式。

B2B2C(Business to Business to Consumer)电子商务模式包括两种形式:第一种形式是生产厂商对商家、商家对消费者的交易链条,如出版社将图书出版后,直接将出版的图书交给销售商,销售商在网上销售,消费者可以在网上购买这一商品;第二种形式是生产厂商同时面对供应商和消费者,如海尔通过海尔招标网采购原材料(B2B),通过海尔商城销售海尔系列产品(B2C)。

(6)O2O 模式。

O2O(Online to Offline)模式是指将线下商务与互联网结合在一起,让互联网成为线下交易的前台。这样商家可以线上揽客，线下提供商品或服务；消费者可以在线上搜索商品或服务，然后到线下完成交易。

O2O 模式和 B2C、C2C、团购既有联系，又有区别。在 B2C 和 C2C 模式下，在线支付购买的商品会通过物流公司送到消费者手中；而在 O2O 模式下，消费者在线支付购买线下的商品和服务，然后到线下去自提商品或享受服务。团购与 O2O 相比，O2O 是线上线下结合的销售模式，而团购是低折扣的临时性促销。

（7）电子政务。

电子政务是指运用计算机、网络和通信等现代信息技术手段，实现政府组织结构和工作流程的优化重组，超越时间、空间和部门分隔的限制，建成一种精简、高效、廉洁、公平的政府运作模式，以便全方位地向社会提供优质、规范、透明、符合国际水准的监管与服务。电子政务一般包括政府与企业之间的电子商务（Government to Business，G2B）、政府与公民之间的电子商务（Government to Citizen，G2C）、政府与政府之间的电子商务（Government to Government，G2G）三种模式。

（8）协同商务。

协同商务（Collaborative Commerce，CC），是将具有共同商业利益的供应链中的合作伙伴整合起来的运作模式，主要通过对整个商业周期中的信息进行共享，满足不断增长的客户需求。

> 知识拓展
> 什么是协同商务

2. 按商业活动运作方式分类

按商业活动运作方式电子商务可分为两类，即完全电子商务和不完全电子商务。

（1）完全电子商务。

完全电子商务是指交易过程中的信息流、资金流、商流和物流都能够完全通过电子商务的方式实现。这类电子商务主要针对无形商品和服务的网上交易，如计算机软件、电子图书、远程教育等。这类交易不需要利用传统渠道，买卖双方可以不受地域限制直接在网上完成交易。

（2）不完全电子商务。

不完全电子商务即无法完全依靠电子商务方式实现和完成整个交易过程的交易，它需要依靠一些外部要素（如运输系统）来完成交易。这类电子商务主要针对有形商品（如书籍、计算机和日用品等）。这类交易仍然需要利用传统的渠道（如快递公司等）送货或实地交割货物。

3. 按开展交易的地域范围分类

按开展交易的地域范围分类，电子商务可分为三类，即本地电子商务、国（境）内电子商务和全球电子商务。

（1）本地电子商务。

本地电子商务通常是指在本城市或本地区内开展的电子商务。本地电子商务的地域范围较小，是开展国（境）内电子商务和全球电子商务的基础。

（2）国（境）内电子商务。

国（境）内电子商务是指在本国（或某一关境）范围内开展的电子交易活动。其覆盖的地域范围较广，对软硬件和技术要求较高，要求在全国（境）范围内实现商业电子化和自动化，以及金融电子化，同时交易各方需要具备一定的电子商务知识和技术能力等。

（3）全球电子商务。

全球电子商务也称跨境电子商务（跨境电商），是指在全世界范围内开展的电子商务活动，涉及有关交易各方的相关系统，如海关系统、金融系统、税务系统、运输系统、保险系统等。跨境电商业务内容繁杂，数据来往频繁，要求电子商务系统严格、准确、安全、可靠，并需制定全球统一的电子商务标准和电子商务贸易协议。

六、考核与评价

本任务对电子商务的分类进行了介绍。学生在学习了本任务后，对电子商务的多种类型应有较为全面的认识。请根据表1-1-4进行自我评价。

表1-1-4 电子商务分类学习评价

评价项目	评价要点	自评	互评	师评
电子商务的分类	1. 了解电子商务的分类角度（10分）			
	2. 能够按参与电子商务的交易主体进行分类（10分）			
	3. 能够列举主要电子商务类型的典型平台（10分）			
	4. 能够说出电子政务的几种类型（10分）			
	5. 能够区分O2O模式和B2C、C2C及团购（10分）			
	6. 理解B2B2C的两种形式（10分）			
	7. 能够区分B2C与C2B的区别（10分）			
	8. 能够按商业活动运作方式将电子商务进行分类（10分）			
	9. 能够区分完全电子商务及不完全电子商务（10分）			
	10. 能够按开展交易的地域范围对电子商务进行分类（10分）			
总评成绩				

备注：自评、互评、师评三项的分数取平均值，计入总分。评价结果分为A（85~100分）、B（75~84分）、C（60~74分）、D（60分以下）四个等级。

A 优秀；B 良好；C 合格；D 待合格。

七、巩固与练习

1. 判断题

（1）B2B电子商务的典型网站有亚马逊、天猫商城、京东商城、唯品会等。（　　）

（2）按开展交易的地域范围分类，电子商务可分为三类，即本地电子商务、国（境）内电子商务和全球电子商务。（　　）

（3）完全电子商务是指交易过程中的信息流、资金流、商流和物流都能够完全通过电子商务的方式实现。（　　）

2. 简答题

（1）什么是电子政务？

（2）按商业活动运作方式划分，电子商务可分为哪些类型？

3. 技能实训题

列举几个你熟悉的电子商务网站并分析它们属于哪种电子商务模式。

八、技能归纳图表

技能回顾：
（绘制本任务的技能关系图）

电子商务分类
- 按参与电子商务的交易主体分类：
- 按商业活动运作方式分类：
- 按开展交易的地域范围分类：

思考总结：

九、拓展案例

菜鸟 C2M 供应链升级，淘工厂入菜鸟仓优先"入仓即回款"

阿里巴巴正在给全国的产业带工厂注入强心针。近年来，淘宝 C2M（从消费者到生产者）动作连连：先是发布淘宝特价版，随后宣布，将帮助 1 000 个产业带工厂升级为产值过亿的"超级工厂"，为产业带企业创造 100 亿元新订单，在全国范围内重点打造 10 个产值过百亿的数字化产业带集群。

联动淘宝"超级工厂"计划，菜鸟供应链于 2020 年 4 月 22 日宣布，将对淘宝 C2M 产业带上的淘工厂进行供应链升级：入驻菜鸟 C2M 产地仓的淘工厂，在基础的供应链服务以外，还能享受全托管服务，有机会优先获得"入仓即回款"等仓储融资福利。

2019 年，菜鸟供应链对淘宝 C2M 产业带厂家提供稳定的供应链服务。通过在小家电产业集群的广东中山、有全球最大的小商品批发市场之称的浙江义乌等产业带开设产地仓，帮助入仓的淘工厂降低物流成本，将消费者收货速度提速到远远快过大盘。

这是因为菜鸟产地仓采取仓配一体的高效联动。菜鸟 C2M 产地仓以快递分拨中心为基础，在分拨中心二楼设仓，与快递公司联手打造"楼上打包、楼下发货"的极致发货速度。

从菜鸟 C2M 产地仓发出的快递，有 80% 能做到隔日达。

长期以来，工厂习惯于对 B 端经销商发货，菜鸟 C2M 产地仓为工厂解决了对 C 端消费者发货的难题，也让消费者的网购体验更好。菜鸟 C2M 物流总经理孙建介绍，此次菜鸟 C2M 物流供应链的升级，最大的特色是"全托管"。

从现在起，淘工厂的厂长们入驻菜鸟产地仓后，只需要专心做好产品研发和生产。菜鸟将通过大数据结合平台流量权益、市场淡旺季等因素，为工厂提供生产、销售及入仓备货的预测，从而降低供应链履约成本、提升库存周转、改善有货率。而在以前，厂长们只能自己凭经验做生产和销售预测，做营销活动也缺乏精确计划，导致经常出现滞销和断货。

此外，淘工厂通过入驻菜鸟产地仓获得稳定的隔日达签收率后，将能够提升自身在淘宝 C2M 平台的商家等级，一旦成为金牌、银牌、铜牌厂家，即可获得入仓即回款、备货贷、利息优惠等仓储融资服务，缓解现金流压力。

"我们希望通过供应链升级，与产业带工厂进一步加深产、销、运联动，帮助厂长们造好货、卖好货、送好货。"菜鸟 C2M 物流总经理孙建表示。

（案例来源：https://baijiahao.baidu.com/s?id=16646618590640700178wfr=spider&for=pc）

项目二　电子商务典型模式应用

电子商务通常是指在全球各地广泛的商业贸易活动中，在因特网开放的网络环境下，基于客户端/服务端应用方式，买卖双方不谋面地进行各种商贸活动，实现消费者的网上购物、商户之间的网上交易和在线电子支付以及各种商务活动、交易活动、金融活动和相关的综合服务活动的一种新型的商业运营模式。本项目重点为学生介绍电子商务的几种模式：B2C、O2O、C2C。通过这几种模式的具体应用，为学生展示现代电子商务的特点和优势。

任务一　B2C 模式应用实训

一、学习任务

B2C 是 Business to Customer 的缩写，简单音译就是"商对客"，也就是通常所说的直接面向消费者销售产品和服务的商业零售模式。企业搭建平台，吸引其他相关行业企业入驻。入驻的企业通过创建店铺、展现产品、交谈与支付、发货等，将产品卖给终端消费者，从而实现 B2C 电子商务。本任务以"京东" App 为例，为学生介绍 B2C 模式的特点和主要功能，展示 B2C 模式的应用场景。

二、建议课时

4 课时。

三、任务分析

完成本任务需要充分了解以"京东" App 为代表的 B2C 平台的注册方法，以及整个平台的主要功能和特点。

四、引入案例

京东商城介绍

1. 京东商城简介

京东商城是中国 B2C 市场最大的 3C 网购专业平台，是中国电子商务领域最受消费者欢迎和最具影响力的电子商务平台之一。京东商城以 50.1% 的市场占有率在中国自主经营式 B2C 中排名第一。目前京东商城已经建立华北、华东、华南、西南、华中、东北六大物流中心，同时在全国超过 300 座城市建立核心城市配送站。

2. 京东商城的竞争对手

（1）综合购物类的：比如淘宝、卓越亚马逊、当当，由于它们所经营的商品有很多重叠之处，价格、物流成本方面可以进行直接的比较，因此会造成直接的竞争。

（2）垂直购物类的：比如凡客、好乐买、红孩子等，这些都有自己的主营商品，因此对于京东的产品扩展是一种挑战。

（3）团购：针对某些特定的消费区域，由于其低廉的价格对消费者极其有利，从而冲击了现有的电子商务零售局面，夺走了部分市场。

（4）如国美电器、苏宁易购等大型商场自己建立的电子商务，也会对京东商城构成不小的威胁。

（5）传统的线下零售企业，比如专卖店、大卖场等，间接地会与其构成竞争，也会吸引相当一部分消费者。

3. 京东商城的业务

2013 年 5 月 6 日，京东商城在完成内测后，正式与消费者见面，用户可在京东上购买食品饮料、调味品等日用品。此次京东将超市搬到线上，也是京东在"一站式购物平台"战略布局上的又一次发力：让消费者足不出户，就能轻松实现"打酱油""买啤酒"等日常生活购物需求。

京东商城首次上线的商品逾 5 000 种，涉及休闲特产、纯净水、粮油、调味品、啤酒饮料等多个产品品类；这些品类都与消费者日常生活息息相关。与以往打包出售所不同，如今在京东商城中一罐可乐、一瓶酱油，消费者都可零买，京东送货到家。加上支持货到付款等服务，真正能帮用户实现购物的"多、快、好、省"。

京东超市推出了"京东超市 4 月生活必需品清单榜"，该清单榜涵盖了粮油、调味品、干货、生鲜、个护等 18 个品类。

(案例来源：https://wenku.baidu.com/view/ffc10e28c0c708a1284ac850ad02de80d5d806f7.html?fr=income4-doc-search)

五、任务的实施

（一）京东的账号注册

1. 京东平台介绍

京东平台（其开机画面见图 1-2-1），是国内知名综合性 B2C 购物平台之一。

以电商为核心，拓展金融及技术支撑的新型业务体系的互联网集团京东于 2004 年正式涉足电商领域。2014 年 5 月，京东集团在美国纳斯达克证券交易所正式挂牌上市；2020 年 6 月，京东集团在香港联交所二次上市，募集资金约 345.58 亿港元，用于投资以供应链为基础的关键技术创新，以进一步提升用户体验及提高运营效率。2017 年年初，京东全面向技术转型，迄今京东体系已经投入近 700 亿元用于技术研发。京东集团定位于"以供应链为基础的技术与服务企业"，目前业务已涉及零售、科技、物流、健康、保险、产发和海外等领域。作为同时具备实体企业基因和属性、拥有数字技术和能力的新型实体企业，京东在各项实体业务上全面推进，并以扎实、创新的新型实体企业发展经验助力实体经济高质量发展，筑就持续增长力。

知识拓展
京东平台有哪些优势

2. 注册账号

下面以手机端为例介绍如何注册京东账号。

（1）打开京东 App（图 1-2-1）将会出现如图 1-2-2 所示的登录页面，可以选择使用手机号码、QQ、微信等方式登录，在这里建议使用手机号注册登录。

图 1-2-1　京东平台 App

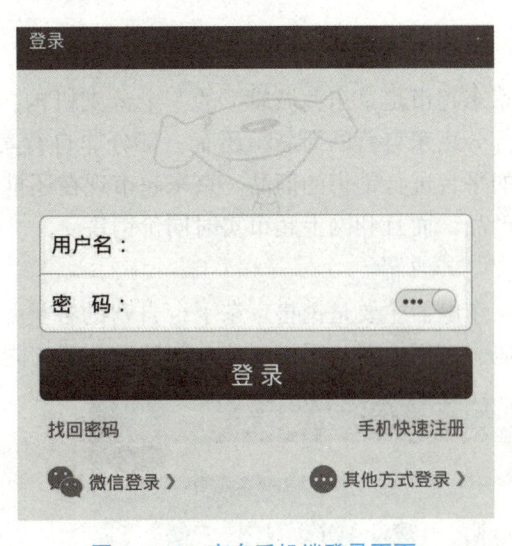

图 1-2-2　京东手机端登录页面

（2）登录之后，在"我的"选项中，对账户的个人信息进行设置，如图 1-2-3 所示，然后就完成了京东的账号注册。

（二）京东平台消费者端口主要功能

京东 App 上的功能非常多，如图 1-2-4 所示。在京东 App 首页导航上有很多的功能栏目，如京东超市、京东电器、京东到家、PLUS 会员，等等。下面就以消费者端口为例介绍其主要的功能栏目。

图 1-2-3　账号信息设置

图 1-2-4　京东首页导航

1. 京东超市

京东超市是京东商城旗下的一个分支机构，其首页如图 1-2-5 所示。京东超市内不仅有一部分京东自营的商品，还有一部分非自营卖家（如沃尔玛、山姆会员店等）通过京东超市的平台进行销售的商品。京东超市现在还推出了线下的实体店铺，主要销售京东擅长的电子产品，而且和网上超市实时同价销售。

2. 京东电器

京东电器主要是销售京东平台自营的各类品牌电器，其首页如图 1-2-6 所示，涵盖电脑数码、家用电器、手机通信、新潮配件等，同时配有京东物流。

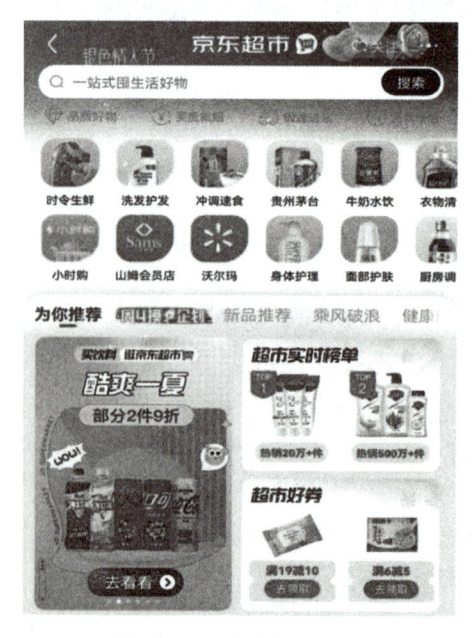

图 1-2-5　京东超市首页

图 1-2-6　京东电器首页

3. 京东到家

京东到家致力于提供全面完善的数字化整体解决方案和系统化工具，其首页如图1-2-7所示。沃尔玛、永辉超市、华润万家等超过10万家线下门店已入驻平台，涵盖超市便利、生鲜果蔬、医药健康、3C家电、鲜花绿植、蛋糕美食、服饰运动、家居建材、个护美妆等多个零售业态。京东到家致力于为品牌商打造全面的数字化营销解决方案，助力伊利、蒙牛、宝洁、联合利华、玛氏箭牌、雀巢等品牌实现对全链路营销的数字化追踪与管理。

4. PLUS会员

京东为向核心客户提供更优质的购物体验，特别推出京东PLUS会员，其首页如图1-2-8所示。PLUS会员包含购物返京豆、每月优惠券、运费券礼包、服饰9折、会员价商品、爱奇艺VIP会员、生活特权、专属客服、上门退换货和专项购物节十大权益，全方面提升用户的网购特权。京东会员PLUS特权：购物返现，相当于返1%的金额；自营免运费，每月5张免运费券，当月不用完就自动作废；畅读电子书，一年内任选1 000本电子书随意看；退换无忧，退换货全免运费；专属客服，VIP专线两条，并且提供24小时服务。

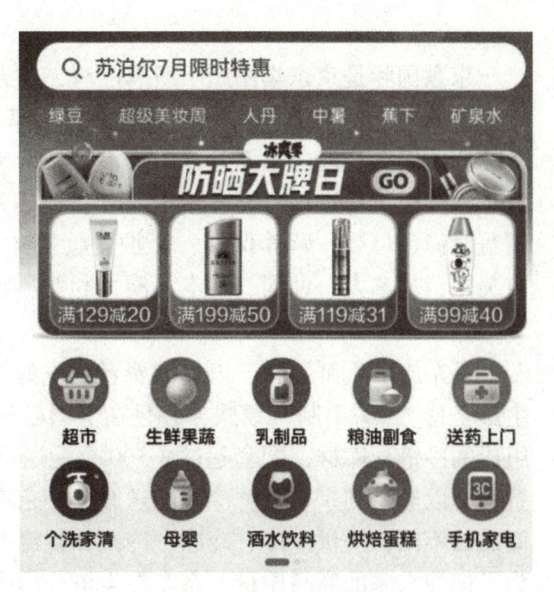

图1-2-7 京东到家首页

图1-2-8 京东PLUS会员首页

5. 京东国际

京东国际是京东集团旗下所属品牌，主营跨境进口商品业务，其首页如图 1-2-9 所示。作为全面专注于大进口业务的消费平台，京东国际通过在消费场景、营销生态、品质与服务、招商四个维度的全面升级，为消费者带来更加优质和丰富的进口商品购物体验。

在一般贸易进口方面，京东已吸引近 2 万个品牌入驻，SKU（最小存货单位）近千万，覆盖时尚、母婴、营养保健、个护美妆、3C、家居、进口食品、汽车用品等产品品类，来自美国、加拿大、韩国、日本、澳大利亚、新西兰、法国、德国等 70 多个国家和地区。

6. 京东生鲜

京东旗下生鲜品牌，以让消费者"吃好一点"为宗旨，其首页如图 1-2-10 所示。京东生鲜坚持"+买手制"模式，并且在全国已建立由一级冷链仓储中心+二三线城市大型冷库组成的冷链仓库群，配套超过 3 300 个配送站执行生鲜冷链配送。全国有 300 多个城市的消费者可以享受到京东生鲜冷链配送服务。京东生鲜在全国已建立 11 个生鲜冷库，可以根据商品的不同，提供深冷、冷冻、冷藏、控温四大温层，实现了零下 30 ℃ 至常温层的全覆盖。为了把控入库的商品质量，京东在生鲜仓内设立了快检实验室。

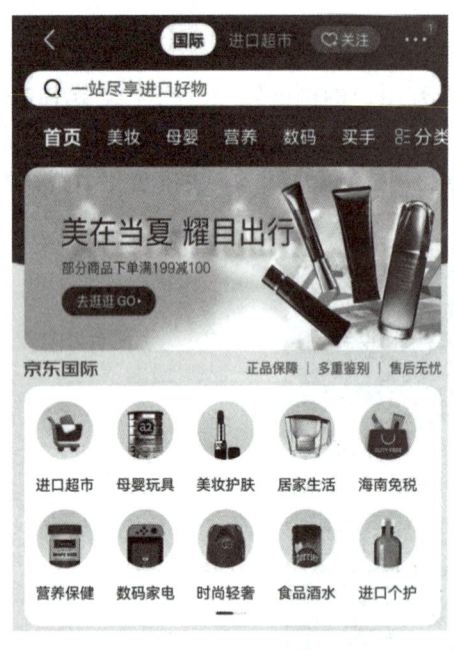

图 1-2-9　京东国际首页

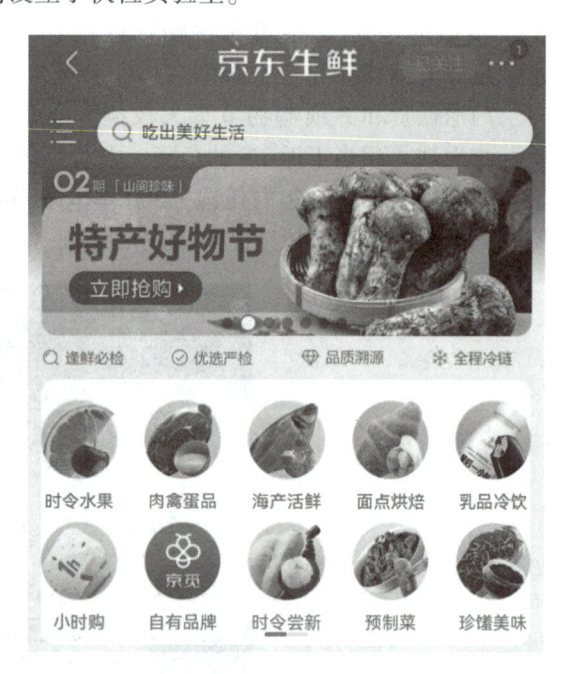

图 1-2-10　京东生鲜首页

7. 京东服务+

"京东服务+"是京东集团旗下独立的服务品牌，于 2018 年 5 月在京东一级频道正式上线，其首页如图 1-2-11 所示，主要聚焦 3C、家电、家居三大领域的安装、维修、清洗等服务，是为消费者提供标准化、产品化、透明化服务的平台。"京东服务+"依靠京东平台优势，为消费者提供专业、规范、透明、便捷的服务，实现商品和服

图 1-2-11　京东服务+首页

务的一站式购买；为商家定制售后的服务解决方案，化解其在全国布局售后能力的压力，降低其运维成本；联合品牌商和服务商等制定服务标准，促进行业健康发展。

"京东服务+"实现了行业内全场景的服务模式，包含上门、取送以及到店三种模式，而服务的范围涵盖了手机数码、电脑办公、家电、家居家纺等品类的安装维修、清洗保养等服务，以及家政、保洁等居家服务，覆盖了37个实物品类和近6 000个实物品牌。

六、考核与评价

通过本任务的学习，学生已经完成了京东账号的申请，并且详细地了解了京东B2C应用模式的功能和特点。请根据表1-2-1进行自我评价。

表1-2-1　B2C模式应用实训学习评价

评价项目	评价要点	自评	互评	师评
账号注册	1. 注册账号的名称是否有代表性（10分）			
	2. 账号的头像与账号定位的一致性（10分）			
	3. 账号信息设置的合理性（10分）			
功能页面用户体验	4. 京东超市页面的用户体验（10分）			
	5. 京东电器页面的用户体验（10分）			
	6. 京东到家页面的用户体验（10分）			
	7. 京东PLUS会员页面的用户体验（10分）			
	8. 京东国际页面的用户体验（10分）			
	9. 京东生鲜页面的用户体验（10分）			
	10. 京东服务+页面的用户体验（10分）			
总评成绩				

备注：自评、互评、师评三项的分数取平均值，计入总分。评价结果分为A（85~100分）、B（75~84分）、C（60~74分）、D（60分以下）四个等级。
A优秀；B良好；C合格；D待合格。

七、巩固与练习

1. 判断题

（1）"京东服务+"实现了行业内全场景的服务模式，包含上门、取送以及到店三种模式，而服务的范围涵盖了手机数码、电脑办公、家电、家居家纺等品类的安装维修、清洗保养等服务，以及家政、保洁等居家服务，覆盖了37个实物品类和近6 000个实物品牌。
（　　）
（2）京东旗下生鲜品牌，以让消费者"吃多一点"为宗旨。（　　）
（3）京东国际是京东集团旗下所属品牌，主营跨境进口商品业务。（　　）

2. 简答题

（1）京东平台消费者端口的主要功能有哪些？
（2）京东账号注册的步骤有哪些？

3. 技能实训题

对比分析京东 App 与淘宝天猫 App 的注册方式以及主要功能等的区别（见表 1-2-2）。

表 1-2-2　对比分析京东与淘宝天猫

项目	京东 App	淘宝天猫 App
注册方式		
首页设计		
导航栏目		
主要功能		
目标人群		
盈利模式		

八、技能归纳图表

技能回顾：
（绘制本任务的技能关系图）

B2C 模式应用实训 $\begin{cases} \text{App 注册基本技能：} \\ \\ \text{App 功能分析技能：} \end{cases}$

思考总结：

九、拓展案例

京东 B2C 运营案例

京东商城自 2004 年成立，从开始营销时只关注销售、用户的口碑，到组建市场团队关注效果营销和公关活动，再到形成一整套整体运营策略，取得了今日的辉煌成就。那么，京东商城运营有哪些特别之处呢？

1. 产品定位

以 3C 产品为主，涵盖家电、百货、图书、食品等产品。

京东商城是中国 B2C 市场最大的 3C 网上购物平台，电子产品、家电等一直是其销售的主体。这类产品的优势在于客单单价较高，毛利率大，但重复购买率低，品类单一不利于客户的一站式购物。因此京东将商城定位在"大而全"，主要精力放在 3C 和家电上，同时大规模向日用百货、图书类扩张。

2. 价格策略

京东商城始终坚持"大规模、低毛利、标准化"的模式，通过低价策略抢占市场份额，进而实现盈利模式的多样化。实际上，京东商城约 30% 的利润来自广告、品牌促销、专场活动等收益。

思政看点

该案例让我们了解了京东的电子商务B2C策略的运营，更让我们看到了电商企业的发展能力。

3. 物流策略

（1）自建物流体系。2010 年 4 月，京东商城在北京等城市率先推出"211 限时达"配送服务：以每日 2 个 11 点钟作为时间分割点进行快速投递服务。

（2）自建体系与第三方物流相结合。在北京、上海、广州之外的其他城市，京东商城和当地的快递公司合作，完成产品的配送。而在配送大件商品时，京东选择与厂商合作。

4. 服务策略

（1）全场免运费。京东商城发布公告：不限金额，不分会员级别，不分品类实行全场免运费，这是一个有利于网络购物消费者的优惠措施。

（2）GIS 包裹实时跟踪系统。京东商城所有配送员均配备了 PDA（掌上电脑）设备，以便于客户实时地追踪自己购买产品的配送进程。京东商城用户可以在京东网站地图上实时地跟踪自己包裹在道路上的移动情况。

（案例来源：https://wenku.baidu.com/view/fe646bb9de3383c4bb4cf7ec4afe04a1b071b04f.html）

任务二　移动 O2O 模式应用实训

一、学习任务

移动 O2O 模式就是移动端和 O2O 模式的结合，用户在移动设备上，可以随时随地获得本地的商家信息以及本地的生活服务信息。用户通过大数据信息和互联网技术，可以迅速了解自己想要了解的商品，并采取对应的购买或者自提等服务方式。移动 O2O 更多的是将重点放在移动端的用户身上，更加重视满足不同用户的不同需求，通过对用户数据和信息的整理，做出用户画像，了解用户的喜好，针对性地对其进行信息推送，实现精准营销。本任务以"美团"App 为例，为学生展示移动 O2O 模式的应用场景，让学生充分了解和掌握移动 O2O 模式的特点和主要功能。

二、建议课时

6 课时。

三、任务分析

本任务以"美团"App 为例，为学生展示移动 O2O 模式的应用场景，让学生充分了解和掌握移动 O2O 模式的特点和主要功能。

四、引入案例

美团年轻化营销脑洞不鸣则已，一鸣惊人！

疫情之后的营销大战格外激烈，其中美团美食格外有创意：它有别于全联经济美学，将"省"做了新的诠释，也就是一边让年轻人用少量的消费吃得心满意足，一边渗透了美团美食"省"的初心。

跟其他品牌不同，这次美团美食与老乡鸡、汉堡王、八合里海记、德克士、王品牛排、九田家、棒约翰七大品牌联合营销，发起中秋、国庆品牌大促活动，并通过一系列创意营销打通渠道沟通壁垒，快速破圈融合，占领用户心智，教年轻人如何"省"玩双节。

在全媒体时代，吸引用户注意才是夺取流量战胜利的关键性因素，在"双节"之前，美团美食来了一次"中秋被饭局安排了"预热铺垫，极大地调动了年轻群体的兴趣，引发全网热议。为了延续热度，美团美食联合七大品牌发布定制创意漫画，将品牌形象漫画化，利用各大品牌具象标签构思创意文案，例如老乡鸡自然联想手游吃鸡，最后露出促销信息"有'团'才有聚，食'惠'过十一"，点题又可爱。七幅创意内容漫画，凭借精准的用户洞察、缜密的行为逻辑和感染力极强的文字与视觉画面，有力地联结了年轻消费群体，占领了用户心智，同时，七幅创意内容漫画通过 KOL（关键意见领袖）矩阵全域散发，制造了全网话题热点，激发出不同品牌间的流量效应，快速吸引眼球，聚集新粉丝，加深了"十一上美团，五折任性吃"的品牌认知。

（案例来源：https://baijiahao.baidu.com/s?id=1681153914225855740&wfr=spider&for=pc）

五、任务的实施

（一）美团的账号注册

1. 美团平台介绍

美团是国内知名的电子商务 O2O 生活服务电子商务平台，拥有美团、大众点评、美团外卖等 App，涵盖餐饮、外卖、打车、共享单车、酒店旅游、电影、休闲娱乐等生活服务。美团的使命是"帮大家吃得更好，生活更好"。作为一家生活服务电子商务平台，美团聚焦"Food+Platform"战略，以"吃"为核心，通过科技创新，和广大商户与各类合作伙伴一起，努力为消费者提供品质生活，推动生活服务业需求侧和供给侧数字化升级。

2018 年 9 月 20 日，美团正式在港交所挂牌上市。美团以客户为中心，不断加大在科技研发方面的投入，与广大合作伙伴一起发展共赢。美团作为一家吃、喝、行、游、购、娱一站式的平台，不仅是帮用户吃得更好，还要帮用户日常生活的方方面面变得更好，帮用户旅行生活变得更好。吃得更好是所有人的需求，因此美团的终极目标是希望消费者吃得好一点。不仅在广度上涵盖用户的需求，也专注于吃得更美味、更便捷、更健康。因此餐饮是美团的重中之重，美团从营销、配送、IT 系统、供应链等多角度多方位服务餐饮行业。消费者需要吃饭，需要看电影，需要旅游，需要住酒店，需要理发……同时美团在更多的消费场景中为用户生活提供便利。

美团移动端开机画面如图 1-2-12 所示。

图 1-2-12 美团移动端开机画面

2. 注册账号

下面以手机端为例介绍如何注册美团账号。

(1) 打开手机"美团"App 将会出现如图 1-2-13 所示的登录界面,可以选择使用手机号码、QQ、微信等方式登录,建议使用手机号注册登录。

(2) 登录之后,在"我的"选项中,对账户的个人信息进行设置,如图 1-2-14 所示,然后就完成了美团的账号注册。

(二)美团平台消费者端口主要功能

美团 App 上的功能非常多,如图 1-2-15 所示。美团 App 首页导航上有很多功能栏目,如外卖、美食、酒店/民宿、电影/演出、美团优选等。下面就以消费者端口为例介绍其主要的功能栏目。

1. 美团外卖

美团外卖（其首页见图 1-2-16）是美团最基础的业务之一，也是消费者使用最多最广的业务之一。美团外卖是美团旗下网上订餐平台，于 2013 年 11 月正式上线，总部位于北京。美团外卖用户数达 2.5 亿，合作商户数超过 200 万家，活跃配送骑手超过 50 万名，覆盖城市超过 1 300 个，日完成订单 2 100 万单。2020 年 1 月 26 日，美团外卖率先推出"无接触配送"，并迅速实现全国覆盖；同年 3 月，72 家北京市实体书店成为第一批进驻美团平台的示范企业，美团平台给予首批书店免费入场、流量补贴等支持。

知识拓展
美团外卖平台盈利模式分析

图 1-2-13　美团手机端登录页面

图 1-2-14　账号信息设置

图 1-2-15　美团首页导航

图 1-2-16　美团外卖首页

2. 美团美食

该业务也是美团资深业务之一，该业务版面下，聚集了区域中绝大多数美食商家，并且有最新的优惠团购套餐供消费者选择购买。此外，还有限时秒杀等多种优惠活动。美团美食首页如图 1-2-17 所示。

3. 美团酒店/民宿

美团酒店是美团旗下的综合住宿服务平台，始终秉承"帮大家住得更好"的使命。美团民宿是美团旗下的民宿短租预订品牌，为用户提供住宿分享服务，满足年轻一代个性化、多样化住宿需求，让年轻人"住得不一样"。美团酒店/民宿首页如图 1-2-18 所示。

图 1-2-17　美团美食首页

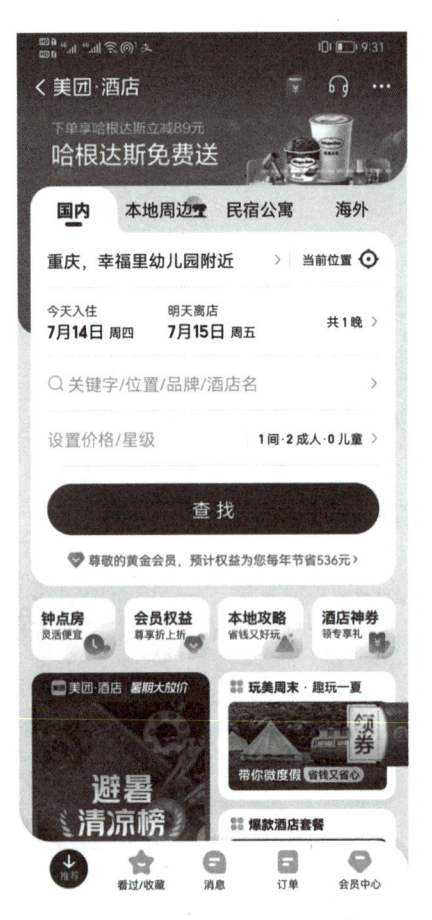

图 1-2-18　美团酒店/民宿首页

4. 美团电影演出

美团电影是美团网倾力打造的看电影平台，为消费者提供丰富的影片资讯、优惠信息等实用攻略。每周更新本周热映影片。此外，还有电影票团购，方便、简单、便宜，让每一位消费者获得实惠。美团电影演出首页如图 1-2-19 所示。

5. 美团优选

美团优选是美团旗下的社区电商业务。它结合了社区的概念，将用户周边的区域纳入电商的范围之中。美团优选使用了"预购+自提"的模式，与传统的快递电商或者外卖不同。美团优选主要的经营范围为生鲜、果蔬、肉蛋等农产品。它的优势在于，前一天预购，第二天自提，保证食材的新鲜可靠。同时，它还推动了社区经济，允许商家在周边入驻，提高自己的产品销量。此外，由于它是社区就近取货，免了快递的过程，可以大大提高交易的效率。美团优选首页如图 1-2-20 所示。

6. 美团买药

美团买药为用户提供在线买药服务。当下，很多人会选择在网上购药，而美团买药正好为这些用户提供了便利。为了帮助更多区域的人能够买到药，美团联合线下的药店加入了"小黄灯民生服务计划"，为用户提供即时配送到家服务。"小黄灯民生服务计划"会帮助商家在线上线下都点亮一盏"小黄灯"。在线上，24 小时药店在美团 App 内会有标识；在实体店门前，也会亮起黄色的灯箱，这就是其专属标签。美团买药首页如图 1-2-21 所示。

7. 美团跑腿

2017 年 3 月，美团外卖"跑腿"业务正式上线，一个月时间里，"跑腿"业务已覆盖北京、上海、广州、南京、常州、济南、厦门等 20 个城市。打开美团或美团外卖 App，进入外卖—跑腿代购页面，输入想要购买的商品名称及数量，在线支付配送费后即可下单。跑腿员在接到订单后，会第一时间前往商家选购指定商品，选购完成立刻前往指定地点送货上门。商品费用与跑腿员当面结清。这项服务不但可以代购小吃、水果、咖啡等餐饮，还可以代买充电器、油盐酱醋等生活用品，充分满足消费者个性化需求。对于上班忘记带手机钥匙、出国遗落证件等紧急情况，美团跑腿能帮忙一解燃眉之急。美团跑腿首页如图 1-2-22 所示。

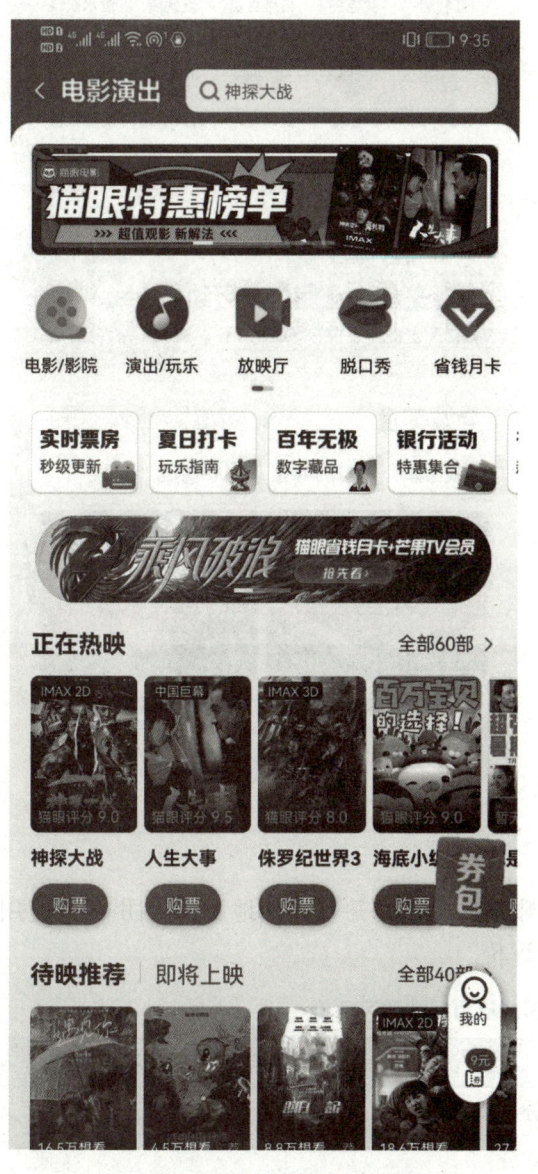

图 1-2-19　美团电影演出首页

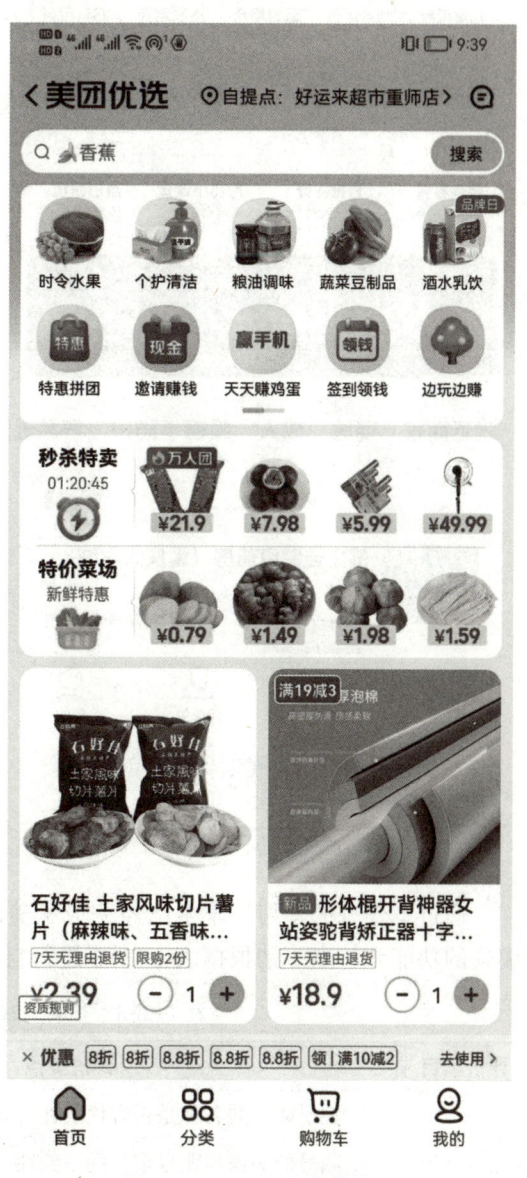

图 1-2-20　美团优选首页

图 1-2-21　美团买药首页　　　　　　图 1-2-22　美团跑腿首页

六、考核与评价

通过本任务的学习，学生已经完成了美团账号的申请，并且详细地了解美团 O2O 应用模式的功能和特点。请根据表 1-2-3 进行自我评价。

表 1-2-3　移动 O2O 模式应用实训学习评价

评价项目	评价要点	自评	互评	师评
账号注册	1. 注册账号的名称是否有代表性（10 分）			
	2. 账号的头像与账号定位的一致性（10 分）			
	3. 账号信息设置的合理性（10 分）			

续表

评价项目	评价要点	自评	互评	师评
功能页面用户体验	4. 美团外卖页面的用户体验（10分）			
	5. 美团美食页面的用户体验（10分）			
	6. 美团酒店/民宿页面的用户体验（10分）			
	7. 美团电影演出页面的用户体验（10分）			
	8. 美团优选页面的用户体验（10分）			
	9. 美团买药页面的用户体验（10分）			
	10. 美团跑腿页面的用户体验（10分）			
总评成绩				

备注：自评、互评、师评三项的分数取平均值，计入总分。评价结果分为 A（85~100 分）、B（75~84 分）、C（60~74 分）、D（60 分以下）四个等级。

A 优秀；B 良好；C 合格；D 待合格。

七、巩固与练习

1. 判断题

（1）"美团"作为一家生活服务电子商务平台，公司聚焦"Food+Platform"战略，以"吃"为核心，通过科技创新，和广大商户与各类合作伙伴一起，努力为消费者提供品质生活，推动生活服务业需求侧和供给侧数字化升级。（   ）

（2）为了帮助更多区域的人能够买到药，美团联合线下的药店加入了"小黄灯民生服务计划"。（   ）

（3）美团优选是美团旗下的社区电商业务。（   ）

2. 简答题

（1）美团平台消费者端口的主要功能有哪些？

（2）美团账号注册的步骤有哪些？

3. 技能实训题

对比分析美团 App 与大众点评 App 的账号注册以及主要功能和特点的区别（见表 1-2-4）。

表 1-2-4　对比美团与大众点评

项目	美团 App	大众点评 App
注册方式		
首页设计		
导航栏目		
主要功能		
目标人群		
盈利模式		

八、技能归纳图表

技能回顾：
(绘制本任务的技能关系图)

O2O 模式应用实训 ┤
　　　　　　　　├ App 注册基本技能：
　　　　　　　　│
　　　　　　　　└ App 功能分析技能：

思考总结：

九、拓展案例

我被美团广告套路得心服口服！

美团最近新推出了一波视频广告，广告语也从熟悉的"美团外卖 送啥都快"变成了"美好生活小帮手"。

1. 从"大"场景到"细"场景

就拿美团举例，以往我们提到场景化营销，往往会抽象出的场景就是送外卖、取外卖、团购、订票等。这些都是我们日常生活中的场景，即便是普通用户，都可以根据字面快速联想到画面。

但是，如果基于这些日常场景本身做广告，往往会使消费者觉得过于常见平庸。可以联想一下：

无论是口播式还是洗脑式的产品功能类广告，都只能让客户加深对"产品名"的认知，而不是对产品所能覆盖场景的认知。

虽然美团的布局已经足够广泛，但即便现在，很多人对美团的第一印象标签依然是

"外卖"。相信美团也在尽力摆脱这一固有印象,增进消费者认知,不止于细分场景,而是认识到美团要打造的"消费生态"。显然,这波美团广告就是神助攻。

它成功地打破了大场景,将颗粒度细化至最小单元,真正做到了先懂场景,再通过场景营销。

如果你认真看了系列广告,一定会发现:每一条广告的开头都是以消费者的一句话开场。这些话都是真实存在的,甚至就是观众脱口而出的一句日常,包括:"都行""走啊,吃饭去""再等等""还行吧"……

创作者摒弃了华丽的辞藻,直接用最直白的语言让用户能够一秒代入自身视角,然后了解这种场景下美团可以如何助力生活,和"美好生活小助手"的宣传语十分贴合。

2. 懂客户=懂客户心理,并用产品满足

如果说广告的开场是为了抓住客户、制造焦虑、展现痛点,那么中间心理过程解读,就是在全力呈现美团真的"懂客户"。

当你说出某一句看似"口是心非"的话,背后的真实想法是什么?

美团居然在广告里说了出来,更可怕的是还说中了!

用户的心理在极短时间内被剖析得一清二楚,此时可以说美团已经"占领"了客户的一大部分心智。

之后,演员吴磊帅气地扮演各种角色(包括服务员、外卖等小帮手),继续用直观演绎呈现出美团的服务和特性,包括覆盖面广、选择多、性价比高、速度快、服务态度好等,拓宽客户对美团服务和产品的认知。懂客户,然后无限满足客户,那客户就是你的。显然,美团深谙此道。

(案例来源:https://zhuanlan.zhihu.com/p/398574315)

任务三　移动 C2C 模式应用实训

一、学习任务

C2C 是 Customer to Consumer 的缩写,是个人与个人之间的电子商务,比如一个消费者有一台计算机,通过网络进行交易,把它出售给另外一个消费者,此种交易类型就称为 C2C 电子商务。本任务以"闲鱼"App 为例,为学生展示移动 C2C 模式的应用场景,让学生充分了解和掌握移动 C2C 模式的特点和主要功能。

二、建议课时

6 课时。

三、任务分析

完成本任务需要充分了解以"闲鱼"App 为代表的移动 C2C 平台的注册方法,以及整个平台的主要功能和特点。

四、引入案例

从月入 100 到日入 100，闲鱼运营案例

在经营"闲鱼"网的人群中，有的实现月入过万，有的日入几千。但更重要的是从 0~1 的提升。那么如何做呢？这里总结了几个步骤：熟悉闲鱼规则、选品、维护。简单三步每天重复操作就能出单，关键用碎片时间就可以。具体来说如下：

1. 熟悉闲鱼规则

只要多看看创作中心或者发布规则就行了，知道什么可以卖，什么不能卖，千万不要认为闲鱼只能卖二手产品，全新产品销量也是很高的，而且做无货源的基本都是新品，让商家代发。换句话说，就是要有执行力去上架！

2. 选品

运营闲鱼的重点是选品。所谓实践才是检验真理的唯一标准，而一款产品到底好不好卖、值不值得我们去做，也只有市场需求才能决定，因此，把握好选品环节对于闲鱼的运营是至关重要的。

3. 维护

有客户咨询时迅速回复，这样成交率很高。不要等客户咨询半天甚至一天以后再回，这样基本是成交不了的。所以要把消息提醒打开，一有消息就回复沟通，以提高成交率；然后就是通过图片、文案、重新上架的维护来提升曝光率，每天重复操作。也就是，每天要做的事情就是选品+维护+回复。

(案例来源：https://www.musicheng.com/news/i288332.html)

五、任务的实施

（一）闲鱼的账号注册

1. 闲鱼平台介绍

闲鱼是国内知名的 C2C 电子商务平台，是阿里巴巴旗下闲置交易平台。会员只要使用淘宝或支付宝账户登录，无须经过复杂的开店流程，即可让闲置的宝贝奔赴天南海北的新主人手中物尽其用。闲鱼平台后端已无缝接入淘宝信用支付体系，从而最大程度保障交易安全。

闲鱼，取义于"闲余"。"闲"是闲置的时间，而"余"是闲置的物品和空间。闲鱼不仅是一个闲置交易平台，更是一个基于新生活方式的社区。在这个社区，人们分享的可以是物品，也可以是自己的私人时间与技能、兴趣爱好与经验，甚至可以是空间。闲鱼致力于让"闲余"变"闲鱼"，让浪费变消费。闲鱼移动端开机画面如图 1-2-23 所示。

> 知识拓展
> 闲鱼平台的详细介绍

2. 注册账号

下面以手机端为例介绍如何注册闲鱼账号。

（1）打开手机"闲鱼"App 将会出现如图 1-2-24 所示的登录界面，可以选择使用手机号码、淘宝账号、支付宝账号等方式登录，在这里建议使用淘宝账号授权号注册登录。

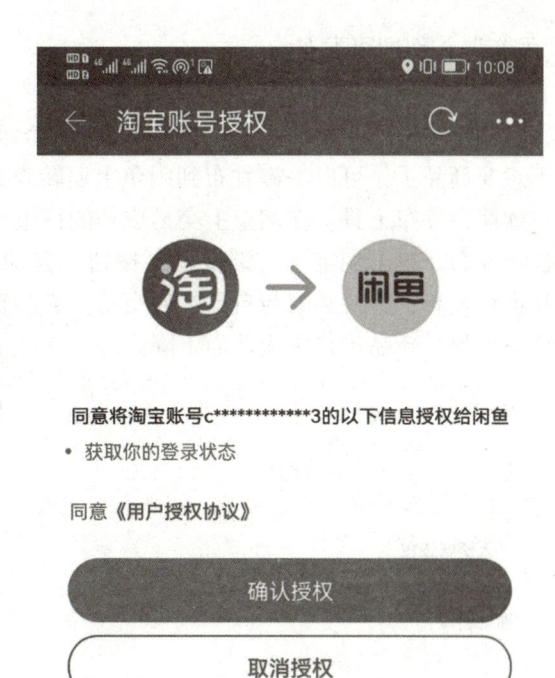

图 1-2-23 闲鱼移动端开机画面　　　　图 1-2-24 闲鱼手机端登录页面

　　(2) 登录之后，在"我的"选项中，对账户的个人信息进行设置，如图 1-2-25 所示，然后就完成了闲鱼的账号注册。

(二) 闲鱼平台主要功能

　　闲鱼 App 上的功能非常多，如图 1-2-26 所示。在闲鱼 App 首页导航上有很多功能栏目，如卖闲置、淘宝转卖、高价回收、估价，等等。下面就介绍其主要的功能栏目。

1. 卖闲置

　　卖闲置（见图 1-2-27）业务是闲鱼最基础的业务之一，也是消费者使用最多最广的业务之一。其主要功能是消费者把自己日常生活或工作中不要或者不用的物品发布在闲鱼平台上进行二手物品的售卖。单击"卖闲置"按钮，在弹出的界面，添加自己想卖的闲置物品的照片，填写相关闲置物品的特征、型号以及自己想卖出的价格，填写完成之后，单击

"发布"按钮即可发布。

2. 淘宝转卖

淘宝转卖（见图1-2-28）是闲鱼上一个很实用的功能。消费者在淘宝购物以后，如果不想要商品了，可以一键发布到闲鱼上面转卖出去，非常方便。"一键转卖"是闲鱼推出的一款简易发布工具：在淘宝上交易成功的订单，用户使用该工具，只需填写预售卖价格即可快速发布。单击淘宝"一键转卖"按钮，自动进闲鱼，在闲鱼平台上把自己需要转让的商品进行发布，等待买家与自己沟通交易。当然转卖必定是二手货，价格要低于以前的购置价格。如果是新品价格也应适当下降。

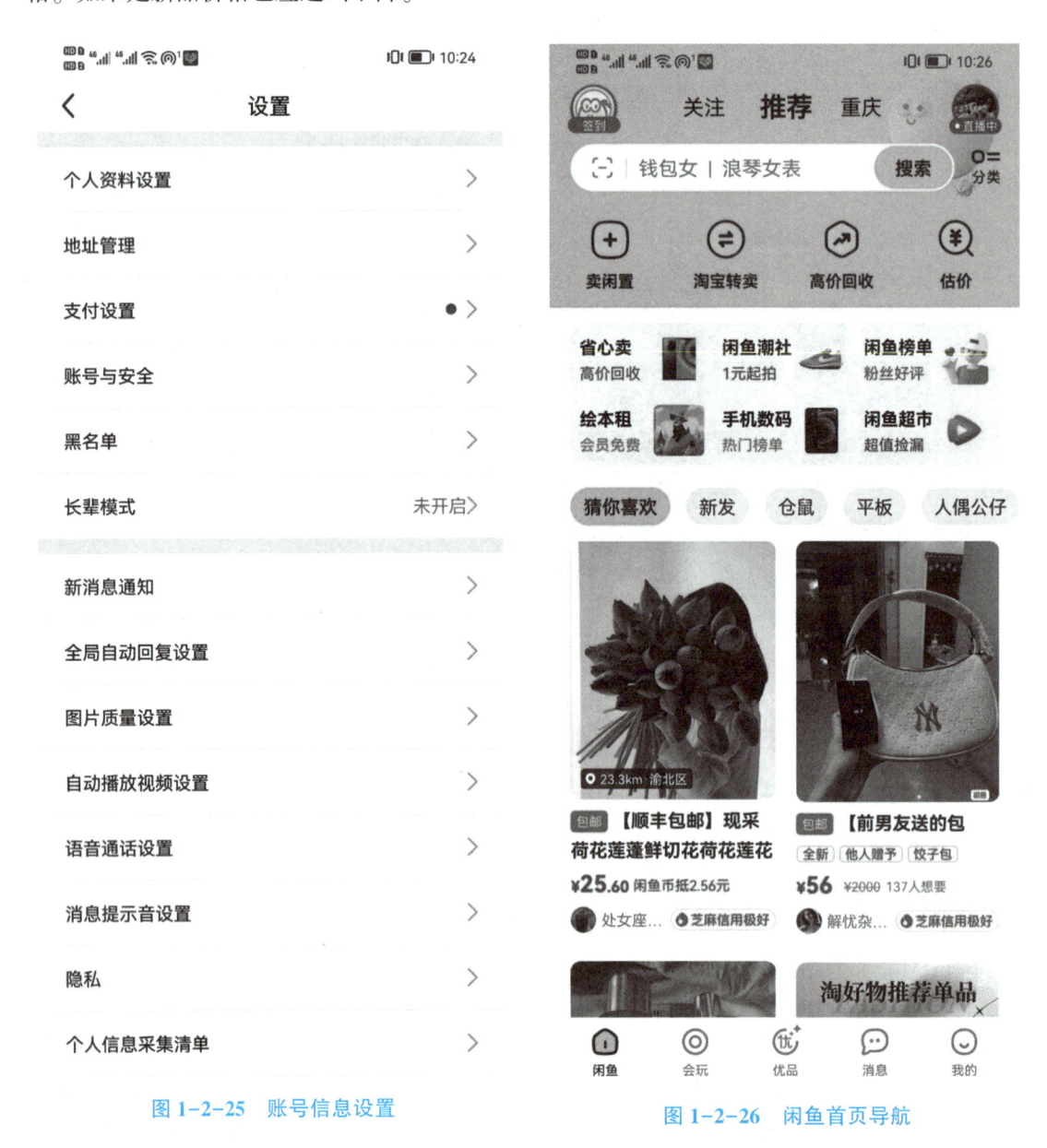

图1-2-25 账号信息设置

图1-2-26 闲鱼首页导航

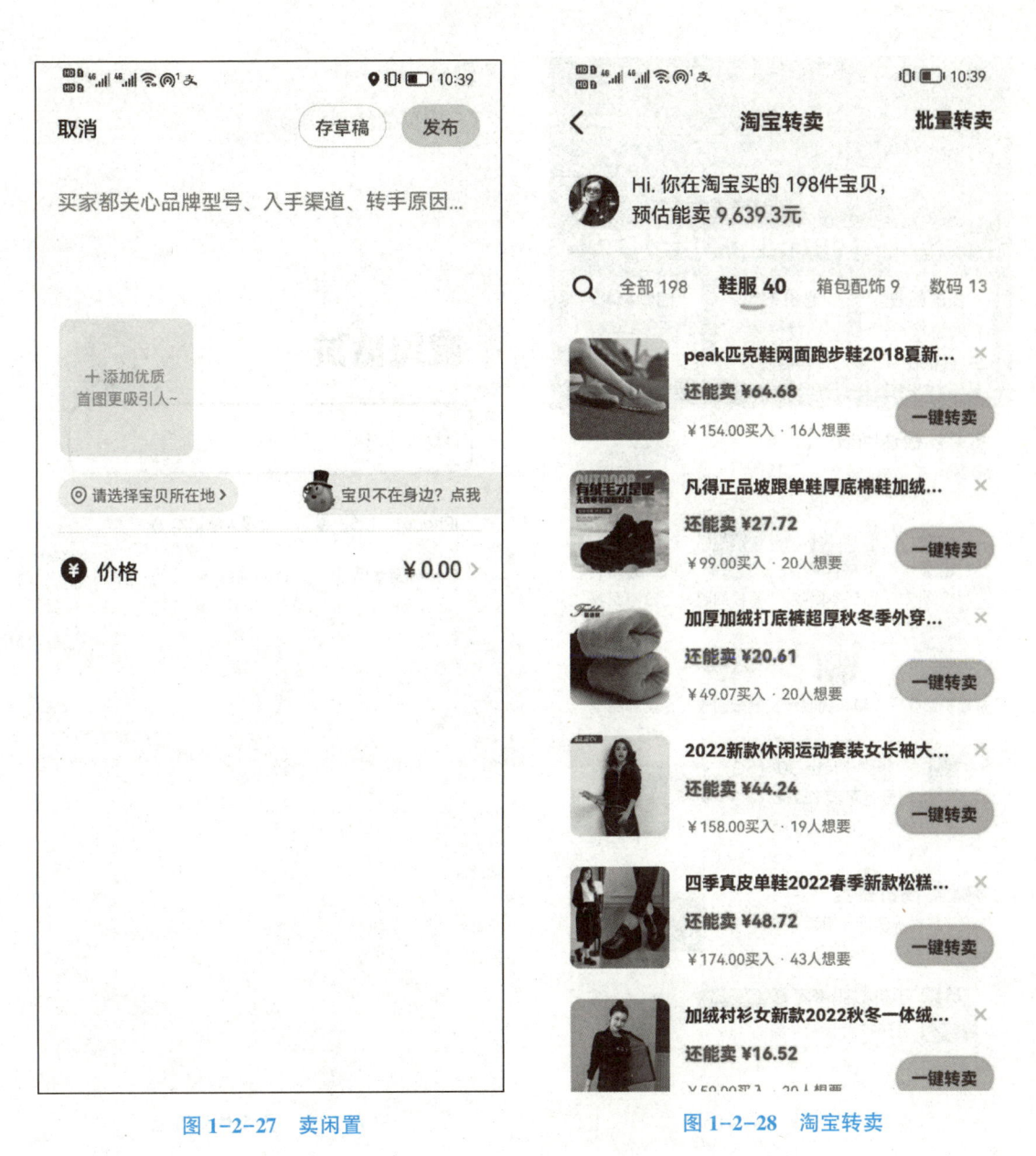

图 1-2-27　卖闲置　　　　　　　　图 1-2-28　淘宝转卖

3. 高价回收

高价回收（见图 1-2-29）是闲鱼针对手机、电脑、家电等价值较高的二手物品设计的一个服务功能。闲鱼高价回收有两种方式可选：一是寄给闲鱼帮助竞拍，优点是报价高，且 48 小时内必卖；缺点是等待时间较长，从寄出到收款大约一周。二是选择闲鱼上门回收，优点是工程师质检完当场收钱，无须等待；缺点是报价低。

4. 估价

估价是目前闲鱼上一个帮助消费者评估二手物品价格的功能页面（见图 1-2-30）。估价功能可以根据上传的商品，帮消费者估算出这个商品的价格。用户在这个页面只可以看到系统估计的价钱，没有直接跳转到发布商品页面的入口。这个估计的价格可以作为消费者在闲鱼上转卖二手物品的参考。

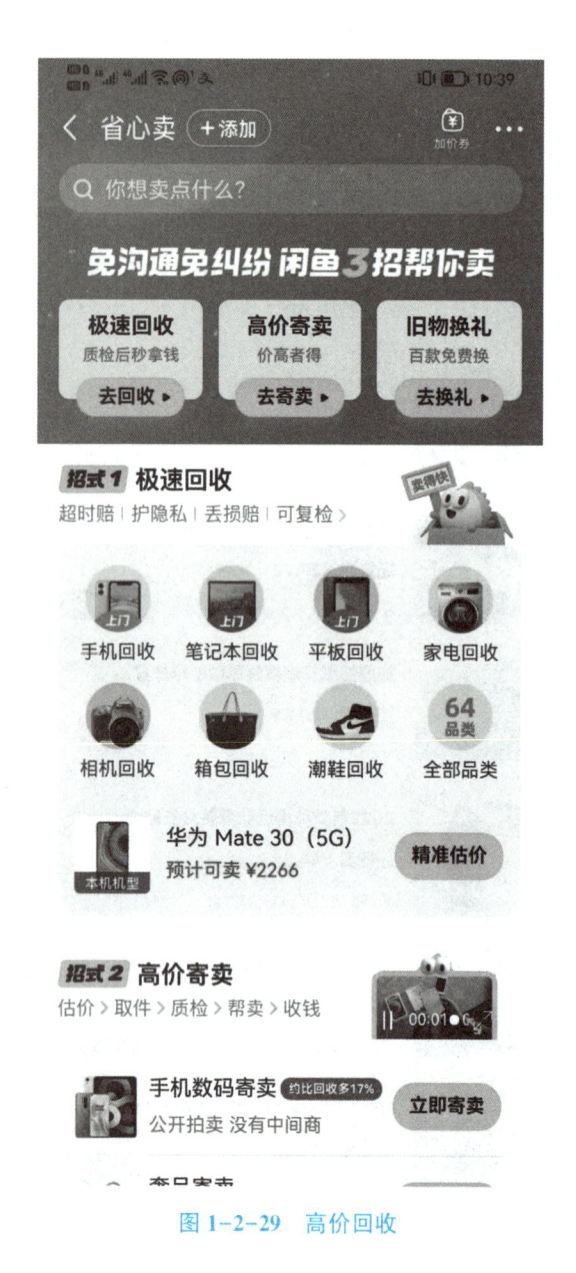

图 1-2-29　高价回收　　　　　　　　图 1-2-30　闲鱼估价页面

六、考核与评价

通过本任务的学习，学生已经完成了闲鱼账号的申请，并且详细地了解了闲鱼 C2C 应用模式的功能和特点。请根据表 1-2-5 进行自我评价。

表 1-2-5　移动 C2C 模式应用实训学习评价

评价项目	评价要点	自评	互评	师评
账号注册	1. 注册账号的名称是否有代表性（10 分）			
	2. 账号的头像与账号定位的一致性（10 分）			
	3. 账号信息设置的合理性（10 分）			

续表

评价项目	评价要点	自评	互评	师评
功能页面用户体验	4. 闲鱼卖闲置页面的用户体验（10分）			
	5. 淘宝转卖页面的用户体验（20分）			
	6. 闲鱼高价回收页面的用户体验（20分）			
	7. 闲鱼估价页面的用户体验（20分）			
总评成绩				

备注：自评、互评、师评三项的分数取平均值，计入总分。评价结果分为 A（85~100分）、B（75~84分）、C（60~74分）、D（60分以下）四个等级。
A 优秀；B 良好；C 合格；D 待合格。

七、巩固与练习

1. 判断题

（1）闲鱼是阿里巴巴旗下闲置交易平台 App 客户端。（   ）

（2）卖闲置业务是闲鱼最基础的业务之一，也是消费者使用最多最广的业务之一。（   ）

（3）淘宝转卖是闲鱼上一个很实用的功能，对于消费者来说，在淘宝购物以后，如果不想要商品了，可以一键发布到闲鱼上面转卖出去，非常方便。（   ）

2. 简答题

（1）闲鱼平台消费者端口的主要功能有哪些？

（2）闲鱼账号注册的步骤有哪些？

3. 技能实训题

对比分析闲鱼 App 与转转 App 的账号注册以及主要功能和特点的区别（见表 1-2-6）。

表 1-2-6　对比分析闲鱼与转转

项目	闲鱼 App	转转 App
注册方式		
首页设计		
导航栏目		
主要功能		
目标人群		
盈利模式		

八、技能归纳图表

技能回顾：
（绘制本任务的技能关系图）

C2C 模式应用实训 ⎧ App 注册基本技能：
⎨
⎩ App 功能分析技能：

续表

思考总结：

九、拓展案例

闲鱼电子商务案例分析

闲鱼是阿里巴巴旗下闲置交易平台 App 客户端。

1. 用户需求：以价格/利润为导向的需求

用户分为两种：一种是 C1 卖家用户。C1 卖家用户有闲置物品，物品暂时用不到或者想换更好的物品，扔掉又可惜，所以想出售换取一部分金钱。另一种是 C2 买家用户。C2 买家用户想要利用低价收购所需要的物品。

对于 C1 卖家用户来说，交易过程应考虑以下几个因素：

能否方便快捷地发布商品；商品的卖出效率及价格：不指望能赚多少钱，但至少保证不能赔钱，不然就不会拿出来卖了；物流的选择：大件和超重产品的物流怎么解决；交易的安全性：付款问题。

而对于 C2 买家用户来说，交易过程应考虑以下几个因素：

①价格：二手物品的优势在于价格，如果二手物品的价格和新品一样，谁还会买二手？

②查找商品：快速的商品查找和商品展示。

③质量：二手物品交易是 C2C，而 C1 卖家用户无法保证物品质量问题，会衍生出售后问题。

④交易物流：二手的更要包邮了，本来就想省钱。

2. 产品解决方案：基于 LBS 的二手交易平台

很多用户交易时会碰到这些问题：卖家不想包邮（本来就卖亏了的心理），而买家本着想省钱的心理更不想出邮费；物品太大，比如说书柜，物流问题不好解决，成本就高了；买卖双方互相猜忌，谁也不信任谁。

面对二手交易的难题，阿里想出的策略是重新重视"社区"。在闲鱼里，一个个社区被称为"鱼塘"，鱼塘的管理者被称为"塘主"。"社区"分为实体和虚拟两种模式。一种是基于 LBS（位置服务）以小区、公司等场所为核心的实体"社区"；另一种是以兴趣形成的闲置交易圈子，比如小米鱼塘、口红鱼塘等五花八门的鱼塘。塘主负责经营这个圈子，普通用户也就是"渔民"可以向塘主支付服务费用来要求置顶自己发布的闲置物品，一来是奖励塘主机制，二来促进交易。

闲鱼运营团队负责人黄智敏曾说："集市是人与人的连接点，而这种模式更有助于强化用户间的关系，提升鱼塘的活跃度。"卖方用户只需提供三种信息：闲置物品怎么来的；为什么不要了；应该如何使用，该注意什么。

鉴于二手交易物品出现的定价、真伪、物流等交易风险问题，闲鱼着力加强"社区"周边信任关系。尤其是二手物品，通过强化用户关系后，信任问题可以得到很好的解决。也就是说，在鱼塘里混熟了，信任自然而然就有了。

交易双方使用的是淘宝账号体系，会限制在"淘宝公约"的规则内交易，这样信誉度就会有保障。

新消费时代，除了可见的消费升级之外，二手市场也正在成长为一个万亿市场。在闲鱼等平台的带领下，二手交易正在成为一种时尚，更吸引了年轻潮流人群的入局。闲鱼官方公布的数据显示，成立5年时间以来，每天有超过100万人在闲鱼上发布超过200万件个人闲置物品，累计发布的闲置物品数量已超过14亿件。与此同时，超2亿的闲鱼用户也通过互助，解决了很多问题：包括旧货交易、房屋出租、兴趣物品互换与租赁、环保公益，等等。闲鱼闲置二手负责人石坚认为，闲鱼有点像反向的微信。他指出，微信是靠替代了短信互相交流发展起来的，最后发展出重要的产品就是朋友圈。闲鱼交易恰恰是你把你自己的闲置品以发朋友圈一样的体验发上来之后，有人看到你的商品反过来跟你聊天，最终达成交易的过程。

（案例来源：https://wenku.baidu.com/view/beed2eed0608763231126edb6f1aff00bed5702c.html）

模块二

电子商务的定位与选品

进入互联网时代，网上购物已然改变了人们的消费生活方式，特别是随着5G技术以及智能手机的广泛应用，使得人们在网上购物时，更倾向于选择使用更为便捷的移动端购物App。因此移动店铺的运营与管理成为电商企业网店运营的重点工作内容。那么，开一个什么样的移动店铺，如何在移动端开设网上店铺，如何定位店铺的形象以及做好后续运营管理，这些都是本模块实训任务要为大家解决的问题。

本模块主要选用运营门槛较低、功能齐全、操作简便的移动店铺运营App为训练载体，为大家讲解移动店铺的定位、选品等知识，再结合实训任务进行实操训练，以达到能够独立开设移动店铺及完成后续运营管理的目标。

学习目标

一、知识目标

1. 掌握移动店铺定位分析消费行为以及选品的方法及技巧。
2. 掌握移动店铺创建、基础信息设置以及店铺装修的方法与技巧。

二、技能目标

能够通过对移动店铺目标消费群体的全面分析，完成对店铺的定位设计，并在各移动店铺平台创建个人店铺，依据前期店铺的定位设计完成对店铺的基础信息设置、装修以及选品工作。

三、思政目标

在移动店铺运营管理工作过程中，要践行遵纪守法、实事求是的原则，在进行店铺、商品营销推广时，不售卖违禁商品，不做虚假宣传，文案创作及传播富有正能量，严格遵守国家法律法规及平台运营规则。

项目一　电子商务定位

在互联网上每天有上万个新移动店铺开设，然而每天又有成千上万的卖家关闭了移动店铺。其中，有的是因为没有坚持，但是绝大多数是因为没有明确的定位，所以每个网络店铺都要有一个清晰的定位。只有有了清晰的定位，才能有条不紊地开展各项工作。

定位是一个舍弃的过程，舍弃利润、舍弃买家、舍弃市场。定位是一个寻找的过程，寻找目标市场、寻找竞争对手、寻找目标客户。因此，定位是为了寻找目标市场及客户群体，更好地服务这部分人群，舍弃不符合消费需求的产品，快速获取顾客占领市场。商品分析也是一个不断优化的过程，通过准确的市场分析，找出哪些是受市场欢迎适销对路的商品，哪些是不受市场欢迎将会滞销的产品。让自己店铺始终经营热销的爆款，从而在竞争中立于不败之地。

本项目重点为学生介绍移动店铺定位的基础知识、定位的方法和技巧，为后续的电商选品奠定基础。

任务一　电子商务定位的基础认知

一、学习任务

在营销界有一个被广泛使用的"四四二法则"。也就是说，一个项目的成功，40%靠定位，40%靠产品，20%靠营销，在电子商务中上也是如此。如今互联网上的网店形形色色，它们该如何战胜对手呢？答案很简单，想要做好电商运营，第一步就需要卖家对自家的网店有一个明确的定位，这样才能让之后的经营规划和运营策略顺利地进行。因此本任务就是介绍电商定位的基础知识。

二、建议课时

4课时。

三、任务分析

本任务主要是从电子商务定位的概念、定位的目的、定位的思路等维度进行分析，从而让学生掌握电子商务定位的基础知识。

四、引入案例

"三只松鼠"与"阿芙精油"的定位案例

我们通过案例的形式来讲讲店铺定位的观点，也希望大家能够多提意见，共同探讨并在沟通中提高自己。

"三只松鼠"店铺定位的一个宣传文案，主题是"慢食·快活"，倡导在快节奏的互联网生活中，让自己真正慢下来，感受一种心境的慢，以内在的慢达到外在的放松。店铺首页的4个非常醒目的位置重复着店铺理念，很多人会觉得放那么多烦不烦啊，其实一点也不烦，如果你的文案够好或很有创意，是很容易让客户接受并喜欢的。

客户看得多了就会认可你的理念，营销的目的就是让品牌深入人的内心，打动人的心灵。这个看似重复的宣传文案，却发挥着威力无穷的力量。如果大家有自己的店铺定位，可以模仿一下"三只松鼠"的运营思路，我相信多少会有点成效。

阿芙打出来的口号是"阿芙，就是精油"，看到这个文案，我觉得此店铺是何等的豪迈，事实也证明了阿芙的实力，阿芙卖遍了整个淘宝系。

它们的理念我觉得应该是让大家别无选择，只要买精油就会想到阿芙，就好比当你选护肤品或洗涤用品时，大部分你能用到的就是宝洁产品。其实看似阿芙的口号没有提到品牌理念，但在这句话中已经蕴含了店铺理念。

从阿芙整个店铺的脉络中，我们能感受到阿芙人要做最好的精油的理念。他们一直在讲述着产品的来历，经过多少流程让它从植物变为供人们使用的精油，有些事不用直说大家都能感受到。通过这样完善的流程阐述，人们自然对阿芙的产品产生一种信任，并认同阿芙的品牌和理念，不断购买，使之形成高回报率的良性循环。

（案例来源：https://www.maijia.com/news/article/39885）

五、任务的实施

（一）定位的概念

所谓定位，就是让品牌在顾客的心智阶梯中占据最有利的位置，使品牌成为某个类别或某种特性的代表品牌。这样当顾客产生相关需求时，便会将该品牌作为首选，也就是说这个品牌占据了这个定位。定位理论的创始人是美国著名营销大师艾·里斯及其当时公司的合伙人，杰克·特劳特先生后加入 RIES 公司，并于1969 年为这个理论命名为"Positioning"，由此开创了营销理论全面创新的时代。2001 年，定位理论压倒菲利普·科特勒、迈克尔·波特，被美国营销协会评为"有史以来对美国营销影响最大的观念"。

> 知识拓展
> 百雀羚的定位

（二）电商定位

电商定位是指对电子商务的经营者所要经营的产品类型、产品用户群体、产品市场环境等因素进行分析，让经营者可以尽可能熟悉当前行业的行情，从而制定出更有效的电商发展策略。

电商经营者选择产品类型主要有两种方式，选择自己熟悉的行业产品或选择不熟悉的领域从头做起。如果是选择前者，在电商发展上将更加有利。如果选择后者，则在经营时需要提前了解所选择的产品，包括行业环境、市场需求、买家特征和竞争对手等，然后为经营做出准确定位。

（三）电商定位的目的

1. 塑造良好体感

定位可以通过对电商企业整体形象及产品的设计而使之更贴近用户心理，是对目标用户的心智和情感进行管理。一方面，目标市场是定位的依据和归宿；另一方面，形象需要通过品牌设计和产品设计来完成。

2. 塑造优质的差异化

电商品牌产品要与同类产品有差异化，从特征、包装、服务、风格视觉等多方面做研究，并顾及竞争对手的情况，努力在目标用户心中占据一个有利的位置，使用户的心理与之产生共鸣，接受和认可产品和品牌。赢得用户，就意味着赢得竞争的胜利。

3. 引起客户共鸣

因为定位必须通过品牌传播才能够完成，只有及时准确地将电商企业的品牌形象及产品服务传递给目标用户，求得认同，引起共鸣，该定位才是有效的。另外，品牌传播必须以店铺定位为前提，电商定位决定了品牌传播的内容。因此，电商定位是品牌传播的基础。

（四）电商定位的误区

1. 误区一：对抗性定位

电商定位是消费者对电商企业的产品感性和理性的认知，改变消费者的认知是很难的。因此在定位上一定要找到一个未被竞争对手占据的领域，而不是妄图颠覆用户认知。

比如，如果某电商公司立志要做一个比淘宝还要大的C2C，消费者不会相信，这个定位几乎不会成功。即便腾讯的拍拍即使坐拥巨大的流量入口，但再多的流量导入也改变不了消费者的认知。

2. 误区二：细分程度不够

有人认为自己的企业定位为中高端护肤品、进口植物护肤品，这种定位方式在产品"稀缺时代"行得通，但现在这样的定位范围就显得太大了，往往已经有非常成熟的电商品牌占据了该品类，其他企业很难和这样的实力品牌正面竞争，所以现在做定位要细分再细分，最好能细化到一个具体的应用场景。

比如，中高端护肤品已经有雅诗兰黛、兰蔻这样的实力品牌，再做这个概念很难成功。要做就要在这个基础上根据产品特点进一步细分。比如从功能上，护肤品有保湿、美白、祛痘、香氛 [L'OCCITANE（欧舒丹）是法国天然植物香氛护肤品牌] 等；从使用部位来进行细分，手部护理（半亩花田）、脚部护理（素萃）、身体护理、眼部护理（珍视明）、唇部护理；另外还可以按照原材料细分，比如玫瑰、薰衣草、芍药、果酸、透明质酸（肌研）等；也可以按照人群细分为宝宝专用（强生）、男士专用（高夫）、孕妇专用（袋鼠妈妈）、老人专用等。在细分后一定要做到卖点聚焦，比如舒肤佳香皂宣传"除菌"、海飞丝洗发水宣传"去屑"等，不要说这款产品既能保湿又能美白，还能祛痘，卖点太多就等于没有卖点。

在定位中一定要宣传单一功能，就是"产品特色"，对于消费者来说，即便只是宣传一种功能，消费者也会认为产品的"特色"是建立在综合功能之上的"优点"。

3. 误区三："说的"不如"做的"好

定位不是自己说自己是什么，而是消费者认为你是什么。假如现在想要购买品质比较有保证的商品时，如手机、电脑，人们很大概率会选择京东而不是淘宝，这并不是因为两个平台的定位不同，而是在实际的消费体验中，大家认为京东的商品可能会相对更加有保障。

所以定位不是企业简单制定的服务口号或标语，而是消费者的认知。如果定位是品质电商，但实际销售的时候经常被发现假货，那么这个定位就是一纸空话。只有企业做到言行一致，才能让消费者以期望的方式看待，才能在市场上众多产品中选择你。

（五）电商品牌定位概述

电商品牌定位，就是为电商品牌、原创品牌等进行有效的差异化市场定位，可以在营销层面有效聚焦顾客心智，挖掘出更好的突破点，让品牌脱颖而出。品牌定位也被认为是打造电商品牌的一个最为重要的前提和条件。

（六）电商行业如何做电商品牌定位

1. 差异化的核心品类定位

电商需要有一个差异化的核心品类。先举两个例子，沃尔玛营业收入中50%是食品，而屈臣氏是以化妆品为主，带动相关产品的销售。这两个案例都反映出零售的专业化，先给用户一个必需上门的理由，然后再推销其他产品。但更重要的品类规则还不是专业化。再说一个葡萄酒的案例，国外的酒庄葡萄酒是农产品，千姿百态；国内的葡萄酒多数是工业品，连主产区的品种都主要是赤霞珠。结果农业品的价值远远高于工业品，工业品的葡萄酒天生的软肋就是产能过剩和产品同质化，以酒庄形态生产出的葡萄酒却代代相传，工艺越来越精湛，并向有机生产的方向发展。因此什么是差异性，真正能以岁月积累为基础的产品才富有差异性，才是构建品牌的基础。电商需要重新考虑以自然生产为基础的商品品类，这些品类在诚信的基础上有可能是高毛利产品。

2. 用互联网方式做品牌

电商需要用互联网的方式做品牌。这句话看上去好像没意义，实际上现在许多主流电商骨子里就是一个传统企业，虽然表面上是电商，总是忘不了规模经济和价格战。互联网的商业模式不是追求绝对的免费经济，而是追求相对的免费经济。积分、社交、众包是相对免费经济的三大支柱。

3. 做一个长情的企业

电商做品牌需要成为一个长情的企业。这是企业做品牌的真谛。如果企业不是长情的企业而是无情的企业，一次公关事件就可能对企业几十年树立的品牌构成沉重打击，二次、三次后消费者就会对品牌严重不信任。相反，乔布斯是一个长情的人，他的产品的瑕疵总是一次次被"果粉"原谅。长情的电商实际上是对用户经济和价值经济有深刻的洞察力，而非长情的电商只对财务报表感兴趣。

六、考核与评价

通过本任务的学习，学生已经对电子商务定位的基础知识有了一定的理解。请根据表 2-1-1 进行自我评价。

表 2-1-1　电子商务定位的基础认知学习评价

评价项目	评价要点	自评	互评	师评
定位的概念	1. 了解定位的概念（10分）			
	2. 理解电商定位的概念（20分）			
	3. 理解电商品牌定位的概念（20分）			
电商定位的目的和误区	4. 对电商定位三大目的的掌握（10分）			
	5. 对电商定位三大误区的理解（20分）			
	6. 对电商品牌定位三大要点的理解（20分）			
总评成绩				

备注：自评、互评、师评三项的分数取平均值，计入总分。评价结果分为 A（85~100分）、B（75~84分）、C（60~74分）、D（60分以下）四个等级。

A 优秀；B 良好；C 合格；D 待合格。

七、巩固与练习

1. 判断题

（1）所谓定位，就是让品牌在顾客的心智阶梯中占据最有利的位置，使品牌成为某个

类别或某种特性的代表品牌。 （　　）
（2）定位可以通过对电商企业整体形象及产品的设计而使之更贴近用户心理，是对目标用户的心智和情感进行管理。 （　　）
（3）电商需要用互联网的方式做品牌。 （　　）

2. 简答题
（1）电商定位的误区有哪些？
（2）电商行业如何做电商品牌定位？

3. 技能实训题
对比分析京东与拼多多平台定位的区别（见表2-1-2）。

表2-1-2　对比京东与拼多多

项目	京东	拼多多
目标消费者		
主要盈利模式		
电商模式		
主营产品类别		
细分市场		

八、技能归纳图表

知识回顾：
(绘制本任务的知识关系图)

电子商务定位的基础认知 ┤
- 定位概念：
- 电商定位的目的：
- 电商定位的误区：
- 电商品牌定位的方法：

思考总结：

九、拓展案例

网络药妆品牌"薇诺娜"的品牌定位

"薇诺娜"这个品牌的护肤品在生活中很少见到有专卖店在售卖，但如果出现皮肤过敏或者是敏感肌到医院就诊时，医生就会建议使用"薇诺娜"这个品牌的护肤品。那么"薇诺娜"是哪个国家的品牌呢？"薇诺娜"品牌定位是怎样的呢？

"薇诺娜"是中国品牌，是国内的药妆品牌化妆品，旗下的品牌种类有很多，产品主要适用于敏感肌以及皮肤比较脆弱的人群。"薇诺娜"的品牌定位是药妆品牌，属于中低端档次，价格比较亲民，普通收入人群都是可以购买得起的，性价比较高。

（案例来源：https://www.zztongyun.com/article/%E8%96%87%E8%AF%BA%E5%A8%9C%E6%98%AF%E4%BB%80%E4%B9%88%E7%89%8C%E5%AD%90）

任务二　电商店铺定位的方法与技巧

一、学习任务

现如今互联网上的电商店铺形形色色，我们所开的电商店铺能不能战胜对手呢？如果我们能够做好店铺定位分析，对店铺排名是有助益的。想要做好电商店铺的运营，第一步就需要卖家对自己的电商店铺有一个明确的定位，这样才能让后续的经营规划和运营策略顺利进行。因此本任务就是，通过适当的方法和技巧做好店铺定位。

二、建议课时

6课时。

三、任务分析

本任务需要从竞争对手、产品、消费者、市场、价格、店铺装修等多个维度进行分析，从而得出自己网络店铺的合理定位。

四、引入案例

移动电商产品定位技巧

现在移动电商都是朝着精细化方向发展的，"千人千面"这个词大家肯定不陌生，这就是一种精细化发展。通过系统算法可以更加准确地把你的商品和目标人群匹配起来，看上去好像商品的曝光量少了，实则剔除了很多无效曝光，使商品的转化和成交都直线提升。

这是从平台的角度出发，主动地为你的商品匹配用户。换个角度想，算法如果无法识别你的商品定位，就无法做到为你的商品或店铺匹配对应的人群，导致流量分配不精准，把你的商品展现给不需要的人，最后造成流量浪费。

所以，先做好产品定位再来确定商品款式可以让整个店铺的定位更加清晰明确，系统会精准地为店铺打上标签然后展示给买家。做好产品定位可以有效指导商品的选款与开发，可以帮助店铺迅速找到市场切入点，让店铺少走弯路。

在谈论产品定位时，我们不得不再提到一个词——市场定位。很多人对产品定位与市场定位不加区别，混淆概念。具体来说，市场定位是指对目标消费者市场的选择，可以由地域、性别、年龄等方面综合选择的用户群；而产品定位，是指商家应以什么样的产品来满足目标消费者的需求。

大家可以想象一个场景来帮助理解。你现在想去市场摆摊卖货，城里有南北两个市场，北面市场主要集中了一些老人及家庭主妇，南面市场集中了打工一族。首先你得选择一个主战场，这就是对市场的选择，也是对消费人群的选择。假设现在选择北面市场，那就定位目标消费人群为老人及家庭主妇，针对这群人，你应该用什么样的产品来满足他们的需求呢？这就是产品定位。

> **思政看点**
>
> 在进行移动电商定位的时候，一定要遵循事物本身的客观规律，发挥因地制宜的特点。

如果你的店铺没有产品定位，就无法确定人群是谁，那你就是把商品卖给不需要的人，商品的点击和转化自然不会好。

所以，首先我们应该先进行市场定位，再进行产品定位，然后挑选出需要的商品款式。接着根据商品反馈的各种数据矫正市场定位和产品定位，再优化商品。

长远来看，这是一个螺旋上升的良性进化过程，不断地精细化定位，最后不只你的商品，甚至你的店铺都可以得到稳定的自然流量。

看到这里，很多人对如何进行产品定位还是一头雾水。没有方向去具体地刻画出一个想要的群体，那么可以参考以下问题来综合锁定你需要定位的人群：

(1) 产品在目标市场上的地位如何？

(2) 产品在营销中的利润如何？

(3) 产品在竞争策略中的优势如何？

确保自己不要迷失方向，产品定位最后还是服务于店铺风格及商品款式，所以确定好方向后开始规划店铺的商品，如何选款，如何定价，什么样的款该定什么样的价。

要知道现在做移动电商，已经不再是单纯地打造单个爆款那么简单了，做好店铺的整体规划及打造"品牌"理念，是长远发展的必经之道。

(案例来源：https://longgeyun.com/knowledge/6140.html)

五、任务的实施

本任务的实施，将按照电商店铺定位的几个方面去完成。

(一) 店铺产品选择定位

一个好的产品是店铺成功的标准，而一个好的卖点则是一个产品的灵魂，一个没有差异化、相似的产品在互联网平台上是举步维艰的。消费者都喜欢低价且质量好的产品，但是现在好多卖家都误解了，认为只有超低的价格才能赢得客户，但是没有注意到"物美价廉"，"物美"是放到前面的。这就是为什么真正盈利的产品，都不是最便宜的。所以，第一步要考虑的不是流量，而是一个产品，用心地去选择好的产品，给店铺做好定位，不然，以后的工作都是枉然。对于产品的选择，一定要做到如下几点：

(1) 了解自己产品的属性，因为只有了解自己产品属性，才能很好地介绍给你的客户。

（2）一定要去和同行比较自己的劣势是哪些，因为只有看到了别人，才能更了解自己。

（3）自己的优势有哪些，因为只有知道了自己的优势（是和别人比较，而不是自己认为的优势），才能更好地推荐给客户。

（4）竞争对手的销量、价格、上下架时间、客户的评论，找到客户的痛点。

（二）店铺产品设置定位

选好店铺定位的产品后，为了让店铺的产品定位更加突出和吸引人，还需要在店铺中设置好四个主推款的产品定位。

1. 引流款

顾名思义就是店铺的主推产品，进入一个电商店铺首先推送的产品。将产品定位为引流款，就意味着这个产品是店铺最大的流量来源通路。这个引流款的产品，一般是大部分消费者都能接受的、非小众的产品。而且这部分的产品转化率要好，相比于同样类目属性环境下的竞争对手，有价格或者其他方面的优势。那么想要选择精准的引流款，就要做好数据的测试，尽量选择转化率高、地域限制较少的产品。根据其数据状况，初期可以给予产品比较小的推广流量，慢慢测试后，再稳步提高。

2. 利润款

将产品定位为利润款，就是要靠此产品为店铺带来更多的利润和销量。因此这类产品应该在实际营销中占最高比例。

利润款前期的选款，对数据挖掘的要求比引流款的要高。因此在选择时，首先要锁定目标人群，精准地分析目标人群的爱好。利润款产品的目标人群，应该是一些比较追求个性的、追求潮流的人群，要针对款式、产品卖点、设计风格、价位区间等多方面的因素分析后再做出决定。

3. 活动款

选择活动款的产品，首先要明确产品通过活动要达到的目的是什么，是清库存、冲销量，还是体验品牌。根据不同的目的，应选择不同的操作方式。

（1）清库存。

以清库存为目的的活动款产品，一般都是些陈旧或者尺码不全的款式，这样就必须牺牲客户对品牌的体验，那么低价出售就是弥补消费者心理的一个最好的方式。其实大家在很多网站都可以看到，店铺会有一栏以特卖、低折促销为字眼的产品栏目，就是利用这个原理。

（2）冲销量。

店铺想要获得更多的利润，提高知名度，冲销量就是一种不得不采取的方式。以冲销量为目的的产品，最好也选择一些大众喜欢的、比较热衷的产品来销售，这样才能达到更好的效果。

4. 形象款

选择形象款的目的是提升品牌的形象。其意义就在于它能吸引消费者停留驻足。简单来说，就类似于一个城市的形象工程。因此，形象款的选择，应该是一些高品质、高调性、高客单价的极小众产品。但是形象款仅仅只是产品销售的极小部分，店铺只需设置3~5款即可。应该把重点放在之前三款产品上。

总而言之，想要做好产品差异化，就要把店铺的产品定位成引流、利润、活动和形象款这四种形式，大大提高产品的转化率，这样才能让电商店铺获得更多销量。

（三）人群定位

互联网推崇千人千面展现规则。所以电商店铺也需要对人群进行定位，从而使店铺商品只推送到精准的消费群体中，这样做也是为了让自己店铺的转化率提高，同时也解决了互联网上大部分商家恶意竞争的情况，保证了新手卖家能够在互联网平台获得公平的竞争机会。比如，我们的产品是潮流、新潮，那么进我们店铺的消费者应该也是带有这个标签的人群。

（四）产品价格定位

这需要分析电商店铺商品的受众人群。如果产品针对的是学生，那么价格定位在 300 元以上就显得非常不现实了。价格定位很重要，大部分消费者都是为了买到性价比高的东西，所以在搜索的时候，质量和价格都是考虑的因素。在做条件筛选的时候，有人会把价格作为第一搜索条件。如果你设置的价格和受众人群差异很大，自然就搜索不到你的商品了。

知识拓展
信息流广告人群画像的重要性

（五）店铺装修风格定位

店铺装修是根据移动店铺风格进行的，当然店铺风格和店铺的诸多方面有着关联。比如经营运动服饰的店铺的风格就应该是轻盈有活力的。此外，店铺装修风格定位还有一点就是对色调的处理，比如，我们的产品颜色是白黑的，那么店铺色调太花哨了必然是不行的。

（六）寻找竞品店铺

在寻找自己需要卖的商品的时候，心里应大致有一个想法和规划，然后在互联网上寻找相关竞争对手的标签。在竞品店铺中选择它们日销好的、动销率比较高的产品作为一个思考方向，尽量在选择新产品资源库时和这些产品的风格进行对接，尽量和它们接近，保障人群标签的精准度。

（七）市场定位

就市场而言，市场变化越大的商品，在运营销售过程中，成功率会越高；反之，变化小的商品，在运营的过程中，需要花费一定的成本和资源，风险也会大幅度上升。在分析精品店铺时，要理清它们的流量来源和结构以及销售升降等数据，在此基础上，结合自己商品的特性，设定销量增速目标，制订一系列计划。

六、考核与评价

通过本任务的学习，学生已经掌握了如何对电商店铺进行定位。请根据表 2-1-3 进行自我评价。

表 2-1-3　电商店铺定位的方法与技巧学习评价

评价项目	评价要点	自评	互评	师评
店铺定位标准分析	1. 店铺产品选择定位是否恰当（20分）			
	2. 店铺产品设置定位是否恰当（20分）			
	3. 人群定位是否恰当（20分）			
	4. 产品价格定位是否恰当（10分）			
	5. 店铺装修风格定位是否恰当（10分）			
	6. 寻找竞品店铺是否恰当（10分）			
	7. 市场定位是否恰当（10分）			
总评成绩				

备注：自评、互评、师评三项的分数取平均值，计入总分。评价结果分为 A（85~100 分）、B（75~84 分）、C（60~74 分）、D（60 分以下）四个等级。
A 优秀；B 良好；C 合格；D 待合格。

七、巩固与练习

1. 判断题

（1）一个好的产品是店铺成功的标准，而一个好的卖点则是一个产品的灵魂，一个没有差异化、相似的产品在互联网平台上是举步维艰的。（　　）

（2）利润款，顾名思义就是店铺的主推产品，进入一个电商店铺首先推送的产品。（　　）

（3）店铺装修是根据移动店铺风格进行的，当然店铺风格和店铺的诸多方面有着关联，比如经营运动服饰的店铺的风格就应该是轻盈有活力的。（　　）

2. 简答题

（1）如何进行电商店铺产品选择定位？
（2）电商店铺定位的方法有哪些？

3. 技能实训题

对比分析"威露士"京东旗舰店与"蓝月亮"京东旗舰店定位的区别（见表 2-1-4）。

表 2-1-4　对比"威露士"京东旗舰店与"蓝月亮"京东旗舰店定位

项目	"威露士"京东旗舰店	"蓝月亮"京东旗舰店
目标消费者		
店铺装修风格		
利润款产品		
价格定位		
引流款产品		
活动款产品		

八、技能归纳图表

知识回顾：
（绘制本任务的知识关系图）

电商店铺定位的方法与技巧 ⎰ 店铺产品选择的方法与技巧：

　　　　　　　　　　　　　店铺产品设置定位的方法与技巧：

　　　　　　　　　　　　　人群定位的方法与技巧：

　　　　　　　　　　　　　产品价格定位的方法与技巧：

　　　　　　　　　　　　　店铺装修风格定位的方法与技巧：

思考总结：

九、拓展案例

移动淘宝店铺定位如何做？

　　移动淘宝店铺定位如何做？这里我就拿认识的内衣商家来举例。刚开始看到该店铺的衣服的时候，我感觉这些内衣相对还是带点性感的，然而看了其他几款后，我就凌乱了，这画风有点不对，产品风格有点乱，没有明确店铺的定位。通过聊天后才发现，原来该店铺是把男款当女款拍。这个风格其实不是简单地改变颜色就可以改变的，应明确自己的店铺风格。以这种风格的款式为主，目的就是细分好这一块人群，就算进店后不买这款也会买其他款。因为是差不多风格，就会出现一些买家买回去感觉不错，第二次来买店铺的其他款，这样复购率就有了。其实店铺定位就是让进来的人能在店铺产出，产出越高越好。

　　明确主力款之后，就要把主力款的详情页优化起来。就像这款，商家的意思是卖三件套，但只在标题和SKU（最小存货单位）上体现还不够。如果再以某种类型的图片来显示，买家就一目了然了，就能突出产品的性价比。详情页的内容可以根据平时买家咨询比较多的问题逐步调整，并根据聊天过程和后台看到的买家地址来判断买家的经济能力等情况，做相对应的调整。

把自己定义成买家，站在买家的角度看我们的产品，哪里不行改哪里，哪里体现不好优化哪里，爆款都是通过不断的优化而产生的，思路都是通过不断的尝试从迷茫到逐渐清晰的。可能现在打造一个爆款需要一个多月的时间，但是我们通过不断地完善改进，第二次打造爆款可能就只要半个多月的时间。一个店铺做起来最关键的就是先把自己定位好了，卖什么，卖给谁，然后再考虑如何卖爆产品。

淘宝新手全面地定位自己的网店总结：比如饰品类目，首先是卖千足银手镯，其次是纯银手镯，再往大说就是银饰品，最后就是饰品。比如男装类目，西装小外套→搭配裤子衬衫→西服套装。新手应先从一个小品类起家，集中火力和精力把这个做起来后再开始扩张地盘，去做大，而不是一开始就什么都做，结果什么都没做好。

（案例来源：https://www.musicheng.com/wenda/i525174.html）

项目二　电子商务选品

选品可以说是电子商务这个环节中非常重要的部分。无论是抖音、淘宝天猫，还是京东，在各大电商平台中，选品得当就相当于成功了80%，要是选品错误，那就是100%的失败！众所周知，电子商务选品是指电商企业为自己的店铺选择优秀的商品进行运营，因为商品是打造爆款的核心。一切运营推广都是先从选品开始，每次的选品对于电商店铺的运营具有重大的作用，所以电商企业一定要根据数据分析，了解竞品的竞争市场，做出合理的选择判断。本项目将介绍电子商务选品的基础知识、方法与技巧。

任务一　电子商务选品的基础认知

一、学习任务

在电子商务行业里流传着这样一句话：电商运营三分靠运营，七分靠选品。这就充分地说明了选品在电商领域的重要性。如何为自己的网络店铺选择适销对路的产品一直是困扰电商人的一件事情。如何通过各种方法为电商企业选择蓝海市场，用最简单快捷的方式迅速找出细分类目的蓝海产品，是电商人一直不懈的努力和追求。本任务就是为大家介绍电商选品的基础知识，为后续电商选品实操奠定基础。

二、建议课时

6课时。

三、任务分析

本任务从选品的概念和含义、电商选品的原则、电商选品的注意事项等维度进行分析，从而让学生掌握电商选品的基础知识。

四、引入案例

跨境电商选品案例

无论是在亚马逊第三方平台上开店，还是搭建自己的独立站，选品永远是卖家们面临的最大挑战之一。以下提供几种选品思路。

1. 解决客户的痛点

解决客户痛点永远是卖家开发新产品最有效的思路。

这个痛点可以是产品应用上的。比如"泰诺"解决了感冒问题，电动工具解决了手工工具费时费力的问题。又如很多人头疼厨房的油渍特别难清理，如果去污产品刚好可以解决这个问题又不伤手，那么这款产品也解决了客户的痛点。此外，这个痛点还可以是客户在购买现成产品过程中的糟糕体验。

（1）假发优质网站。

Unice品牌是中国跨境电商品牌中的假发产品品牌，主要面向欧美市场。产品采用真发，并且根据不同客户的需求，提供假发帘、接发、多种发型等。Unice品牌的受众多为黑人女性，所以横幅广告为黑人模特佩戴假发的展示效果，附上醒目的大额优惠，以"Limited Quantity, Huge Discount, Super Quality"（数量有限、折扣巨大、质量上乘）总结产品特点，"GET IT NOW!"的号召语引导受众进行点击。

（2）大码女装网站。

Babes and Felines的创始人Ciera Rogers凭借个人品牌和200万粉丝的影响力，在短短5年时间里就获得了70万美元的收入。她的品牌目的是让任何身材的女性都能自我感觉良好，并提供价格实惠的孕妇装、大码服装和小码服装。真正将这个品牌与其他品牌区分开来的是，Ciera能够利用其目标市场的心态，创建一个针对特定痛点的品牌和产品线。当将产品或产品系列添加到在线商店时，建议充分利用目标受众和他们的问题点，找到他们的需求，为消费者提供对应的解决方案。

2. 吸引爱好者

有时候企业想不到做什么产品，可以想想能不能服务一个特定的目标客群。当消费者对某一行业或爱好充满热情时，他们通常更倾向于为买他们想要的产品买单。

（1）动漫主题。

一家经营动漫产品的广东卖家，最开始是从国外几个小众的第三方平台（类似于ebay）做起，后面就自己做了Shopify独立站，主题风格一看便知，喜欢的买家都会被吸引住！

（2）赛车配件。

专业售卖赛车配件的店铺，市场上该类产品可能不如整件货转换率高，更多的是面向小众爱好者。但如果在赛车爱好者圈内打响品牌，就会获得稳定的流量，吸引更多爱好者进入站内选购。一旦有了数据，解决了信任问题，就会发现圈内买家很容易在店内进行重复购买。

3. 卖家个人兴趣和激情

很多人可能会问，产品是卖给顾客的，选品不应该根据顾客需求而选吗？但许多爆款产品的开发一开始可能就是出于卖家的个人需求和兴趣，只有卖家自己先有了需求与渴望，才有更多的激情去钻研、去开发市场上没有的新产品，才能在一片竞争对手中杀出重围。

(1) 狗狗洗浴产品。

随着人们生活水平的提高与社会压力的加大，养一只小宠物作为自己的伴侣正成为当今时髦的减压方式，由此也促进了宠物用品相关跨境电商市场的产生与发展，Eric 一方面为了自己家狗狗的安全，另一方面也看到了宠物主们时常遇到的困惑，为了解决小宠物们的问题，从世界各地收集天然成分的产品，为狗狗打造顶级水疗和美容系列产品。

(2) 摩托骑行服装。

Ride Rich 的创始人是一位摩托车爱好者，该品牌专注于摩托车生活方式服饰，其初衷是为追求自由而非自负的骑行者打造摩托车街服。他们从体验、艺术和音乐中汲取灵感，承诺为摩托车爱好者带来丰富的骑行体验。

(案例来源：https://zhuanlan.zhihu.com/p/410157608)

五、任务的实施

(一) 选品的概念

选品是指选品人员从供应市场中选择适合目标市场需求的产品的过程。

(二) 电商选品的概念

电商选品是指帮助电商企业选择优秀的商品经营，因为商品是打造爆款的核心。一切运营推广都是从选品开始，每次的选品对于电商的运营有重大的作用。

电商企业在选品的时候必须先确定一个大方向，即企业自己的店铺到底要经营什么品类。这个大的方向决定着企业接下来一系列的细分工作，所以一定要重视。而且，即使大方向看起来很容易选择，但是如果企业做错了选择，依然会对接下来的选品步骤有很大的影响。如果企业实在不清楚应该选择什么样的大方向，可以先去希望入驻的电商平台上考察，通过在这些电商平台销售产品的数据分析，也可以得到一定的灵感。等到选出一个大方向后，再以这个大方向为引导，逐步细化出一些小方向，不断向着企业所希望的具体的产品线靠拢。

> **知识拓展**
> 跨境电商选品

(三) 电商选品三要素

电商选品三要素主要包括：产品品质、产品价格、产品特点。

1. 产品品质

所谓品质，即是产品的质量，也就是产品的好坏优劣。作为消费者，在选购产品的时候肯定希望能购买到质量很好的产品。即便对质量要求不高的消费者，最基本的合格线也是一定要满足的。在相同类目的同样价位下，品相和材质如果能更具备优势，那么它的销量肯定会更佳。

2. 产品价格

大多数时候，价格都是消费者选择一件商品需要考虑的重要因素，如拼多多就是专门的价格战平台。在产品相同的情况下，如果占据了价格优势，那么销量一定会优于同类商家。淘宝平台也是一样，即便像天猫的定位是面向中高端人群，也需要考虑价格因素，尤其是在目前市场供给丰富化的情况下，更低的价格已经成了市场趋势。

3. 产品特点

产品特点是指商品要有一定辨识度，至少能够给消费者留下印象，最好是有异于甚至优于同类产品的地方。即便有相同的货源，但如果在电商网店运营的时候把服务做得更细致，那么也能有一定领先优势。

（四）电商选品三要素的实际运用

了解了电商选品三要素后，那么如何在实际的电子商务运营中更好地运用这三要素呢？

（1）在选择产品时，一定要找质量有保障的供货商拿货。另外，好的产品在品相上一定是足够让人产生购买欲的，在材质等属性上也必须是过关的。优质的产品不仅能为店铺带来持续的销量，也能累积更多的口碑和流量，而这些往往是电商企业最重要的资源。

（2）在给产品定价时，需要综合考虑进价、运费、管理费等成本，然后再给产品设定一个合理的并且具有竞争力的价格。比如通过市场批发进货，那么大部分产品的进价都是比较低的，因此在降低商品售价的情况下，不仅能够争取到更多的顾客，而且能获取一定的利润。

（3）产品特点最好体现在产品的增值属性等方面。所谓增值产品，就是让产品能够区别于竞争对手的卖点，而这个卖点是能够帮助转化，是可以实现增值的，并且这个增值点最好是独一无二的。也就是说，并不是每一个电商企业都能提供，至少来说，并不是每一个电商企业都可以轻易地提供。

（五）电商选品的原则

除了选品三要素之外，电商企业在进行选品的时候也需要遵循一定的原则，这样才能够顺利地避开"红海市场"，为自己的网络店铺选择适销对路的产品。总的来说电商选品要遵循以下原则。

1. 选"刚需"原则

"刚需"与否是选品能否成功的重要因素。消费者对产品的功能性需求大于对款式、尺码、颜色、外观等外在属性的需求。这也意味着，消费者购买时从实际需求出发购买而不是从个人偏好出发购买，复购率较高，潜在的消费群体庞大。满足真实需求的产品，销量自然增多。所有的选品，最终都指向消费者。只有站在消费者需求的角度考虑，才能正确选品。不能盲目选择一些根本没有需求的产品，然后为产品臆想一个市场空间，其结果必然是惨淡收场。

2. 选"高毛利"原则

在当今高流量成本、高运营成本的市场环境下，一款产品如果不存在合理的利润空间，最终也难以发展。一般来说，电商企业收到货品之后，会在原来价格的基础上增价3~4倍，在电商平台销售出去。比如某款网红零食，全网定价是19.9元一支、29.9元两支，出厂价便是在6元左右。倒推而言，选品时，进货的价格就是在4~5元，给自己预留一定的利润空间。集采回来的产品满足了高性价比的优势，走量和高毛利双管齐下，既能弥补渠道产品的不同搭配，又能在量和利润之间平衡发展。

3. 选"旺季品"原则

渠道不断迭代升级，市场的产品更新速度极快，这也要求电商企业要不断上新和丰富产品品类，以此来吸引消费者购买，调动店铺气氛。而在旺季销售，也更容易吸引消费者，有利于产品的成交。通常，每年的6、7月，是电商企业预备旺季的潜力爆款时间，选品、备货、入仓等开始着手准备，而8、9月是旺季备货的关键时间。把握旺季，挑对选品是其中的关键。企业供应链团队可以根据市场趋势、消费者使用习惯，以及多平台近期的历史销售纪录，挑选出最具销售潜力的产品，为本季度的销售奠定基础。

4. 选"长生命周期"原则

任何一款产品都存在一个生命周期。通常来说，一个产品的生命周期阶段包括投入期、成长期、成熟期、衰退期。根据以上阶段对产品所处的生命周期做出判断，是选品成功的关键。具体来说：

第一，有效期一年内的产品，一般不予考虑。如果供应商实在有需求，电商企业可以联系自有的渠道快速帮助他们销货。

第二，产品普通、名气不高但报价高的产品，电商企业需要谨慎估价，例如产品的工业成本。在谈价的时候，为了达到双赢，会允许供应商在产品上加些许利润，但是如果报价虚高于估价，也不宜选。

5. 选"高品质"原则

虽然品牌的背后是信任，消费者购买的是放心，然而，对于广大中小电商企业而言，品牌不是最关键的，品质更关键。纵观当下，电商平台受众更多以年轻群体为主，他们的品牌意识有待加强，更多人会因为产品质量而成交。

所以，电商企业在选品时不要执着于知名品牌，应更多地结合产品本身的过硬质量、现场亲测效果和消费者反馈，做出判断。而且，有品牌力的品牌，低价供货的意愿并不高，容易造成乱价隐患，从而影响其他渠道的利益，比如实体店、代理商。而且，品牌在发展过程中已经逐渐形成或者正在完善严格的价格体系，它们更愿意和大的电商企业或者平台合作。

6. 不选"大件品"原则

尽量选择体积小且精的产品作为初次进入电商平台的试验品。这是从节约成本的角度考虑的。众所周知，对于广大电商中小卖家来说，快递或者物流成本在整个运营成本中占了很大的比例，有些甚至占到了产品采购成本的三分之一，所以资金实力不足的中小电商企业，最佳的方法还是选择体积、重量都较小的产品销售。如果重量太大，成本会急剧飙升。

7. 不选"敏感品"原则

敏感品类就是指一些液体状、粉末状、带电池的、有异味的产品。这些产品有很多的快递服务商不愿意接，需要找那些可以走敏感货的快递去操作，这就在无形之中增加了发货的难度和成本。而且敏感货也存在一些隐性不安全因素，如果有一个环节出了问题，会引起一系列的连锁反应。

综上所述，电商企业选品需要投入大量精力和时间。要依托强大的资源整合能力和充裕资金，完善产品，做到全、多、新，并打造成熟的后端运营团队，做好产品库存管理和客服工作，塑造自己的核心竞争力，而不只是做一个单纯赚差价的中间商。概括而言，选品的核心原理其实就是质量、价格，选择符合目标市场需求的商品，并且突出自己的竞争优势。"七分靠选品，三分靠运营。"选对产品，企业就能抢占先机。

六、考核与评价

通过本任务的学习，学生已经理解了电商选品的基础知识。请根据表2-2-1进行自我评价。

表 2-2-1　电子商务选品的基础认知学习评价

评价项目	评价要点	自评	互评	师评
电商选品基础知识	1. 选品的概念（20 分）			
	2. 电商选品的概念（20 分）			
	3. 电商选品三要素（20 分）			
	4. 电商选品三要素的实践运用（20 分）			
	5. 电商选品的原则（20 分）			
总评成绩				

备注：自评、互评、师评三项的分数取平均值，计入总分。评价结果分为 A（85~100 分）、B（75~84 分）、C（60~74 分）、D（60 分以下）四个等级。

A 优秀；B 良好；C 合格；D 待合格。

七、巩固与练习

1. 判断题

（1）电商选品三要素主要包括：产品品质、产品价格、产品特点。　　　　（　　）

（2）选品是指选品人员从供应市场中选择适合目标市场需求的产品的过程。（　　）

（3）"刚需"与否是选品能否成功的重要因素。　　　　　　　　　　　　（　　）

2. 简答题

（1）电商选品有哪些应该遵循的原则？

（2）电商选品三要素在实际生活中如何运用？

3. 技能实训题

对比分析 B2C 平台与 C2C 平台选品的区别（见表 2-2-2）。

表 2-2-2　对比 B2C 平台与 C2C 平台选品

项目	B2C 平台	C2C 平台
产品的品质		
产品的价格		
产品的特点		
产品的利润		
产品的体积、重量		
产品的品牌		
产品的季节性需求		

八、技能归纳图表

知识回顾：
（绘制本任务的知识关系图）

电子商务选品的基础认知
- 选品的概念：
- 电商选品的概念：
- 电商选品的三要素：
- 电商选品的原则：

思考总结：

九、拓展案例

一个跨境电商卖家的选品心得

我做过的品类有母婴玩具、五金、防疫物资、美妆、家用电器、宠物用品、办公用品等，不限于速卖通、亚马逊、国际站。国际站，钢材、激光雕刻机、工艺品这类比较多。做下来我还是喜欢轻小件。因为其物流占比低，虽然纠纷多一些，但是利润整体能到25%~30%。

我选品有一个大原则就是先看市场容量，再看竞争对手，最后看利润。总体来说，我还是喜欢物流占比低、复购率或者购买多件的用户比例高、不易损坏的东西。典型的像假睫毛。举例来说，先用谷歌分析全球市场，分析出淡旺季，知道什么时候需要囤货，什么时候需要快速出货；然后看对手，确定是否有行业垄断；最后看利润，客户平均会买6~8盒，能保证利润。这就是一个整体的分析思路。

（案例来源：https://www.xiaohongshu.com/explore/60fae5c5000000002103575c）

任务二　电子商务选品的方法与技巧

一、学习任务

"选择大于努力"在互联网运营行业里意义重大。我们都知道电子商务的四大核心内容分别是：产品、渠道、运营和供应链。而产品是这四大核心中的核心，因为没有好的产品，其他都可以说是零。所以，无论是新店铺，还是有一定经验的老店铺，选对自己店铺的产品，是店铺成功盈利的一个重要因素。选品是一门学问，也是经验的沉淀和积累。因此，本任务就是通过学习电商选品的方法与技巧，做好电商企业的选品策划和实践。

二、建议课时

6课时。

三、任务分析

本任务从客户群体定位、地域市场、站内数据、同行调研、投资回报率、产品利润空间、关键词搜索量等多个维度进行分析，从而确定电商企业的选品策略。

四、引入案例

从三个案例了解营销活动的选品技巧

案例一：从季节因素选品，实现销售额近十万

这是一家致力于为中产女性优选生活好物的电商平台，在处于夏末秋初的时候，商家考虑到用户对美白润肺需求旺盛，决定用百合蜂蜜柠檬膏做活动产品，这个产品不仅能美容瘦身，而且适用门槛低，能够有效刺激用户的购买心理。商家在考虑成本的情况下，大幅度降价，因为这家店一般产品的价格保持在250~300元，这次产品的价格定在了99元，极大地刺激了用户的眼球，再配合一些推广渠道，推送活动信息，仅四个小时，销售额近10万元。

案例二：借助节日活动选择商品，轻松打造店铺爆款

在临近中秋节的时候，一家主营高品质糕点的店铺，发现了超市里的老式月饼，不光包装俗气，口感也不太好，但还是很多人买，主要原因是没有更好的选择，最近几年的港式流心月饼凭借独特的口感，受到了越来越多人的喜爱，用户需求增多。商家在发现这一商机后认真研究，发现了月饼消费人群的两大痛点——"高品质和高颜值"，并根据这些情况，打造出满足消费者需求的产品，后期结合一些拼团、秒杀活动，快速在微信内传播，订单比往期增长了3倍多，也收获了不少新粉丝。

案例三：知名品牌，低价拼团，轻松触动用户的心

一家主营彩妆的小程序店铺，在店铺获得了一些流量后，想要为店铺打造一些热销产品，在看了很多知名品牌、品质又高的产品后，确定了选择"高丽雅娜"品牌，然后立即飞往韩国，进行选品。在选品时，商家不时将现场情况用短视频的情况发送到微信群内，为活动进行预热，配合推文为产品背书，做活动宣传，后期开展三人拼团活动，迅速引爆，购买率翻了3倍多。

总结：从上述三个案例引出了三个选品技巧——根据节日选品，根据季节选品，选择知名品牌，其实选品的技巧还有很多，比如可以根据价格、热销款或者自身因素等进行选品。

（案例来源：https://zhuanlan.zhihu.com/p/443561025）

五、任务的实施

本任务的实施，将按照电商企业选品策略的几个方面去完成。

（一）电商选品的基本流程

电商企业选品遵循一定流程，下面具体介绍选品的流程。

1. 明确需求

一个电商运营者需要对自己的店铺有充分的了解，大到店铺的资金状况，小到每个产品的细节。只有在了解店铺的情况下，才能明确自己的选品需要。如果因店铺里大多是低价格薄利润的产品而导致店铺利润率太低，那就需要开发几款高价格高利润的产品来支撑店铺的盈利能力。

2. 确定市场

大致确定了产品方向后就需要在大方向里面进行市场细分。根据受众的不同，每个大的市场都可以被分割为许多个小市场，其中每个小市场的用户群体和消费需求都各不相同。电商企业需要在细分后的小市场中确定自己将要进入的市场，这个过程同样是复杂的。

3. 市场调查

确定市场后，依据关键词搜索排名确定10~20条做得最好的产品，对这些产品的卖点、价格、销量、上架时间、评价做一个系统的调查和总结，考察产品质量。这些产品有哪些卖点、哪些痛点，客户差评是偏主观还是客观存在问题，后期能否通过优化产品避免这些问题，这些问题可以从卖点和评价中找到答案。

4. 产品差异化

经过以上三个步骤，基本上就能确定好产品了，下一步就要考虑产品差异化的问题了。从上面市场调查的过程中，电商企业应该对这个产品的市场现状有了足够的了解，这个时候，为了让产品更具优势，就需要做出差异化的选择。不同的产品有不同的差异化需求，或许是产品升级，或许是配件优化，或许只是简单的电源线加长，总之，差异化的最终目的是让产品具有其他产品没有的优势，从而更能吸引顾客的眼光，提高转化率。

5. 科学使用选品工具

选品最重要的是要有数据的支撑。如果没有数据参考，选品会变成一项艰苦的工作；如果可以更好地结合选品工具，那么必定是可以事半功倍的。因此电商企业在选品时可以充分地使用各种选品的工具，比如Google Keywords Planer、Unicorn Smasher、Sorftime等都是不错的选择。

6. 总结

做好上述几步后，基本就能选出一个符合要求的产品了。但这款产品能不能运营起来，需要多久才能运营起来是不得而知的，这就需要对这个产品进行闭环的监测，从中总结出市场规律，为下一次选品做准备，这才是最重要的。

（二）电商选品的数据分析方法

要选到一款适合市场并且适合自己的产品，必定要有一系列的产品市场数据作为支撑，比如产品的投资回报率、产品利润空间、竞争对手情况及产品关键词搜索量等。

1. 投资回报率

这也就是常说的 ROI，是选品中比较重要的一点。一个投资回报率好的产品远远比产品利润空间大的产品重要，但新手在选品时容易犯的错误恰恰就在于计算了产品的利润空间，却没有计算产品的投资回报率。

举个简单的例子，同类目下的 A 产品有 40% 的利润空间，B 产品有 30% 的利润空间，这样看好像 A 产品会比较赚钱，但再看看产品的投资回报率，你就能发现 A 产品的投资回报率是 60%，但是 B 产品的投资回报率有 120%。所以，如果只看利润空间，肯定都会直接选择 A 产品；但如果看投资回报率，投资 B 产品比投资 A 产品会好很多。

2. 产品利润空间

利润空间直接关系到产品定价的价格带，因为产品售价一般要是（产品成本+运费）的 3 倍。否则，产品根本没有利润。产品定价还需要考虑的因素就是店铺的广告费、邮费、仓储费等。

3. 竞争对手情况

兵法云："知己知彼百战百胜。"在选品前，了解竞争对手情况也是重要的一个环节。如果不想竞争压力太大，最好找那种竞争对手评论低于 100~150 个的。原因大家都很清楚，如果你的竞争对手评论有很多，那说明这个竞争对手肯定是比较厉害的。如果竞争对手的这个产品评论已经超过 1 000 个了，基本上可以断定这个产品已经占领了市场。再进入，意义不大。因为这代表着竞争大、投入大，不符合选品的目标。

4. 产品关键词搜索量

有需求才有买卖。要卖一个产品，肯定要保证这个产品在市场上还有需求。反映一个产品需求状况最直观的数据就是这个产品关键词的搜索量。有搜索量就代表有需求量。首先，一定要确保我们选的产品的关键词每月的搜索量不低于 5 000。我们可以借助很多工具来分析所选择关键词的搜索趋势。

最后要注意一点：不要选择季节性的产品，不要选择跟季节关系太大的产品。这个很容易理解，我们不能依靠某个产品某个特殊时期的销量来让店铺持续盈利。

（三）电商选品的方法

1. 市场导向法

市场导向法也就是看市场趋势，一个电商企业做得再好，也拿不到整个品类的所有流量，市场趋势也代表着消费者大规模的需求，站在风口，任何企业的销售都能很好。所以跟着市场趋势选品是目前很多电商企业都在使用的一个方法。

2. "热门周边"法

做过文创方面产品的电商企业对"热门周边"法应该会了解颇深，热门事件，也代表新鲜话题、新鲜流量。但是使用这种方法，需要企业在第一时间能感知到热门事件的脉搏，比如分类垃圾桶、口罩和头盔，等等。在热门事件发生前期，立刻做好准备，就能收到市场红利，但是错过了，后来者基本上就不会成功。

3. 冷门品牌法

冷门品牌法是指电商企业选择"冷门"的品牌产品来经营和销售。为什么要选择"冷门"品牌呢？原因也很简单：一是很多低价电商平台现在正处于转型期，对于品牌店铺会有一定的倾斜；二是冷门品牌可能是由于地理、人文等诸多限制，才没有成为热门品牌。但是能成为品牌，本身就具有优势，比如螺蛳粉，原先只是广西壮族自治区柳州市的小吃，但是经过一系列的网红营销，一举成为热门食品品类。

4. 供应商推荐法

现在经常会说"人货场"，那作为终端的供货商，也是最能感受到市场脉搏的一批人，因此向源头的供应商咨询哪些产品销售较好，也不失为一个选品好渠道。因为他们的企业销售系统中的销售数据是最真实反映市场需求的量表，所以让供应商推荐热销产品的方法不失为一个很好的方法。

5. 老顾客选品法

当电商企业的网络店铺开设一段时间后，势必会积累一批老客户，这时可以通过对于老客户人群画像的分解和做一些互动活动，以老客户人群数据作为参考，确定选品。

6. 实体店、展会选品法

虽然现在电商火热，实体店铺较为萧条，但是能留存下来的实体店铺，绝对有自己的选品经验，所以电商企业也可以多走访，商机有时候就隐藏在细节里。此外，现在很多电商低价平台也有培养新品牌和风格店的趋势，一些展会也能让电商企业找到很多后续值得去推的产品。

> **知识拓展**
> 跨境选品的技巧

7. 关注消费趋势法

市场是瞬息万变的，没有一个款可以一直都是畅销品，选品也要紧跟消费趋势。消费者对什么感兴趣，电商企业就应销售什么产品。有时候一些电商企业特别是中小电商企业逐步被市场淘汰，不是它们没有努力，只是进步得太慢，很容易被其他人赶超，甚至淘汰。平日里可以多关注一些社交网站，比如微博、小红书、抖音等用户聚集地，以便掌握最新消费趋势。

（四）电商选品的技巧

电商在选品的时候也有很多可以借鉴的技巧，总体来说有以下几个方面：产品利润足够高、产品客单价尽量高、搜索数据要高、转化率要高、在线商品数要低，直通车参考价要低、商城点击占比要低。

1. 一高：产品利润足够高

电商企业在做运营时，如果没有足够的利润，根本无法支撑下去。一单赚 5 元的产品，但凡哪里出了点问题，成本提高了 1 元钱，对店铺来说都是致命的。

2. 二高：产品客单价尽量高

不建议做低客单价的产品。那些经营 19.9 元包邮、29.9 元包邮的产品的店铺走不远。很多店铺只是用来带动流量和提升店铺 DSR（动态评分），店铺一定有其他高毛利高客单价的产品搭配销售，否则做不长久。

3. 三高：搜索数据要高

所谓的搜索数据，就是想买某个产品的消费者数量。店铺产品再好，利润再高，一天就 10 个人搜索，做了也没意义。还有产品的热度，或许之前很火，卖家也很多，但是现在搜的人越来越少，产品过气卖不动也正常。常见的就是热播剧带火的一些产品。

4. 四高：转化率要高

高搜索并不代表着高转化，1 000人搜索，0.1%的转化率意味着只有1个人买。这就涉及对搜索词的判断了。也就是对精准流量的判断，可以根据长尾词来判断，这类基本都是奔着需求去买的。

5. 一低：在线商品数要低

所谓在线商品数，就是一共有多少个类似的产品，如果搜索数据代表着需求人群，那在线商品数就代表着供给人群。作为卖家，肯定是想买的人越多越好，跟自己卖一样产品的人越少越好。

6. 二低：直通车参考价要低

直通车参考价不准确，但是一定程度上代表着行业的PPC（点击付费广告）。点击单价提高，对于新店说，是一个不好的事情。刚上车不会使用直通车，而且店铺各项指标处于劣势地位，出低价，没流量，出高价，负担不起。

7. 三低：商城点击占比要低

如果发现一个关键词搜索数据，商城点击占比极高，那说明这个产品大部分的市场被大卖家占据，可以果断放弃了。对于新手来说，这个数值在70%以上就可以不用考虑了。

六、考核与评价

通过本任务的学习，学生已经理解了电商选品的方法与技巧。请根据表2-2-3进行自我评价。

表2-2-3 电子商务选品的方法与技巧学习评价

评价项目	评价要点	自评	互评	师评
电商选品的方法与技巧	1. 选品基本原则是否使用合理（30分）			
	2. 投资回报率是否合理（10分）			
	3. 产品利润空间是否合理（10分）			
	4. 竞争对手情况如何（10分）			
	5. 关键词搜索量是否合理（10分）			
	6. "三低四高"法选品策略是否合理（30分）			
总评成绩				

备注：自评、互评、师评三项的分数取平均值，计入总分。评价结果分为A（85~100分）、B（75~84分）、C（60~74分）、D（60分以下）四个等级。
A 优秀；B 良好；C 合格；D 待合格。

七、巩固与练习

1. 判断题

（1）选品最重要的是要有数据的支撑，如果没有数据参考，选品会变成一项艰苦的工作。（   ）

（2）在选品前，了解竞争对手情况也是重要的一个环节。（   ）

（3）一个电商运营者需要对自己的店铺有充分的了解，大到店铺的资金状况，小到每个产品的细节，只有在了解店铺的情况下，才能明确自己的选品需要。（   ）

2. 简答题

（1）电商选品有哪些方法？

（2）电商选品有哪些技巧？

3. 技能实训题

对比分析"三只松鼠"京东旗舰店与"良品铺子"天猫旗舰店的选品区别（见表2-2-4）。

表2-2-4 对比"三只松鼠"京东旗舰店与"良品铺子"天猫旗舰店选品

项目	"三只松鼠"京东旗舰店	"良品铺子"天猫旗舰店
选品的供应商		
产品的价格		
选品的技巧		
选品的步骤		
品牌知名度		
供货渠道		

八、技能归纳图表

知识回顾：
(绘制本任务的知识关系图)

电子商务选品的方法与技巧 { 电商选品的基本步骤：
电商选品的方法：
电商选品的技巧：

思考总结：

九、拓展案例

跨境电商选品案例

对于跨境电商选品来说，有一些和国内选品有差异的地方，主要体现在以下两个方面。

1. 选刚需产品

所谓刚需产品，是指日常必需品，同时产品本身没有太大的多样性，用户趋向于功能的选择，而不太在意款式、颜色等外在次要属性。经常有卖家问及手机壳销售如何，按照选品的标准，手机壳显然是不符合的，有太多款式、太多颜色、太多材质组合，而且，想购买的顾客，在下订单之前，往往并没有要购买什么样产品的绝对标准。试想一下，当你想购买一个手机壳时，你的标准是什么呢？好看？漂亮？防尘？防摔？应该还可以罗列很多吧。但最终的结果是，顾客在决定购买之前，其实是没有标准的，之所以购买发生，仅仅是因为，"我看到了，我喜欢它"。这样的标准，对于卖家来说，选品的难度是非常大的。

那么，什么是刚需产品呢？以厨房定时器为例，当一个顾客想购买厨房定时器时，他需要的仅仅是一个用在厨房的计时工具，至于款式、颜色、设计、外观等，顾客往往是不太在意的。

"我想买一个放在厨房计时使用"，仅此而已，至于款式、颜色等，问题不大。所以，这类产品，就是属于刚需范畴的产品，只在意功能，而忽略其他。对应的，家用LED灯泡，是刚需产品，而服装，则就有太多影响选择的因素了。

2. 搜索结果少，竞争激烈程度低

当你用"手机壳"作为关键词来搜索的时候，会出现近千万条搜索结果，但当你用"厨房定时器"来搜索，只有5 000多条搜索结果，相比之下，你可以想象，在哪个产品的销售中，你有更多的运作空间呢？5 000个搜索结果，稍微努力，中等水平，也可以达到2 000名左右。而千万条搜索结果，累得要死，也未必能够展现出来吧？也许你会说，厨房定时器市场太小，而手机壳市场多大呀。也许是。但再大的市场，如果缺少运营的空间，也是没有任何意义的。曾经接触一个手机壳卖家，他告诉我他大概有10 000个SKU，每天可以出10单左右，询问我该如何运作，我只能说，对不起，我确实没有能力运作这样的店铺。而对应的案例是，如果你仔细去研究，你会发现有人卖厨房定时器，一个产品，一年可以实现百万的利润。你觉得夸张？可以自己去算算。如果你肯在一些细分的市场上下功夫，一定可以发现不少类似厨房定时器这样的明星产品，就像晚上我接到一个学员的电话，一个店铺，两个产品，每天出300单左右，4 000美元左右的销售金额，关键是，他才刚刚做了不到三个月。所以跨境选品要选搜索量少的品类。

(案例来源：https://www.sohu.com/a/74482025_230051)

模块三

网络营销

本模块主要介绍的内容为：第一，网络调研问卷设计与制作，网络调研报告的撰写；第二，微信个人号与公众号的定位，微信营销软文的策划与编辑；第三，微博账号的定位，微博营销软文策划与编辑；第四，音频营销账号的定位，音频策划与制作；第五，短视频营销账号的定位，短视频策划与制作，短视频营销推广；第六，直播营销软硬件环境搭建，内容策划，流程与技巧点。

学习目标

一、知识目标

1. 掌握网络调研的定义、对象和特点等基础知识。
2. 熟悉网络调研的步骤和方法。
3. 掌握网络调研报告的基础知识。
4. 熟悉网络调研报告的内容和写作步骤。
5. 熟悉微信个人号和公众号的区别。
6. 掌握微信营销软文的创作技巧，包括选题、标题优化和内容设计等。
7. 熟悉微博的基本类型和特点，微博营销账号的定位。
8. 掌握微博营销软文内容设计和微博三要素。
9. 熟悉音频营销账号的定位与具体的音频策划和制作的方法。
10. 了解主流的短视频平台及其特点，并掌握短视频营销账号的定位、策划、制作、推广的方法。
11. 熟悉直播营销中的软硬件环境搭建，并进行直播营销内容策划，了解直播相关流程和关键技巧点。

二、技能目标

1. 能够使用"问卷星"平台完成问卷设计和制作。
2. 能够撰写网络调研报告。
3. 能够完成微信个人号和公众号的注册，并准确进行账号定位。
4. 能够运用创作技巧，完成微信营销软文的撰写和推广。
5. 能够完成微博账号的注册，并进行账号定位。
6. 能够运用创作技巧，完成微博营销软文的撰写和活动发布。

7. 能够利用喜马拉雅平台进行基本的音频录制等，并能够完成喜马拉雅平台音频推广的前序工作。

8. 能够根据短视频账号的定位，选择正确的短视频平台进行账号注册，完成短视频的内容策划与制作，并进行营销推广。

9. 能够根据实际情况完成直播软硬件环境搭建，并进行合理的直播营销内容策划。

三、思政目标

1. 在数据收集和数据的分析中，培养学生求真务实的品质，让学生学会尊重客观事实。

2. 通过"故宫博物院"微博，引导学生传承中华文化，富有中国心、饱含中国情、充满中国味。

3. 注重营销创意的内涵和社会价值，增强学生的职业责任感。

4. 增强学生的创新精神、创造意识和创业能力。

项目一　网络调研

在数字化时代，互联网的普及率和使用率越来越高，越来越多的消费者和企业选择在网上购物和销售商品。在这种情况下网络调研变得更加重要，因为它可以提供有关互联网用户行为和消费趋势的重要信息。本项目重点为学生介绍网络调研问卷设计与制作，以及网络调研报告的撰写等内容。

任务一　网络调研问卷设计与制作

一、学习任务

当涉足电子商务时，网络调研也是一项至关重要的任务。它可以帮助企业和个人了解市场趋势、消费者需求、竞争对手和新兴市场机会等信息。通过网络调研，你可以获得大量的定量和定性数据，以支持决策和战略制定。此外，网络调研还可以帮助你确定合适的目标受众和定位策略，以提高销售和业务增长。本任务主要是介绍网络调研的定义、特点、对象、步骤和方法等知识，让学生掌握运用"问卷星"平台完成问卷设计和制作的技能。

二、建议课时

4 课时。

三、任务分析

完成本任务首先需要掌握网络调研的基础知识，以及"问卷星"平台的使用技能。然后针对特定营销环境设计简单的调查问卷，通过"问卷星"平台发布问卷并收集信息，完成调研报告。

四、引入案例

后疫情时代,"问卷星"助力企业跑出加速度

当下,国内企业整体处于数字化转型过程中,由于疫情的不断冲击,数字化进程明显加速,很多中小微企业也开始逐步尝试各式各样的数字化工具,希望带来工作效率与公司效益的双提升。

其中,"问卷星"便是众多数字化工具之一,通过在线考试、调查、投票等丰富的线上应用,帮助企业灵活开启各类场景的信息收集,减少人工参与,提升工作效率,助力企业跑出加速度!

1. "问卷星"在线调查,助力安保公司员工关爱

近日,为持续坚持"外防输入、内防反弹"的总策略,进一步增强疫情防控的紧迫感,首都机场安保公司以党建"凝聚力、软实力、战斗力"统筹推进相关专项工作的落实落地。

其中,为提升团队凝聚力,做好员工关爱,公司线上通过"问卷星"制作调查问卷,及时了解"两集中"专区员工真实需求,再通过线下党员下沉会、谈心谈话等形式,加强与员工的沟通,倾听真实声音,找准并解决员工"急难愁盼"的问题,提升全员的凝聚力和向心力。

2. "问卷星"在线考试,助力泉州银行清廉建设

近日,为扬清廉之风、筑信念之基,构建具有闽东特色的"清新泉行"清廉金融文化氛围,泉州银行宁德分行从"观廉谈廉,警廉守廉,倡廉促廉"等三大方面组织活动。

其中,在开展"警廉守廉"活动时,为严格落实与监管部门"零物质往来"铁律,分行组织全行员工开展与监管部门日常交往"十严禁"培训。培训结束后,通过"问卷星"对全体人员进行了知识测试,确保全体员工应知尽知,不断筑牢"亲""清"监管关系。

3. "问卷星"在线投票,助力阳光人寿知识普及

近日,为提升公众金融素养,防范化解金融风险,阳光人寿河北分公司积极开展"2022年金融知识普及月宣教活动",运用悬挂宣传条幅、张贴海报、播放电子屏、"问卷星"投票等多种途径拓展线上线下金融服务和消费者教育活动宣传。

其中,通过"问卷星"在全公司发起"金融知识短视频投票"评选后,面向10家机构征集金融知识优秀短视频作品,最终参与投票人数4 984人,视频总浏览量8 117人。活动后将优秀视频推荐至总公司参与视频宣教评比与展播,充分利用数字化宣传方式拓宽金融服务,进一步贴近金融消费者,有效推动了社会公众与金融机构的良好互动。

当前处于后疫情时代,很多线下传统工具与形式已不再适应如今的大环境,而简单好用的"数字工具"确实能为企业带来效率提升与效益增长。后续,希望在数字化工具市场中,能持续涌现出更多像"问卷星""腾讯会议"等平台或工具,全方位帮助企业更高效地推进项目,加速完成信息化升级。

(案例来源:https://tech.ifeng.com/c/8KBehAXOLKU)

五、任务的实施

(一)网络调研的定义

随着信息技术的不断发展,电脑和网络已经成为人们日常生活中不可或缺的一部分。在

这种背景下，传统的面对面市场调研逐渐转变为一种更加高效和便捷的网络调研方式。这种调研方式可以扩大我们的受众范围和调研地域，让更多的人参与其中。与传统调研方式相比，网上市场调研不仅可以节省大量的人力和物力成本，还可以提供更符合现实市场情况的数据，从而为市场研究提供更多有价值的信息。

网络调研是指在互联网上针对特定营销环境进行简单调查设计、收集资料和初步分析的活动。

利用互联网进行调研有两种方式：一种是利用互联网直接进行问卷调查等方式收集一手资料，这种方式称为网上直接调研；另一种方式是利用互联网的媒体功能，从互联网收集二手资料，这种方式称为网上间接调研。由于越来越多的传统报纸、杂志、电台等媒体，以及政府机构、企业等纷纷上网，因此网上成为信息海洋，信息蕴藏量极其丰富，关键是如何发现和挖掘有价值信息。

（二）网络调研的特点

网络调研已经成为现代研究领域中不可或缺的一部分。由于其快捷、高效、精准等特点，越来越多的研究者和企业开始采用网络调研的方式进行数据收集和分析。

网络调研的特点包括以下方面：

（1）快速便捷：网络调研可以通过在线问卷、电子邮件等方式迅速地进行，同时也可以很快地收集和整理数据。

（2）范围广泛：网络调研可以覆盖地域广阔的受访者，不受时间和地点的限制，能够在全球范围内进行。

（3）数据精准：网络调研可以通过筛选样本、定向调查，以及对数据的精细分析等方式，确保数据的精准性和可信度。

（4）费用低廉：相对于传统的调研方法，网络调研的成本较低，可以大大节省调研的费用和时间。

（5）反应快速：受访者可以即时参与网络调研，反馈数据也可以快速得到整理和分析，让企业及时掌握调研结果。

（6）灵活性高：网络调研可以根据调查的需要进行灵活的设计和调整，满足不同的研究需求。

（三）网络调研的对象

网络调研的对象一般包括以下四类：

（1）竞争者：企业需要了解竞争者的市场定位、产品特点、品牌形象、营销策略等信息，以制定更加有效的竞争策略。

（2）消费者：消费者是企业市场的重要组成部分，了解消费者的需求、偏好、行为和购买力等信息，可以帮助企业确定产品设计、市场推广和营销策略，提高市场占有率。

（3）供应商：企业需要了解供应商的质量、价格、供货能力、交货时间等信息，以制定更加优化的供应链管理策略。

（4）社会公众：企业在发展过程中需要考虑社会责任和形象，了解社会公众对于企业形象、产品品质、服务质量等方面的看法，可以帮助企业制定更加贴近社会需求的经营策略，提高社会认同度。

（四）网络调研的步骤

网络调研的步骤通常包括以下几个方面：

（1）明确调研目的和问题：在进行网络调研之前，需要明确调研的目的和需要解决的问题，以便制订调研计划和设计调研问卷。

（2）确定调研对象：根据调研目的和问题，确定调研对象，例如消费者、竞争对手、供应商等。

（3）设计调研问卷：根据调研目的和问题，设计合理的调研问卷，包括问题的类型、选项、顺序、数量等。

（4）选择调研方式：选择适合调研对象和目的的调研方式，例如邮件调研、在线调研、社交媒体调研等。

（5）实施调研：根据调研计划和方式，实施调研并收集数据。

（6）数据处理和分析：对收集到的数据进行处理和分析，例如使用统计软件进行数据处理和绘制统计图表，得出调研结果。

（7）撰写报告和总结：根据调研结果撰写调研报告，对调研过程进行总结，并提出建议和改进措施。

需要注意的是，不同的调研对象和调研目的可能需要采取不同的步骤和方式，因此在进行网络调研之前，需要根据具体情况进行合理的调研规划和设计。

（五）网络调研的方法

网络调研是利用网络平台实施的调研，具有便捷、低成本、高效率的特点，一般可分为直接调研和间接调研。直接调研通常指直接向调查对象提出问题，而间接调研则是通过其他渠道收集相关数据。需要注意的是，这只是基于常规使用方式的一般分类，实际上有些方法也可以同时涉及直接和间接调研。例如，使用数据挖掘和网络爬虫分析的调研方法也可能需要在线问卷调查来收集一些必要的信息。

1. 直接调研

网络问卷调查：利用在线调查工具，设计问卷并发布在网络上，被调查者可以通过电子邮件、社交媒体、网站链接等途径填写问卷，数据会自动汇总分析。

网络访谈：通过网络实现双方对话，如腾讯会议等视频会议软件，或者通过社交媒体私信、邮件等方式进行文字交流。

网络实验法：通过在线实验平台，模拟真实情况，对消费者行为、反应等进行研究。

网络观察法：通过对消费者在网络上的行为和互动进行观察和分析，获取消费者对于产品或服务的态度和行为习惯等信息。

2. 间接调研

利用搜索引擎收集数据：通过搜索引擎输入关键词来搜索相关信息，从而获取数据的过程。这种方法可以帮助研究者了解消费者的需求、竞争者的市场情况等。

访问网站平台获取信息：访问官方网站或社交媒体页面，收集信息并进行分析。这些网站通常提供有关企业的概述、产品信息、新闻和公告、客户评价等内容，以帮助研究者了解该企业的业务模式、市场定位、客户需求等方面的信息。

通过数据库挖掘数据：通过网络数据挖掘技术，对海量网络数据进行分析和挖掘，获取有关消费者、竞争对手等的信息。

（六）通过"问卷星"平台设计制作问卷

"问卷星"是一个专业的在线调查平台，提供在线设计问卷、采集数据、自定义报表和调查结果分析等一系列服务。它具有快捷、易用、低成本的优势，因此已被广泛应用于企业和个人的调研工作中。

（1）注册：问卷星注册方便快捷，通过手机号码获取验证码可直接注册个人用户，如图3-1-1所示。

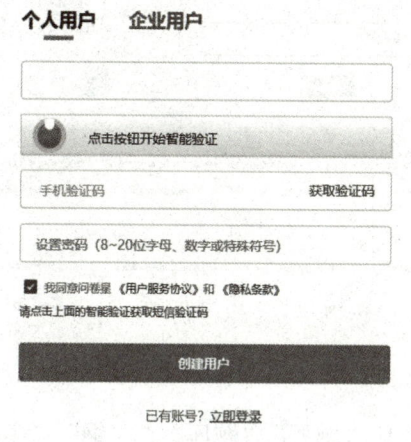

图3-1-1　问卷星登录框

（2）设计制作调查问卷：利用"创建问卷"功能，可快速完成网络调查问卷的制作。
①单击"创建问卷"功能键，如图3-1-2所示。

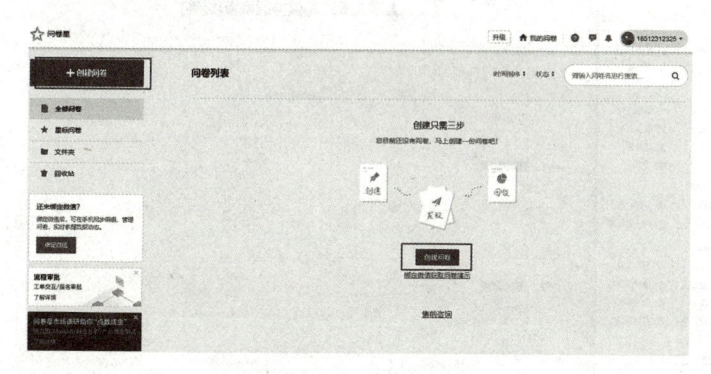

图3-1-2　"问卷星"个人中心

②单击"调查"功能键（除了网络调查以外，也可以制作考试、投票等功能），如图3-1-3所示。

图3-1-3　问卷创建界面

③为本调查问卷创建一个标题，如图3-1-4所示。

图3-1-4 创建调查问卷标题

④创建问卷界面的左边具有"题型""题库""大纲"等功能，右边能展示你的问卷的预览，创建结束后单击右上角"完成创建"按钮，如图3-1-5所示。

图3-1-5 "问卷星"调查问卷题目编辑

⑤完成创建后，可通过多种方式分享推广，例如二维码、网址链接等，如图3-1-6所示。

图 3-1-6 "问卷星"调查问卷分析推广

⑥当有人完成调查报告，可查看数据统计，并完成报告的下载，如图 3-1-7 所示。

图 3-1-7 "问卷星"调查问卷统计分析

六、考核与评价

通过本任务的学习，学生完成了"问卷星"账号的注册，并且详细地了解了网络调研的步骤和方法，并能设计制作网上调研问卷。请根据表 3-1-1 进行自我评价。

表 3-1-1　网络调研问卷设计与制作学习评价

评价项目	评价要点	自评	互评	师评
网络调研基础	1. 网络调研的定义（10分）			
	2. 网络调研的特点（10分）			
	3. 网络调研的对象（10分）			
	4. 网络调研的步骤（10分）			
	5. 网络调研的方法（10分）			
"问卷星"平台设计制作问卷	6. "问卷星"平台注册（10分）			
	7. "问卷星"平台创建调研问卷（20分）			
	8. "问卷星"平台发布调研问卷（10分）			
	9. "问卷星"平台调研报告下载（10分）			
总评成绩				

备注：自评、互评、师评三项的分数取平均值，计入总分。评价结果分为 A（85~100分）、B（75~84分）、C（60~74分）、D（60分以下）四个等级。
A 优秀；B 良好；C 合格；D 待合格。

七、巩固与练习

1. 判断题

（1）利用网络进行问卷调查等方式收集一手资料，这种方式称为网上间接调研。（　　）

（2）利用在线调查工具，设计问卷并发布在网络上，被调查者只能通过微信二维码途径填写问卷，数据会自动汇总分析。（　　）

（3）网络调研是指在互联网上针对特定营销环境进行简单调查设计、收集资料和初步分析的活动。（　　）

2. 简答题

（1）网络调研的对象一般包括哪些？

（2）网络调研的方法有哪些？

3. 技能实训题

请以"大学生消费情况调研"为主题，通过问卷星平台设计并制作问卷调查（见表 3-1-2）。

表 3-1-2　大学生消费情况调研题目

序号	题目	答案
1		
2		
3		
4		
5		
6		

八、技能归纳图表

技能回顾：
（绘制本任务的技能关系图）

网络调研问卷设计与制作 ⎰ 网络调研基础知识：
　　　　　　　　　　　⎱ "问卷星"平台问卷设计及制作技能：

思考总结：

九、拓展案例

"乐调查"为高校教师项目课题研究提供高质量数据收集

教育科研是衡量我国教育发展水平的重要标志。重视教育科研已经是我国教育改革与发展的重要举措。高校课题研究是高校教研工作的重要组成部分，对促进教育、教学的改革具有重要意义。根据教育教学需要，高校教师会有课题研究问卷调研的需求。

1. 六大特色功能协助高校教师高质量数据收集

浙江大学的教师根据某课题需求，需要了解消费者对各种生物技术开发的农产品的偏好，需要针对不同的人群进行不同农产品品类概念分析。此系列问卷需要对工科类人群进行单独调研，做数据对比，即问卷调研人群锁定。

思政看点

通过网络调研方式，培养科学思维方法，秉持科学精神，收集和分析数据来获取客观准确的信息。

在"乐调查"自有 SuperPanel 中，独有的诚信体系促使受访者真实且认真表达；专业机器拦截技术，拦截机器答题；技术去重确保用户唯一；态度控制，剔除答题不认真的受访者；排重机制，拦截近期同类项目；数据辅证，辅助数据解读。"乐调查"短时高效且高质量地完成了高校教师的数据收集。

知识拓展
"乐调查"是什么平台

2. 精确样本控制完成复杂消费者行为问卷调研

浙江大学教师的某课题研究，需要了解不同人群对某产品各成分含量在不同条件下的接受程度以及消费意愿，并掌握大众对某类成分含量对健康影响程度的看法。此类问卷调研较常规问卷稍显复杂，需对多份问卷数据进行分析类比，且需要以人群为对照组。"乐调查"进行严格控制，完成复杂问卷调研。

（案例来源：https://www.lediaocha.com/article/25/2）

任务二　网络调研报告撰写

一、学习任务

随着信息技术的不断发展，网络调研作为一种重要的信息获取方式已经广泛应用于市场研究、用户需求了解以及竞争对手分析等领域。因此，如何撰写准确、翔实的网络调研报告已成为一项至关重要的职业技能。本任务旨在介绍网络调研报告的定义、特点、意义、内容和写作步骤等基础知识，以及撰写网络调研报告的技巧。

二、建议课时

4 课时。

三、任务分析

完成本任务首先需要掌握网络调研报告的基础知识，熟练掌握网络调研报告的内容和写作步骤，然后以实训要求的题目，完成调研报告。此外，在实际的调研过程中，还需要注重数据的准确性、信息的充分性以及对调研结果的科学分析和合理总结，以确保调研报告的可信度和可操作性。因此，完成一份高质量的网络调研报告需要综合考虑多方面因素，并注重细节和严谨性。

四、引入案例

网络市场调研——助力小米用户体验提升

小米集团是一家以手机、智能硬件和 IoT（物联网）平台为核心的互联网公司。小米目前是全球第四大智能手机品牌，同时建立起全球领先的消费级 IoT 平台，连接约 2.13 亿台智能设备（不含智能手机及个人电脑）。

依托于网易云商的大数据能力，小米高效率完成用户触达及问卷回收，极速获取市场真实反馈，了解了广大消费者的深入需求，为优化 MIUI 系统的用户体验打好坚实的基础。

为研发新代型号的手机，计划改进相机相关性能，并了解消费者对行业相关产品相机表现的感知，小米需要了解目前消费者购机决策因素，用手机拍摄基础功能的满意度评价，目前手机拍摄遇到的问题。

在一般的线下访问中，在全国范围内短时间寻找到精确的 6 大品牌近两年主流机型和旗舰机型的用户是非常困难的事情。但通过网易云商问卷调研标签圈选平台，可以实时得知具体机型用户在全国的可投放问卷量级，并切换品牌型号和同步设置配额。

网易云商问卷调研可以精准快速确定用户当前和历史使用手机品牌及型号，为客户灵活切换研究的目标市场及竞品提供更多选择，帮助市场营销部门及时获得市场有效反馈，为新功能的设计开发争取了更多的调整时间。

（案例来源：https://b.163.com/home/customer/mi）

五、任务的实施

（一）网络调研报告的定义

调研报告的核心在于真实地反映和分析客观事实，通过调查得来的事实材料来说明问题并揭示出规律性的东西，引出符合客观实际的结论。因此，尊重客观事实并用事实说话是调研报告最大的特点。调研报告中所写的材料必须真实无误，涉及的时间、地点、事件经过、背景介绍、资料引用等都要求准确真实。调研报告失去真实性就会失去它赖以存在的科学价值和应用价值。只有用事实说话，才能提供解决问题的经验和方法，使得研究的结论更有说服力。

网络调研报告是指利用互联网等技术手段，针对某一事件、某一情况或某一问题，调查研究结果写出来的反映客观事物情况的书面报告。它要求有事实、有分析、有观点、有材料，充分反映调查研究的结果。

（二）网络调研报告的特点

网络调查报告具有三个主要特点：真实性、针对性和逻辑性。

真实性是调查报告最重要的特点，必须基于可靠的素材，实事求是地反映某一客观事物。

针对性是指调查报告是为了解决某一综合性或专题性问题而展开的，因此调查报告反映的问题集中而有深度。

逻辑性是指调查报告不仅需要确凿的事实，还需要对这些数据和事实进行严密的逻辑论证，以探明事物发展变化的原因，预测事物发展变化的趋势，揭示本质性和规律性的东西，并得出科学的结论。

（三）网络调研报告的意义

网络调研报告是网络调研活动的直接产物，其主要目的是向决策者展示调研成果，传递获得的网络信息。在网络调研活动中，通过调研策划，收集网络信息，并对资料进行整理分析，以得出符合实际的结论和判断，最终需要形成某种形式的报告，提交给网络调研活动的组织者或委托者。

1. 传递网络信息给决策者

网络调研报告能够将获得的网络信息传递给决策者和领导者，这是其最主要的功能。决策者需要的不是网络调研采集的大量信息资料，而是这些网络信息资料所蕴含的市场特征、规律和趋势。网络调研报告能够在对信息资料分析的基础上形成决策者需要的结论和建议。

2. 完整表述调研结果

网络调研报告应对已完成的网络调研做出完整而准确的表述。这就要求调研报告能够详细地、完整地表达出网络调研中有关调研的目标、背景信息、调研方法及评价，以文字、表格等方式展示调研结果、调研结论和建议等内容。

3. 衡量和反映网络调研活动质量高低

尽管网络调研活动的质量还要体现在调研活动的策划、方法、技术、组织和资料处理过程中，但调研活动的结论和论断以及总结性的调研报告无疑也是重要的方面。

4. 发挥参考文献的作用

调研报告的使命是作为决策者和领导者做出重大决策时的参考文献。调研报告包含了一系列意义重大的网络信息，决策者在研究问题时，往往要以调研报告作为参考。

（四）网络调研报告的内容

网络调研报告的内容主要包括题页、目录、摘要和正文四部分。

1. 题页

网络调研报告的题页应包括题目、网络调研的单位名称和报告日期等。与传统的市场调研报告相比，网络调研报告的题目应更为具体，以反映网络调研的主题和调研对象。

2. 目录

目录应列出报告的各个章节和主题，并提供对应页码，以方便阅读者查找和阅读。

3. 摘要

网络调研报告的调研结果和建议摘要应该简洁明了，涵盖调研的主要内容和重要结论。需要特别强调的是，网络调研的数据和信息通常更为庞大和复杂，因此在概要部分需要用简明扼要的语言阐述调研的核心内容，以吸引读者的兴趣，并为后续章节提供框架和支撑。

4. 正文

网络调研报告的主体部分应分为调研方法、调研结果和分析以及相关建议。在调研方法部分，需要详细阐述调研所采用的网络调研方法和工具，如在线问卷、网络搜索、社交媒体分析等，并提供选择这些方法和工具的原因和优劣分析。

在调研结果和分析部分，需要对网络调研所得到的数据和信息进行详细的解读和分析，包括数量和质量上的评估和判断，以及相关的图表、数据和案例等的展示和解释。

最后，在相关建议部分，需要根据调研结果和分析，提出相应的建议和措施，包括对目标市场和客户的分析和评估，对产品或服务的定位和优化建议，以及对品牌和营销策略的改进等。

除此之外，网络调研报告需要特别关注数据的准确性和可靠性，要尽可能避免数据的偏差和误解，提高整个网络调研活动的可信度。

（五）网络调研报告的写作步骤

网络调研报告的写作步骤大致与传统调研报告相同，但在具体操作上可能存在一些差异，具体步骤可以分为以下五步。

1. 确定调研对象和方法

网络调研的对象可以是特定的用户群体、网站、社交媒体等。在确定调研对象后，需要选取适当的调研方法，如问卷调查、在线访谈、焦点小组讨论等。

2. 收集和整理数据

网络调研可以通过在线问卷、网络爬虫等方式收集数据。需要对收集到的数据进行整理和筛选，确保数据的准确性和可靠性。

3. 分析数据和提炼结论

对收集到的数据进行统计分析和理论分析，提炼出关键问题和结论，为后续撰写报告提供基础。

4. 编写调研报告

在撰写调研报告时，需要注意与传统调研报告一样的确定主题、取舍材料、布局和拟定提纲、起草报告等步骤。同时，还需要关注网络调研的特点，如网络语言的使用、图表和数据的呈现等。

5. 修改和完善报告

调研报告的修改和完善同样需要注意网络调研的特点，如避免使用过于专业的术语、加强数据的可视化呈现等。此外，还需要关注网络调研的实时性，及时更新报告内容，确保调研报告的准确性和时效性。

综上所述，网络调研报告的写作步骤与传统调研报告类似，但在具体操作上需要注意网络调研的特点，例如调研对象和方法、数据收集和整理、报告撰写和修改等方面。

六、考核与评价

通过本任务的学习，学生已经掌握了撰写网络调研报告的基本知识和步骤，能够撰写网络调研报告。请根据表3-1-3进行自我评价。

表 3-1-3　网络调研报告撰写学习评价

评价项目	评价要点	自评	互评	师评
网络调研报告基础	1. 网络调研报告的定义（15分）			
	2. 网络调研报告的特点（15分）			
	3. 网络调研报告的意义（15分）			
网络调研报告撰写	4. 网络调研报告的内容（25分）			
	5. 网络调研报告的写作步骤（30分）			
总评成绩				

备注：自评、互评、师评三项的分数取平均值，计入总分。评价结果分为A（85~100分）、B（75~84分）、C（60~74分）、D（60分以下）四个等级。
A 优秀；B 良好；C 合格；D 待合格。

七、巩固与练习

1. 判断题

（1）调研报告的核心在于真实地反映和分析客观事实，通过调查得来的事实材料来说明问题并揭示出规律性的东西，引出符合客观实际的结论。（　　）

（2）逻辑性是指调查报告不仅需要确凿的事实，还需要对这些数据和事实进行严密的逻辑论证，以探明事物发展变化的原因，或以自身经验的判断，预测事物发展变化的趋势。
（　　）

（3）真实性是网络调查报告最重要的特点，必须基于可靠的素材，实事求是地反映某一客观事物。（　　）

2. 简答题

（1）网络调研报告的特点包括哪些？
（2）网络调研报告的写作步骤有哪些？

3. 技能实训题

上一个任务中，我们以"大学生消费情况调研"为主题，通过"问卷星"平台设计并制作问卷调查，请整理收集的信息，拟好主题，简要写一个撰写计划（见表3-1-4）。

表 3-1-4　大学生消费情况调研报告撰写计划

主题	
撰写计划	

八、技能归纳图表

技能回顾：
（绘制本任务的技能关系图）

网络调研报告撰写 ｛ 网络调研报告基础知识：
　　　　　　　　　　网络调研报告撰写技能：

思考总结：

九、拓展案例

2023—2028 年中国电子商务物流行业发展前景及投资风险预测分析报告

本报告由中研普华电子商务物流行业分析专家领衔撰写，主要分析了电子商务物流行业的市场规模、发展现状与投资前景，同时对电子商务物流行业的未来发展做出科学的趋势预测和专业的电子商务物流行业数据分析，帮助客户评估电子商务物流行业投资价值。

电子商务物流行业研究报告主要分析了电子商务物流行业的国内外发展概况、行业的发展环境、市场分析（市场规模、市场结构、市场特点等）、竞争分析（行业集中度、竞争格局、竞争组群、竞争因素等）、产品价格分析、用户分析、替代品和互补品分析、行业主导驱动因素、行业渠道分析、行业盈利能力、行业成长性、行业偿债能力、行业营运能力、电子商务物流行业重点企业分析、子行业分析、区域市场分析、行业风险分析、行业发展前景预测及相关的经营、投资建议等。报告研究框架全面、严谨，分析内容客观、公正、系统，真实准确地反映了我国电子商务物流行业的市场发展现状和未来发展趋势。

> **思政看点**
>
> 　　客观、公正、真实、准确等表明了对客观事实的尊重和对科学研究的追求，严谨的调研报告为经济发展做出了重要的贡献。

本研究咨询报告由中研普华咨询公司领衔撰写，在大量周密的市场调研基础上，主要依据国家统计局、国家商务部、国家发改委、国家经济信息中心、国务院发展研究中心、全国商业信息中心、中国经济景气监测中心、中国行业研究网、全国及海外多种相关报纸杂志的基础信息以及专业研究单位等公布和提供的大量资料，对我国电子商务物流行业做了详尽深入的分析，是企业进行市场研究工作时不可或缺的重要参考资料，同时也可作为金融机构进行信贷分析、证券分析、投资分析等研究工作时的参考依据。

知识拓展
中研普华咨询公司是一家什么公司

（案例来源：https://www.chinairn.com/report/20230308/101934516.html）

项目二　微信营销

　　微信营销是一种随着微信的兴起而诞生的网络营销方式，是适用于网络经济时代企业或个人的营销模式之一。微信的优势在于不存在地理位置的限制，注册微信账号的用户可以与周围同样注册的"朋友"建立联系。商家通过提供用户所需的信息，推广自己的产品，从而实现点对点的营销。因此，微信营销成为一种广受欢迎的营销方式。

任务一　微信个人号与公众号的定位

一、学习任务

　　微信个人号和公众号虽然在微信平台上运营，但定位和功能存在一定的区别。微信个人号主要是为用户提供一种私人化的即时通信服务，而微信公众号则更加注重信息传递和营销推广。本任务以微信个人号和公众号为例，介绍微信个人号和公众号账号注册的方法，让学生了解两者之间的区别和定位。

二、建议课时

4课时。

三、任务分析

　　完成本任务需要掌握微信个人号和公众号的注册方法，理解微信个人号和公众号的区别。学生应熟悉微信个人号和公众号的功能，学会如何进行精准定位和营销推广。

四、引入案例

招商银行手机微信查询余额

查询银行卡余额的方法多种多样，而时下最为便捷的是立即关注银行公众号登录账户查询。招行银行卡微信公众平台首先贯彻落实这一作用，变成了金融业、电信网制造行业普遍应用这一营销方法的经典案例。

招行微信信用卡管理中心在微信公众平台上开发设计出适用于查询信用卡余额的功能，这一功能只须客户绑定微信号和信用卡信息内容就能完成，十分便捷好用。而为了营销推广这一功能，招行信用卡最先通过微信漂流瓶功能开展了一个"善心微信漂流瓶"的慈善活动，客户捡到微信漂流瓶便能够在微信公众号兑换积分，为孤独症儿童提供帮助。这样简易有效的慈善活动吸引了许多客户的参加，迅速就得到了许多粉丝，借此机会不仅营销推广了招行微信信用卡管理中心公众号，而且依靠公益性善举提升了招行信用卡的品牌影响力和品牌效应。更为关键的是，根据微信公众号的互动交流让客户和粉丝们还有机会立即感受招行微信信用卡的便捷作用。

除此之外，招行信用卡还依靠二维码扫描的方法来宣传这一新商品，以"中国第一家微信信用卡"激发客户们的好奇心，开展二维码推广，一切拥有招行信用卡的客户都有可能注意到并出于好奇心而扫描二维码，这也为其微信公众号吸引了很多精准的顾客粉丝。

招行确实是中国第一家发布"微信信用卡"服务项目的金融机构，这一定义以及依靠手机微信开展营销推广的对策，成了许多电信公司效仿的样板。其商品自身的便捷性就能吸引许多客户，而依靠慈善活动和二维码的低成本营销推广，从微信的泛用性和散播上的省时省力，取得了成功，得到了粉丝，扩大了招行微信信用卡管理中心的名气。

（案例来源：http://www.liekang.com/322896.html）

五、任务的实施

（一）微信的账号注册

1. 微信介绍

微信是一款由中国科技公司腾讯开发的即时通信软件。用户可以使用微信发送语音、短信、图片、视频、表情和位置等信息，以及进行语音和视频通话。此外，微信还提供了朋友圈、公众号等社交功能和便捷的支付功能，可以用于购物、转账、缴费等。微信的普及程度在中国非常高，几乎成为人们日常生活中必不可少的应用之一。其 Logo 如图 3-2-1 所示。

图 3-2-1　微信 Logo

2. 微信个人账号注册

微信个人账号的注册，可以在电脑端和手机端完成。

（1）电脑端注册。

第一步：打开微信官网：https://weixin.qq.com/，如图 3-2-2 所示。

图 3-2-2 微信官网

第二步：跳转到微信官网页面之后，将菜单列表向上滑动，找到"开放平台"选项并单击该选项，如图 3-2-3 所示。

图 3-2-3 微信官网开放平台

第三步：切换到下一个新的页面后，单击页面上方的"注册"选项，如图 3-2-4 所示。

图 3-2-4 微信官网登录界面

86　电子商务实务

　　第四步：把微信注册页面打开之后，输入邮箱信息，填写验证码，设置密码并确认，单击页面中的"注册"按钮即可，如图 3-2-5 所示。

图 3-2-5　微信注册界面

（2）手机端注册。

　　第一步：进入手机微信登录界面之后，单击页面下方的"更多"选项，如图 3-2-6 所示。

　　第二步：在弹出来的选项窗口中，单击"注册"选项，如图 3-2-7 所示。

图 3-2-6　手机微信界面

图 3-2-7　手机微信登录界面

第三步：打开注册页面之后，填写昵称、手机号和密码，单击页面中的"同意并继续"按钮，按照步骤完成登录即可，如图3-2-8所示。

图3-2-8 手机微信注册界面

3. 微信公众号的注册

第一步：进入微信公众平台页面（https：//mp.weixin.qq.com/），单击"立即注册"按钮，如图3-2-9所示。

图3-2-9 微信公众平台官网

第二步：选择注册的账号类型，注意每个公众号类型功能不同，分别如图3-2-10和图3-2-11所示。

图3-2-10 微信公众号类型选择界面

账号类型	功能介绍
订阅号	主要偏于为用户传达资讯（类似报纸杂志），认证前后都是每天只可以群发一条消息。（适用于个人和组织）
服务号	主要偏于服务交互（类似银行，114，提供服务查询），认证前后都是每个月可群发4条消息。（不适用于个人）
企业微信	企业微信是一个面向企业级市场的产品，是一个独立App好用的基础办公沟通工具，拥有最基础和最实用的功能服务，专门提供给企业使用的IM产品。（适用于企业、政府、事业单位或其他组织）
小程序	是一种新的开放能力，开发者可以快速地开发一个小程序。小程序可以在微信内被便捷地获取和传播，同时具有出色的使用体验

温馨提示：
1. 如果想简单地发送消息，达到宣传效果，建议可选择订阅号；
2. 如果想用公众号获得更多的功能，例如开通微信支付，建议可以选择服务号；
3. 如果想用来管理内部企业员工、团队，对内使用，可申请企业微信；
4. 原企业号已升级为企业微信。

图 3-2-11　微信公众号类型功能介绍

第三步：填写基本信息，注意一个邮箱只能注册一个，单击"激活邮箱"按钮获取验证码，勾选同意，单击"注册"按钮，如图 3-2-12 所示。

图 3-2-12　微信公众号注册界面

第四步：选择账号类型，分别如图 3-2-13 和图 3-2-14 所示。

图 3-2-13　微信公众号类型选择

图 3-2-14　微信公众号类型区别

第五步：选择运营主体类型，进行信息登记，分别如图 3-2-15 和图 3-2-16 所示。

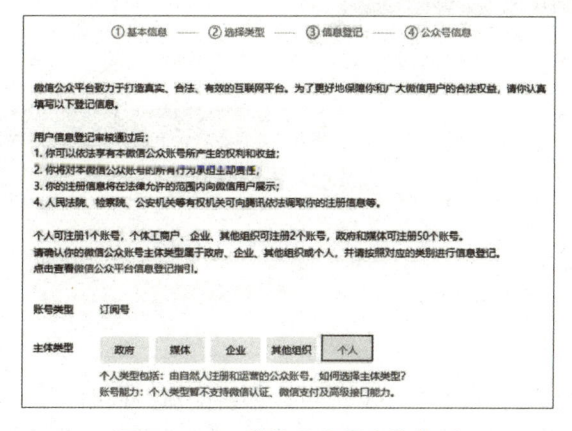

图 3-2-15　微信公众号主体类型

图 3-2-16　微信公众号主体信息登记

第六步：填写公众号信息，完成注册，如图 3-2-17 所示。

图 3-2-17　微信公众号信息

(二) 微信个人号与公众号的区别

1. 使用的定位不同

个人微信比传统短信更方便，"好友"可以即时交流。同时可以看到微信上朋友发的自己近况和娱乐信息。而微信公众平台则更加倾向于商业用途，在这个平台上主要为了个人品牌推广、企业品牌宣传，或者企业销售或者客户关系管理服务。

2. 社交圈不同

个人微信主要用于个人的人际社交关系，通过手机上电话号，或者 QQ 号就可以相互加入，然后可以进行文字、语音和视频的交流，包括一对一、多对多的交流。微信平台则是包括个人关系圈在内的更大的社交圈。微信平台上关注你的人你可能不认识。

3. 使用端不同

个人微信主要在手机端使用，而公众平台则是电脑端使用，也可以通过在公众平台上绑定个人微信号，在手机上通过向微信公众助手发送信息，间接发给微信公众平台用户。

4. 功能不同

个人微信可以加好友，发消息，发布朋友圈状态等。微信公众号可开通的功能服务比较全面，还可以根据公众号的内容进行定制服务。

5. 推广方式不同

普通用户可以互相关注，微信公众平台需要让别人关注，不能主动关注别人，如表 3-2-1 所示。

表 3-2-1 微信个人号与微信公众号的区别

对比项	微信个人号	微信公众号
定位	熟悉的圈子，基本都是熟人	用户或粉丝
社交圈	通过手机通信录，系统推荐给你开通了微信的用户，这就建立了初步的通信录和朋友圈	通过推广吸引一定数量的用户
使用端	手机端	电脑端
功能	好友、消息、朋友圈和生活服务等	功能众多，可定制
推广方式	互相关注	需要让别人关注

（三）微信个人号的定位

微信个人号的定位需要经历以下两个步骤。

第一步：明确目标。

首先，必须明确微信个人号的目标是什么。一般而言，目标不外乎宣传或扩大自身影响力。基于这一目标，我们可以确定微信个人号的性质，用三个词来概括：公开、职业和专业。

公开意味着它向所有目标客户开放。个人信息、朋友圈，甚至头像、昵称等，都是供所有人浏览的。这个号发布的内容也不应包含过多、过度的隐私。

职业表示这个号的身份属性，主要标签应该是机构名称、职业职位，所有形象和行为都需要在这样的身份定位基础之上设计。

最后是专业，微信个人号应该表现出足够的专业度，不能在专业问题上出现错误或显露怯弱。

总之，目标规定了微信个人号在定位上必须保证开放，确定身份，保持专业。

第二步：了解目标客户画像。

另外需要清楚目标客户的画像。只有了解客户是哪些群体，他们希望在微信上看到什么样的内容，我们才能有针对性地设计整个微信号。我们需要筛选有需求、有购买力的客户，将他们聚集在这个微信号上。通常在前期，我们可以通过办活动、开体验课、转介绍等方式收集大量的客户信息。

需要注意的是，对这些人必须进行充分的分析，了解他们的性格、阅读习惯和真实需求，以便有针对性地设计微信号的形象和发布内容。

（四）微信公众号的定位

微信公众号的定位是指根据目标受众和运营目的，为公众号设定一个明确的定位和定位策略，以便更好地服务受众并实现运营目标。

第一步：明确定位目标。

首先，需要明确你的微信公众号的定位目标是什么。你需要考虑你的目标受众是谁，你的目的是什么，以及你的品牌形象和价值观是什么。基于这些考虑，你可以确定你的微信公众号的定位目标，并将其用简洁明了的语言概括出来。

第二步：了解你的目标客户。

你需要充分了解你的目标客户，包括他们的年龄、性别、教育水平、收入水平、职业等基本信息，以及他们的兴趣爱好、行为习惯、消费习惯等细节信息。这些信息可以通过市场调查、问卷调查、社交媒体分析等方式获取。只有充分了解你的目标客户，你才能更好地满足他们的需求，提供符合他们兴趣和需求的内容。

第三步：确定品牌形象和价值观。

你需要确定你的微信公众号的品牌形象和价值观。你需要考虑你的品牌是什么，你的品牌理念是什么，你想要传达的是什么信息。你的品牌形象和价值观应该与你的目标客户相符合，符合他们的利益和价值观。

第四步：制定内容策略。

根据以上三步信息，你需要制定适合你的目标客户和品牌形象以及价值观的内容策略。你需要确定你要发布哪些类型的内容，比如文章、图片、视频等，你要发布多少内容，你的内容应该以什么形式呈现，比如教育、娱乐、新闻，等等。

第五步：实施和监控。

一旦你确定了内容策略，你需要开始实施并监控你的内容。你需要定期发布内容，并不断优化你的内容，根据读者反馈和数据分析来确定你的内容策略是否有效，并不断调整你的策略以达到更好的效果。

总之，微信公众号的定位是一个持续不断的过程，需要不断了解目标客户，调整品牌形象和价值观，并根据数据分析不断优化内容策略。

六、考核与评价

通过本任务的学习，学生可以完成微信个人号和公众号的申请，并且详细了解微信个人号和公众号的基本功能和定位。请根据表 3-2-2 进行自我评价。

表 3-2-2　微信个人号与公众号的定位学习评价

评价项目	评价要点	自评	互评	师评
账号注册	1. 微信账号电脑端注册（15 分）			
	2. 微信账号手机端注册（15 分）			
	3. 微信公众号账号注册（15 分）			
微信号定位	4. 微信个人号与公众号的区别（15 分）			
	5. 微信个人号定位（20 分）			
	6. 微信公众号定位（20 分）			
总评成绩				

备注：自评、互评、师评三项的分数取平均值，计入总分。评价结果分为 A（85～100 分）、B（75～84 分）、C（60～74 分）、D（60 分以下）四个等级。

A 优秀；B 良好；C 合格；D 待合格。

七、巩固与练习

1. 判断题

（1）一个邮箱只能注册多个微信公众号。　　　　　　　　　　　　　　　　　（　　）

（2）微信个人号和公众号功能区别不大。　　　　　　　　　　　　　　　　　（　　）

（3）微信是一款由中国科技公司腾讯开发的即时通信软件。　　　　　　　　　（　　）

2. 简答题

（1）微信个人号的定位步骤是什么？

（2）微信公众号的定位步骤是什么？

3. 技能实训题

对比分析微信个人号和公众号的账号注册以及主要的功能和特点的区别（见表3-2-3）。

表 3-2-3　对比分析微信个人号和公众号

项目	微信个人号	微信公众号
注册方式		
推广方式		
主要功能		
目标人群		
目标定位		

八、技能归纳图表

技能回顾：
（绘制本任务的技能关系图）

微信个人号与公众号的定位 ｛ 账号注册基本技能：

微信个人号与公众号定位技能：

思考总结：

九、拓展案例

微信的发源

微信在发布433天的情况下，用户数做到1亿，发布2年时间，用户数做到3亿，这是十分惊人的增速——相对于在这之前的全部PC（个人电脑）互联网产品，这是独一无二的。

微信的发源要从2010年国外发生的一个叫作Kik的App讲起。

那个时候Kik用了一个月的时长得到了一百万的用户，震惊了全球。这类用户增速是空前绝后的，算得上移动互联的第一个惊喜。

凑巧的是，QQ邮箱精英团队那时候已经开始开发设计一个叫作"手上邮"的App，也就是QQ邮箱的移动版。

> **思政看点**
>
> 张小龙敏锐地察觉到移动互联网市场的机遇，通过不断创新和优化取得了成功，彰显了创新力和执行力的重要性。

电子邮箱精英团队的责任人张小龙见到Kik这一惊喜以后，马上发了电子邮件给腾讯，说这个东西大家需要做。腾讯允许了，把它命名为"微信"。

因此，电子邮箱精英团队就开始从"手上邮"转为微信的开发设计，这就有了微信的第一版。

知识拓展
张小龙是谁

微信这个名字很有趣，小型的电子邮件，名字的含义十分准确。因为微信是邮箱团队开发设计的，为了迅速完成，尽量重复使用了原来QQ邮箱的全部后台管理协议书和架构，因此身后的通信协议选用的也是邮箱的HTTP协议书，而不是通常即时通信软件常用的UDP协议书。因此大家每推送一条微信信息，就真的是在微信后台向好朋友推送一封小型的电子邮件。

（案例来源：https://www.d1wan.com/94544.html）

任务二　微信营销软文策划与编辑

一、学习任务

微信已成为人们生活中不可或缺的一部分，成为重要的社交和信息传播平台。在这个平台上，营销软文成为吸引读者、宣传产品和品牌的一种重要手段。但是，如何策划和编辑出高质量的微信营销软文，吸引读者、传递信息，成为营销人员所面临的挑战。本任务主要介绍微信营销软文策划与编辑的内容。

二、建议课时

4课时。

三、任务分析

完成本任务需要掌握微信营销软文的选题技巧、标题优化、内容创作、素材准备和推广策略等知识。

四、引入案例

微信营销市场发展分析

2019年微信营销市场月活跃账户数达到11.51亿，同比增长6.3%。同时，小程序用户超3亿，累计创造8 000多亿元交易额，同比增长160%；小游戏商业规模较2018年增长超

35%。据悉,微信营销市场已经达到10.825亿。另外,前三季度QQ的智能终端月活跃账户数为6.534亿,相比2018年同期下跌6%。

微信、中国信通院、数字中国研究中心联合发布的《微信就业影响力报告》显示,微信拉动微信营销市场消费规模呈逐渐上升的趋势。微信营销拉动信息消费达2 402亿元,占比全国信息消费规模提升到了4.8%。

(1) 庞大的腾讯用户基数。可靠的数据资料显示,在微信营销后的一年多时间内,微信的用户数量就达到了庞大的7亿,发展空间堪称恐怖。毫无疑问,微信已经成了当下最火热的互联网聊天工具,微信营销用户量并不仅仅限于7亿这个数量,微信营销发展空间仍然很广阔。

(2) 随着智能手机越来越普及,微信已经慢慢地从高收入群体走向大众化,几年之后,或许会出现这样的一个场景,中国智能手机软件市场上微信屹然占据了霸主地位。

(3) 信息交流的互动性更加突出。虽然前些年火热的博客营销也有和粉丝的互动,但是并不是即时,除非你能天天守在电脑面前,而微信就不一样了,微信具有很强的互动即时性,无论你在哪里,只要你带着手机,就能够很轻松地同你的未来客户进行很好的互动。

(案例来源:https://www.chinairn.com/news/20211119/172914121.shtml)

五、任务的实施

(一) 微信营销软文的选题技巧

1. 热点选题

在选择热点话题时,需要注意一些技巧,以确保达到预期效果。首先,要考虑热点话题与所在行业的相关性,避免选择与行业无关的热点,以保持文章的专业性和联系性。一旦确定了相关的热点话题,就可以寻找合适的切入点,开始文章的创作。然而,也要注意时间因素,因为热点的热度不会持续太久,所以创作的时间不能过长,否则会错过热点的高峰期,失去创作的意义。

2. 搜索查询法

在知乎、百度知道、百度经验等平台上搜索相关的关键词,查看关注度、热度高的相关问题,以获取选题灵感。这是微信营销人员常用的选题方法之一。

3. 曼陀罗思考法

曼陀罗思考法是一种图形化的思考和记录方法,被现代系统化利用之后,成为绝佳的计划、思考工具。这种方法可以应对各种问题,开发创意,灵感将不断地涌出。其共分九个区域,形成能诱发潜能的"魔术方块"。

在任何一个区域(方格)内写下任何事项,从四面八方对主题做审视,没有设限,特别适于收集灵感、进行创意思考。使用者只要在九宫格的中间填上想要发挥的主题,便会自然地想要把其他周围的八个空格填满,而这种填满也正是创意发挥的过程,潜能便可在连续反应下持续被激发。曼陀罗思考法如图3-2-18所示。

4. 时间地图选择法

它的基本思想是根据特定的时间节点来选择合适的话题进行创作。这种方法可以帮助营销人员预测未来的热点话题,提前规划并准备相应的文章,从而提高文章的关注度和转化率。以下是具体的实施步骤:

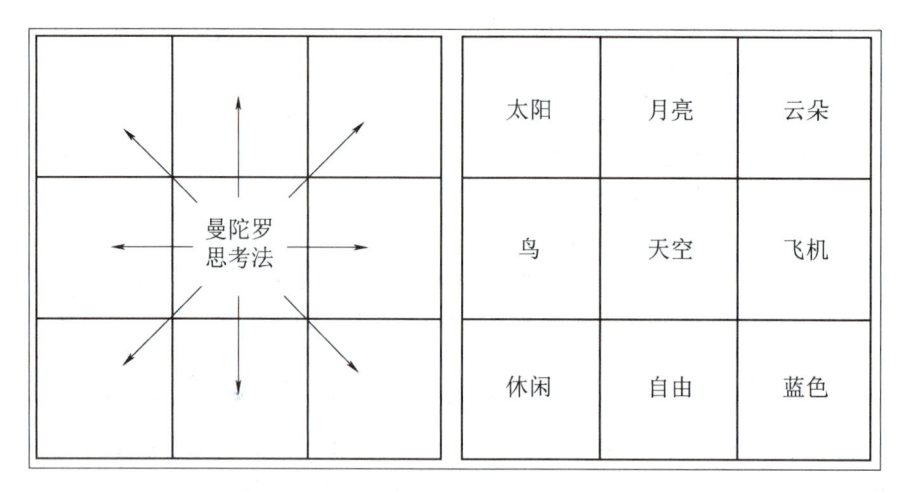

				太阳	月亮	云朵
	曼陀罗思考法			鸟	天空	飞机
				休闲	自由	蓝色

图 3-2-18　曼陀罗思考法

（1）制作时间地图。时间地图是一个包含所有重要时间节点的日历，例如法定节假日、国际纪念日、民俗节假日、西方节假日、网络搞笑节、本地文化节等。可以将这些时间节点按照时间顺序排列，并标注出每个时间节点的名称和意义。

（2）分析时间节点的意义和影响。对于每个时间节点，需要了解它的起源、意义和影响，从而确定是否适合用来创作话题。

（3）规划文章创作计划。对于选定的时间节点，需要规划相应的文章创作计划。这包括确定文章的主题、标题、结构、内容等方面的要素。同时需要考虑文章的发布时间，以确保文章在时间节点前发布出来，达到最好的传播效果。时间地图选择法如图 3-2-19 所示。

图 3-2-19　时间地图选择法

以上四种方法是常见的微信营销软文选题方法，能够帮助营销人员提前预测热点话题，规划文章创作计划，提高文章传播效果和转化率。

（二）微信营销软文的标题优化

作为软文的门户之一，软文标题的优化是吸引读者、提高点击率的关键之一。那么，如何才能写出引人入胜的软文标题呢？以下是几种常见的优化方法。

1. 以"利"诱人

与其他类型文章不同，软文一般是商家宣传产品、品牌的文章，所以一定要以"利"

诱人，在标题中就直接指明你的利益点。

例如，《小站长年收入 10 万不是梦——我的奋斗历程》（网站培训软文标题）。

2. 以"情"动人

人都是有感情的动物，亲情、友情、爱情，在这个世界上我们被"情"所包围着。所以借助这个特性，在软文标题抓住一个"情"字，用"情"来感动读者，写此标题的时候作者一定要投入自己的感情。

例如，《3 年的等待，一份让她感动的礼物》（礼品软文标题）。

3. 以"悬"引人

从标题上就埋下伏笔，使读者由于惊讶、猜想而阅读正文。此类标题应具有趣味性、启发性和制造悬念的特点，并能引发正文作答。

例如，《我是如何从失败中奋起，进而走向成功的》（培训的软文标题）。

4. 借"热点"吸人

抓住社会上的热门事件、热门新闻，以此为软文标题创作源头，通过大众对社会热点的关注，来吸引读者对软文的关注，提高软文的点击率和转载率，软文撰写者可以借助百度的搜索风云榜来关注最近的热门事件。

例如，《神六采用爱国者 U 盘，能重复擦写百亿次》（产品软文标题）。

（三）微信营销软文的内容创作类型

在数字化时代，内容已经成为网络世界中不可或缺的一部分。无论是企业还是个人，都需要通过各种类型的内容来与读者建立联系，并传达信息，吸引关注，建立品牌形象等。不同类型的内容具有不同的特点和目的，因此，在创作内容时需要根据目标受众和目的选择合适的类型。下面将介绍几种常见的内容创作类型：

（1）教程型内容是指提供指导和指示的文章，旨在向读者传授特定的技能或知识。这种类型的内容通常包括步骤、示例和细节，以帮助读者了解如何执行某个任务或达到某个目标。

（2）故事型内容是指通过叙述真实或虚构的故事来传递信息或启示。这种类型的内容可以激发读者的情感，让他们与故事的主人公产生共鸣，并在读完后得到一些启示或教训。

（3）观点型内容是指作者提出自己的观点或看法，通常是在某个话题或议题上。这种类型的内容通常包括对证据和事实的分析和解释，以及对读者的引导和鼓励。

（4）整合型内容是指将不同来源的信息整合在一起，形成一个全面的、系统的视角，以帮助读者更好地了解某个主题或议题。这种类型的内容通常需要作者具备一定的专业知识和信息收集能力。

（5）广告型内容是指宣传产品或服务的文章，旨在向潜在客户介绍品牌、产品或服务的特点、优点和用途，以激发他们的兴趣并促进销售。

（6）资讯型内容是指报道新闻、事件、趋势或其他相关信息的文章，旨在向读者传递最新的信息和见解，让他们了解当前的形势和趋势。

（7）其他型内容包括但不限于娱乐型、社交型、个人日志型、体验分享型等。这种类型的内容通常是基于个人经历或感受，并且可以激发读者的共鸣和情感。

（四）微信营销软文的素材准备

1. 素材分类

素材是指用于创作的各种资源，包括文字、图片、音频、视频，等等。根据不同的创作需求，可以将素材分为以下几类。

(1) 文字素材：包括各种文字、句子、段落、文章等，用于文案、文章等的创作。
(2) 图片素材：包括照片、插图、图标、矢量图等，用于设计、广告、宣传等的创作。
(3) 音频素材：包括音乐、声音效果等，用于音频创作、视频配乐等。
(4) 视频素材：包括影视片段、动画、视频特效等，用于视频制作、广告宣传等。

2. 常见的素材编辑工具

Premiere：Adobe 旗下的视频编辑软件，可以进行视频剪辑、剪切、特效处理、音频处理、字幕编辑等。

剪映：由字节跳动推出的手机视频编辑软件，拥有简单易用的操作界面和多种视频编辑功能，支持添加音乐、字幕、特效等。

Photoshop：Adobe 旗下的图像处理软件，可以进行图片的剪裁、合成、修图、调色、滤镜处理等，适用于各种平面设计、海报制作、图像修复等方面。

美图秀秀：一款手机图片编辑软件，可以进行人脸美化、贴图、滤镜、背景模糊、美颜等处理。

(五) 微信营销软文的推广

推广是软文的重要环节，有助于提高软文的曝光度和传播效果。下面是一些微信营销软文推广策略。

(1) 微信公众号推送：将软文发布在微信公众号上，推送给已经关注公众号的读者。为了提高曝光度，可以选择发布时间，如在读者活跃时间段推送，同时注意标题的吸引力和推文配图的质量。

(2) 朋友圈分享：将软文发布在自己的朋友圈上，鼓励好友进行分享和转发，以扩大阅读量。可以使用有趣的引子或者悬念来吸引朋友圈的读者点击。

六、考核与评价

通过本任务的学习，学生已经了解了微信营销软文策略与编辑的内容。请根据表 3-2-4 进行自我评价。

表 3-2-4 微信营销软文策划与编辑学习评价

评价项目	评价要点	自评	互评	师评
微信营销软文策划与编辑	1. 选题技巧（20分）			
	2. 标题优化（20分）			
	3. 内容创作（20分）			
	4. 素材准备（20分）			
	5. 推广策略（20分）			
总评成绩				

备注：自评、互评、师评三项的分数取平均值，计入总分。评价结果分为 A（85~100分）、B（75~84分）、C（60~74分）、D（60分以下）四个等级。

A 优秀；B 良好；C 合格；D 待合格。

七、巩固与练习

1. 判断题

（1）Premiere：Adobe 旗下的图像处理软件，可以进行图片的剪裁、合成、修图、调色、滤镜处理等，适用于各种平面设计、海报制作、图像修复等方面。（　　）

（2）曼陀罗思考法是一种图形化的思考和记录方法。（　　）

（3）热点的热度不会太久，但是创作时间过长也不会有影响。（　　）

2. 简答题

（1）微信营销软文的推广方式有哪些？

（2）微信营销软文标题优化的方法有哪些？

3. 技能实训题

请以"西安"为关键字，用曼陀罗思考法，选择一个主题；然后拟一个较好的标题（见表 3-2-5）。

表 3-2-5　用曼陀罗思考法拟标题

曼陀罗思考法		
	西安	
拟定题目		

八、技能归纳图表

技能回顾：
（绘制本任务的技能关系图）

微信营销软文策划与编辑 ｛ 选题技巧：
标题优化：
内容创作：
素材准备：
推广策略：

思考总结：

九、拓展案例

微信自从 2012 年开始火起来之后，就从一个简单的通信软件，发展成为一个营销神器，当然这只是针对早期而言的，目前微信营销存在很多误区，整个微信营销的生态系统处于混乱状态。

微信确实是一款非常赞的基于强关系的通信软件。根据美国社会学家兰诺维特的理论：人际关系网络可以分为强关系网络和弱关系网络两种。

关系的强弱决定了能够获得信息的性质以及个人达到其行动目的的可能性，在中国这种强关系社会中，想要办成事情，靠的不是弱关系所能获得的信息的广度和多样性，而是强关系所能给予的确定而有力的帮助。在这种社会环境下，微信作为一个沟通成本相对较低的通信工具，作为微营销活动的一个载体是比较合适的。

微信营销的发展大致上经历了三个阶段。

第一阶段为微信营销的野蛮式起步阶段。

第二阶段为英雄主义式发展阶段。主要特征是一些微信做的还可以的人开始写文章，传授一些微信营销的经验技巧，打造个人知名度，塑造一个微信营销英雄的形象。这个阶段的主要模式是，塑造个人形象，迅速吸粉丝，讲学分享收取费用。

> **思政看点**
> 微信作为一个基于强关系的通信工具，其营销方式也是在这种文化背景下孕育而生的。

第三阶段为差异化平稳发展阶段。

微信营销发展开始出现分化，一部分发展为纯粹的代运营培训服务类的，另一部分是微信联盟抱团发展类的。两种发展模式各有优劣，前者要求相对较高，需要有微信营销的相关操作经验；后者主要是针对一些想卖产品（包括广告）的人群，这部分人群有的已经比较有影响力了。

这是微信发展的三个大致阶段，其中发展阶段的时间是有一些交叉重叠的，例如现阶段也还有人做野蛮式起步的，效果显然没有以前好，不过还是有人成功了，只不过付出的努力要比以前大多了。

（案例来源：http://www.dodoca.com/topic/z10/153.html）

> **知识拓展**
> 什么是强关系、弱关系

项目三　微博营销

微博营销是指通过微博平台为商家、个人等创造价值而执行的一种营销方式，也是指商家或个人通过微博平台发现并满足用户的各类需求的商业行为方式。微博营销以微博作为营销平台，每一个粉丝都是潜在的营销对象，企业通过更新自己的微型博客向网友传播企业信息、产品信息，树立良好的企业形象和产品形象。每天更新内容就可以跟大家交流互动，或者发布大家感兴趣的话题，以此来达到营销的目的，这种方式就是互联网新推出的微博营销。

任务一　微博营销账号的定位

一、学习任务

微博营销以微博为平台，粉丝为潜在客户，通过内容更新传播企业、产品信息。本任务主要介绍微博账号注册的技能和定位。

二、建议课时

4 课时。

三、任务分析

完成本任务需要掌握微博账号注册的方法，了解微博的类型和特点。学生要熟悉如何使用微博的功能，从而进行精准定位和营销推广。

四、引入案例

《人民日报》官方微博的启示和借鉴意义

1. 寻求差异化发展，凝练自身特色

《人民日报》官方微博是依托于母报的。一方面它巧妙地借助母报原有的受众基础和母报在中国党报官媒中的影响力。另一方面，它又抛开母报给人们的严肃、官方的刻板印象，积极打造新形象，坚持发布原创的新闻及评论等内容，关注社会热点，提供不一样的新闻视角，通过开设特色栏目来创造其独有的风格。

可以说，《人民日报》官方微博运营最成功之处就是在其官方微博和母报之间寻找到了平衡点，在发展官方微博的同时，在原有的受众基础上吸引"微博"平台更多的年轻受众，扩大粉丝基础。

2. 内容表达形式和栏目设置不断追求创新

《人民日报》官方微博与其他党报官方微博的不同还表现为它一直在更新栏目内容，对于新生传播方式的捕捉更灵敏，在其他党报官方微博还没有推出抽奖转发的时候，《人民日报》官方微博就抢先一步发起抽奖。在栏目设置上，《人民日报》官方微博专门开设了美食栏目，通过在饭点推送美食制作教学视频和粉丝互动。一些生活科普类的资讯也是其推送内容的一部分。降低自己的姿态，和网民进行良好的互动，也有助于粉丝维护。

3. 用清新活泼的语言风格塑造亲民有爱的媒体形象

在语言表达上，《人民日报》官方微博经常运用网络流行语和网友互动，这种语言风格在其母报上是极少出现的。在新闻事件或资讯服务类博文推送时，《人民日报》官方微博会用接地气的语言进行叙述，受众在阅读时也会感觉到与《人民日报》官方微博的互动距离拉近了。

4. 增强互动，提升粉丝的忠诚度

微博作为社会化媒体，是天然的草根平台，互动是其基本的特征。密切联系群众、贴近群众、服务群众是党报的一项基本原则。党报官媒虽然都拥有较为稳定的粉丝基础，但依然需要进行粉丝维护，若想打造更加完善的互动效果，创新互动方式不能忽视。互动也并非仅仅局限于和粉丝互动，还应该加强和其他媒体的互动以及和微博平台意见领袖（大V）的互动，多元的互动才有助于更好的发展。

（案例来源：https://www.fx361.com/page/2020/0902/7000997.shtml）

五、任务的实施

（一）微博概述

1. 微博的定义

微博，是基于用户关系的社交媒体平台，用户可以通过电脑、手机等多种终端接入，以文字、图片、视频等多媒体形式，实现信息的即时分享、传播互动。其Logo如图3-3-1所示。

图3-3-1　新浪微博Logo

新浪微博是一款社交网络应用程序，是中国最大的微博客社交平台之一。用户可以在上面发布短文本信息，上传图片、视频、链接，同时关注其他用户的动态并进行互动。新浪微博于2009年上线，目前已成为中国最受欢迎的社交网络之一，拥有数亿用户。

除了个人用户，新浪微博也被广泛用于企业和品牌的营销推广，以及新闻和媒体的传播。用户可以关注自己感兴趣的明星、公众人物、媒体机构等，获取最新的资讯和动态。

新浪微博还提供了丰富的功能和服务，例如微博直播、微博支付、微博阅读等，为用户带来更加便捷、多元化的社交体验。同时，新浪微博也积极打击网络谣言、低俗信息等不良内容，致力于打造一个健康、正面、有价值的社交平台。

2. 微博的类型

微博是一个充满活力的社交媒体平台，吸引了许多个人和企业在其上建立自己的账号。其中，个人微博和企业微博是最常见的类型。

个人微博是微博中最主要的组成部分，数量最多，包括明星、普通用户等。个人微博不仅是用户表达自己想法的场所，还是个人或团队营销的主要阵地。为了在个人微博上实现营销目标，用户通常需要通过发布有价值的信息来吸引关注，扩大自己的影响力。此外，一些企业高管的个人微博通常也会与企业或团队微博协作，形成影响链条，扩大企业和品牌的影响力。

企业微博是企业的官方微博，许多企业都在平台上创建了自己的官方账户。企业微博一般以营利为目的，企业的微博运营人员或团队会通过微博来增加企业的知名度，为最终的产品销售服务。在企业微博的营销中，用户需要策划适合微博营销的宣传手段，结合微博的特点，吸引和维护固定的消费群体，并与"粉丝"进行交流互动，从而达到宣传企业、提高品牌影响力的目的。

现在，微博平台提供了微博认证功能，可以针对个人、企业等进行认证。认证通过的微博账户会获得一个"V"标志，增加了微博的权威性和知名度，更容易赢得用户的信任，从而获得更多关注。此外，新浪微博还为用户提供了丰富的会员功能，成为会员后可以享受身份、功能、安全等多项特权，包括对封面图和背景图进行个性化设置，进一步展示自己的产品或品牌。《人民日报》微博号如图 3-3-2 所示。

图 3-3-2 《人民日报》微博号

3. 微博的特点

在当下的社交媒体平台中，微博作为一种独特的社交媒体形式，具有许多其他平台无法匹敌的特点。微博以其简洁的形式、强大的传播能力以及高度的互动性而著名。这些特点不仅对个人用户具有吸引力，对于企业而言，也为其提供了广泛的营销空间。

（1）简洁形式：微博以简洁形式为特点，限制了每条微博的字数，让内容简洁明了，易于阅读。这种形式适合快节奏、碎片化的生活方式，更符合现代人的阅读习惯。

（2）快速传播：微博是一种社交媒体，具有广泛的社交属性和网络传播属性。用户可以快速传播和分享信息，信息传播速度快，传播范围广。微博的转发和评论功能，使得信息可以在瞬间传播，实现快速广泛的传播效果。

（3）互动性强：微博提供了多种互动形式，让用户之间的互动变得更加丰富，包括点赞、评论、转发等。用户可以在微博平台上与其他用户进行互动交流，形成一个相对封闭的社交圈子。

（4）多元化内容：微博上的内容非常丰富多样，不仅有个人日常生活、情感体验等内容，还包括新闻、娱乐、科技等各个领域的内容，可以满足不同用户的需求，使得用户可以在微博上获取丰富的信息和内容。

（5）个性化：微博是一个充分发挥用户个性的平台，用户可以自由表达自己的想法和观点，展示自己的个性特点，同时也可以自由关注其他用户，形成自己的兴趣圈和社交圈。

总之，微博是一种独特的社交媒体平台，具有短小精悍、快速传播、互动性强、多元化内容和个性化等特点，这些特点也为微博的商业价值提供了坚实的基础。

（二）微博账号注册

第一步：进入登录界面，输入手机号并填入获取的验证码，单击"登录"按钮。未注册的手机号会自动注册，如图 3-3-3 所示。

第二步：选择自己的相关信息，单击"完成"按钮，如图3-3-4所示。

图3-3-3　新浪微博登录界面

图3-3-4　新浪微博信息填写

第三步：选择你感兴趣的分类，最后显示"注册成功"即表示成功，如图3-3-5所示。

图3-3-5　新浪微博兴趣分类注册界面

(三) 微博与微信的区别

微博和微信是两个不同的社交平台，下面是它们的主要区别。

（1）平台属性：微信的主体功能是通信聊天，它代表着一个社会化关系网络。微信平台是一个强关系弱媒体的应用平台，主要面向熟人。相比之下，微博则更多面向陌生人，属于社会化信息网络，媒体属性强，营销影响受众更广。

（2）形态和传播：微信主要是对话、交流和沟通，由于微信是一对一推送，面向的是已添加的用户，交流较为私密。而微博则是面向快速表达、浏览和传播，面向全网微博用户，传播广泛开放。

（3）用户关系：微信用户一般是亲朋好友、生活工作等紧密的真实关系。微博用户则是在兴趣爱好、行业属性、观点等基础上的交流，彼此关系虚拟而微弱。

总的来说，微信更注重个人之间的互动和私密性，微博则更注重公共信息的传播和社交广泛性。针对不同的需求，它们都有着各自的优势和特点。

（四）微博营销账号的定位

微博是一个重要的社交媒体平台，能够帮助企业实现不同的商业目标，包括品牌曝光、产品销售、客户服务等。进行微博运营时，需要对微博进行功能定位和角色定位。

1. 功能定位

微博的运营目标应该根据企业的品牌和产品特点进行定位。不同的品牌和产品在微博平台上的运营重点也不同。对于非线上消费产品，如奔驰、宝马等，应该以品牌推广为主；对于快消品，如手机、净化器等，适合做品牌推广和销售转型；而对于企业官方微博，如腾讯、支付宝等，要发挥好企业宣传作用，当好"新闻发言人"。

因此，企业需要根据自身品牌和产品特点，结合微博平台的特点，确定微博运营的核心目的，完成功能定位。

2. 角色定位

企业需要从战略层面考虑微博的定位，将微博运营放入整个企业营销体系中进行考察，最终确定企业微博的角色定位。

企业营销是一个完整的系统，将哪些营销环节部署到线上，尤其是整个系统的哪一部分责任应该由微博平台承担，需要结合企业营销需求和微博平台的特点综合考虑。在符合微博平台特性的前提下完成企业营销任务，是企业微博应有的角色定位。

企业微博在营销中的角色包括品牌塑造、产品推广、用户服务等，需要根据企业的实际需求和微博平台的特点进行确定。同时，企业还可以通过微博来与用户进行互动和交流，增强用户的参与感和忠诚度。

综上所述，进行微博运营时，需要进行功能定位和角色定位，根据企业品牌和产品特点，结合微博平台的特点，确定微博的运营目标和角色定位，以完成企业营销任务。

六、考核与评价

通过本任务的学习，学生可以完成微博账号的申请，并且详细地了解微博基本功能和定位。请根据表 3-3-1 进行自我评价。

表 3-3-1　微博营销账号的定位学习评价

评价项目	评价要点	自评	互评	师评
微博概述	1. 微博的定义（15 分）			
	2. 微博的类型（15 分）			
	3. 微博的特点（15 分）			
微博账号定位	4. 微博账号注册（15 分）			
	5. 微博营销账号功能定位（20 分）			
	6. 微博营销账号角色定位（20 分）			
总评成绩				

备注：自评、互评、师评三项的分数取平均值，计入总分。评价结果分为 A（85~100 分）、B（75~84 分）、C（60~74 分）、D（60 分以下）四个等级。
A 优秀；B 良好；C 合格；D 待合格。

七、巩固与练习

1. 判断题

（1）进行微博运营时，需要对微博进行功能定位和角色定位。　　　　　　（　　）

（2）总的来说，微信和微博注重公共信息的传播和社交广泛性，两者区别不大。
　　　　　　　　　　　　　　　　　　　　　　　　　　　　　　　　　　（　　）

（3）新浪微博是一款社交网络应用程序，是中国最大的微博客社交平台之一。（　　）

2. 简答题

（1）微博的特点有哪些？

（2）微博营销账号的定位包括哪些内容？

3. 技能实训题

确定三个微博营销账号，做一个定位分析（见表 3-3-2）。

表 3-3-2　微博营销账号定位分析

微博账号名			
功能定位			
角色定位			

八、技能归纳图表

技能回顾：
（绘制本任务的技能关系图）

微博营销账号的定位 ｛ 微博概述：
　　　　　　　　　　微博营销账号定位技能：

续表

思考总结：

九、拓展案例

"故宫博物院"微博营销

"故宫博物院"微博作为故宫博物院官方微博，主要内容包括常设展览和特展信息、文物介绍、故宫景色、故宫壁纸、故宫与人的故事，等等，此外还有一些关于讲座和志愿招聘的信息。图文内容基本以原创为主，其中运营团队自己拍摄的故宫四季景色互动效果非常好。如今的故宫博物院拥有超过619万粉丝，影响力巨大。2017年7月1日，一条"你好，七月"的微博，被转发了1万多次。高转发量的原因是配图中蓝白相间的喜鹊吸引了网友们的注意，被称为"穿校服的披发少女"。

还有一个是故宫淘宝的官方微博，一直以来，"故宫淘宝"都在以"精分"的状态与大家进行互动。比如，在微博评论区自称"本公"，撒得了娇，卖得了萌。这样的互动不仅让用户觉得有趣，也塑造了极强的账号性格，在用户心中留下深刻印象，目前粉丝超103万。

> **思政看点**
>
> 故宫博物院不仅是一座博物馆，承载着为世界所认知的中华文化形象，还是中华历史之美、山河之美、文化之美的化身。

其中很经典的一个案例就是在2015年10月30日，故宫淘宝官方微博发布文章《够了！朕想静静》，以极具幽默调侃的语气介绍了"一个悲伤逆流成河的运气不太好的皇帝的故事"。调皮的文风搭配各种搞笑表情图，故宫淘宝把崇祯帝从登基到自缢的人生故事终于调侃完了，但崇祯帝的故事只是个铺垫，故宫淘宝真正的目的是推销"新年转运必买的2016故宫福筒"，完全是一个高级别的软文广告。

这种方式能让受众在获得知识和乐趣之后，对产品也产生兴趣，明明知道是广告，却心甘情愿掏钱。因此，把微博单纯当作广告发布平台只会引起用户的反感，好的广告，一定是不违和的。最完美的效果就是：不看到最后不知道是广告，即便知道了是广告也不反感，还觉得可爱，还交了钱，故宫在这一点上做得很好。在故宫淘宝的微博上，可以看到账号经常与粉丝互动，同时也会参与一些话题，包括品牌之间的调侃，一个愿意且及时与粉丝互动的品牌，用户黏性才会越来越好，品牌价值也就越来越高。

知识拓展
故宫博物院介绍

通过微博，故宫不断对社会大众关心的题目进行曝光，比如人们关心故宫猫，故宫就讲《故宫猫记》；人们喜欢紫禁城的色彩，故宫就制作"点染紫禁城"，孩子们可以参与；人们关心故宫的春夏秋冬，故宫就发故宫春夏秋冬、早中晚的景色。至此，媒体开始冠以"故宫出品，必属精品"的美誉。故宫的社交运营能力，促使其吸引了大批粉丝的关注和参与，庞大的粉丝数，让故宫发出的每一条消息，都有可能瞬间传遍网络，引发人们的热议。进而故宫推出的每一款文创新品，都可能立马热销。实践证明，互联网与文化产业的结合能够提升文化创意产品的内涵和品质，塑造文化品牌形象，提升文化市场占有率。

（案例来源：https://zhuanlan.zhihu.com/p/73849923？tt_from=mobile_qq）

任务二　微博营销软文策划与编辑

一、学习任务

微博营销软文是一种重要的推广方式，通过巧妙的策划和精心的编辑，可以让品牌在微博平台上获得更多的关注和认可。策划和编辑是软文推广的关键环节，它们直接决定了软文的质量和效果。本任务主要是介绍微博营销软文策划与编辑的技能，让学生了解其品牌传播价值，以及微博营销软文内容设计、微博三要素和活动营销方式。

二、建议课时

4课时。

三、任务分析

完成本任务需要了解微博的使用功能，熟悉微博对品牌传播价值的影响，掌握微博营销软文内容设计、微博三要素以及如何进行活动营销。

四、引入案例

支付宝锦鲤抽奖

微博抽奖是很多微博品牌、自媒体吸粉和推广的重要手段，也是较为简单有效的推广方式，支付宝的锦鲤抽奖曾经引发微博上的舆论轰动，在抽奖微博发布短短六小时之后就获得了百万转发量。

支付宝的抽奖是没有预热的，在国庆前一天发出微博，却非常快地引起了微博用户们的疯狂转发，因为奖品确实非常诱人。在关于抽奖的第一条微博中，支付宝并没有透露具体的奖品是什么，而是让大家关注评论区。在评论区中出现了非常多、不同领域内的大品牌，令人眼花缭乱猜测满满，很多人都对奖品抱有极大的期待。一个小时后，支付宝终于发布新微博公开了详细的奖品内容，一条长长的奖品清单，涵盖国庆期间的吃喝住行，面面俱到价值不菲，让网友们叹为观止，这样的豪华大奖毫无意外地让支付宝的这条微博得到了空前绝后的阅读量和转发量，并迅速成为热门话题。此外，这么多的大奖，仅仅是为一个中奖用户准备的，极低的中奖率也进一步增添了其话题性。

支付宝本身具有的实力和流量，再加上多个品牌方的联动，很快地吸引了广大网友的关注，而丰厚的奖品和百万分之一的中奖概率，让微博用户具有了高度的参与和关注热情，从而令这一活动获得了罕见的高热度。而借助这一浩大的声势，支付宝及其联合品牌也得到了非常高的曝光度。

这一活动利用"锦鲤"这一自带传播度的话题和国庆节的热度，在前期造势上就获得了不错的效果，而丰富的奖品和参与的诸多品牌是其中最大的诱惑点所在，即使中奖概率极低，但参与方式简单，只需要转发评论，让很多网友都乐于尝试，由此带来了巨大的传播效果。

（案例来源：https://www.qinzhiqiang.com/archives/135843.html）

五、任务的实施

（一）微博营销软文的品牌传播价值

微博是一种传播效率高的社交媒体平台，具有庞大的用户群体和丰富的内容形式，成为品牌营销和传播的重要渠道。通过微博营销，品牌可以提升知名度、美誉度、关注度和忠诚度，同时将品牌形象和价值观念传递给目标受众，实现品牌传播的价值。微博营销注重价值传递、内容互动、系统布局和准确定位，以粉丝为基础展开营销。由于微博具有传播迅速、影响范围广的特点，因此粉丝分享和转发能够快速实现裂变式传播效果，使品牌影响力遍及各个用户群体，提高品牌知名度和关注度。

然而，微博信息的裂变式传播也容易造成负面信息的大范围传播。进行危机公关时，企业可以利用这把"双刃剑"，正确处理用户的负面评价。危机公关处理得当，甚至可以将危机变成商机。

（二）微博营销软文内容设计

微博营销软文的关键在于内容设计，需要根据目标受众的需求和兴趣，制定符合品牌形象和价值观念的内容策略，包括文字、图片、视频等形式，吸引受众的关注和参与，提高品牌的曝光率和传播效果。

1. 微博文字

微博作为新的信息传播媒介，其对于内容营销的价值是显而易见的，其传递的内容可以包罗万象，信息载体除了文字外还包括其他多种媒体方式。虽然新浪等大部分微博的字数限制为140个字，的确很简短，但是如果就此认为企业微博简单易写，可以随意发挥，就大错特错了。

内容策略从字面的意思来看，可以理解为指导企业的微博究竟该怎么写、写什么。同时它也是指导企业如何通过发布合适的内容实现营销目标的策略。企业微博营销人员进行的最直接且最重要的一项工作就是通过微博发布信息。由于企业的微博定位、作用不同于个人用户，事关企业的运营安全，所以发布的信息需要经过认真思考和衡量，要从用户心理和企业目标的角度出发，考虑各方面的问题。一般要注意三个原则：趣味、利益、个性。微博内容文字策划如图3-3-6所示。

2. 微博图片或者视频

微博平台允许上传多张图片，而在营销中，一般选择单张图片或3、6、9张图片进行搭配，这样可以使图片排列整齐，视觉效果更佳。有时候，图片本身就是微博内容的主要表现

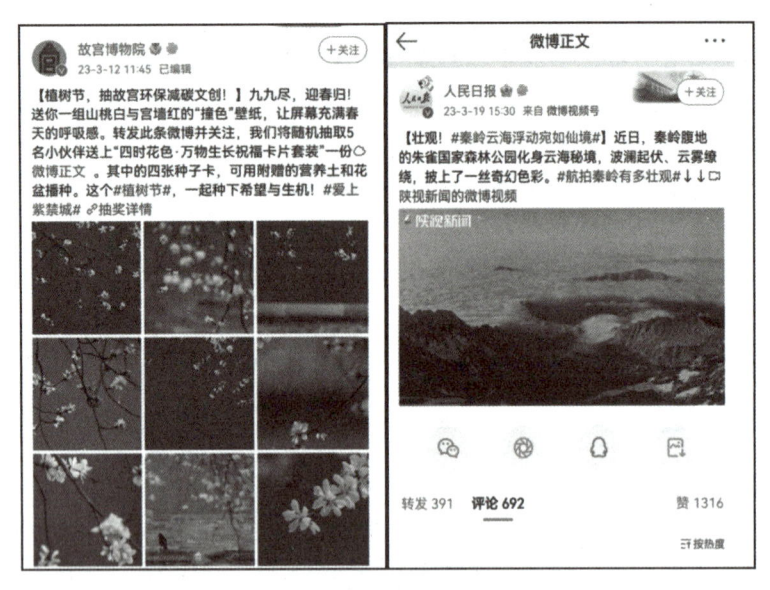

图 3-3-6 微博内容文字策划

形式，能够通过简洁有力的文字配合精美的图片传递信息，给用户带来更好的阅读体验。

此外，微博支持上传一个视频，视频内容更具立体感，可以为用户带来更丰富的视听体验。但是，为了更好地提升用户观看体验，最好将视频内容时长控制在 1 分钟以内。微博内容图片策划如图 3-3-7 所示。

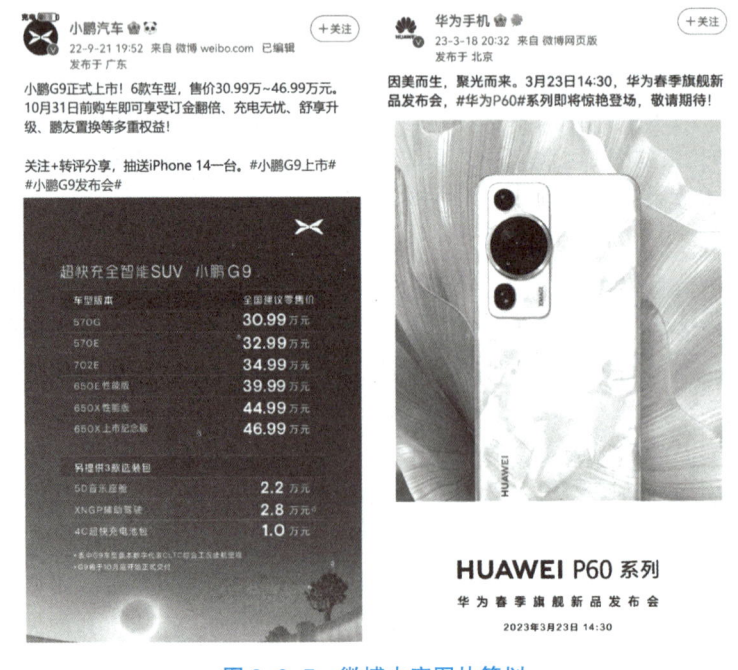

图 3-3-7 微博内容图片策划

（三）微博营销软文微博三要素

微博营销软文的三个关键要素是添加话题、添加@和添加链接。

1. 添加话题

话题是微博的一个重要组成部分，可以让用户通过话题标签来查找和关注特定的主题和内容。品牌可以在微博营销软文中添加与其相关的热门话题，以便被更多用户浏览和转发。

2. 添加@

通过@其他用户，可以将微博的内容直接推送给特定的用户或用户群体。品牌可以在微博营销软文中添加@与其相关的行业领袖或专业人士，以提高微博的曝光率和传播效果。

3. 添加链接

在微博营销软文中添加链接可以引导用户到品牌网站或相关内容页面，以提高品牌知名度和用户黏性。品牌可以在微博营销软文中添加与其相关的链接，以便用户了解更多信息。微博三要素如图3-3-8所示。

图3-3-8 微博三要素

（四）微博软文营销方式

1. 活动营销

我们以抽奖活动为例，抽奖是微博营销中常见的活动营销方式。营销人员发起抽奖活动，并指定参与形式，如"点赞/转发/评论+关注""转发/评论+关注+@ 好友"等，用户完成相关任务后就可参与活动，有机会获得奖品。抽奖活动不仅可以有效增加粉丝，还可以扩散传播信息，使信息覆盖更多用户，从而扩大活动影响力。如果是多方联合发起的抽奖活动，还可将抽奖活动设置为关注多个账号。发布微博抽奖活动如图3-3-9所示。

2. 话题营销

我们可以发布新的话题，也可以转发其他用户已发布的话题进行话题营销。微博中的热门话题通常具有庞大的阅读量与讨论量，适合用来开展营销。在微博话题榜中可以查看当前的热门话题。

如果没有比较合适的热门话题，还可以围绕主推关键词、营销活动或品牌来创建话题。

图 3-3-9　发布微博抽奖活动

创建话题后,还要发动用户转发、评论话题内容,增加话题热度。另外,也可以联合一些知名微博博主或名人转发所发布的话题内容,以迅速增加话题热度。微博话题营销如图 3-3-10 所示。

图 3-3-10　微博话题营销

(五) 微博营销软文推广策略

微博是一个庞大的社交媒体平台,对于企业而言,利用微博进行营销推广是一个十分有利的方式。通过不断更新微博内容,与网友进行互动,发布感兴趣的话题,企业可以向潜在的营销对象传递企业和产品信息,树立良好的企业和产品形象,达到营销的目的。要做好微博营销,需要注重价值传递、内容互动、系统布局和精准定位。在微博运营过程中,重点在于制作优秀的内容和合理规划微博活动。好的内容和好的活动可以带来品牌曝光和粉丝增长。只要在这两个方面把握得当,就能够成功开展微博营销推广。

六、考核与评价

通过本任务的学习,学生可以完成微博营销软文策划与编辑。请根据表 3-3-3 进行自我评价。

表 3-3-3　微博营销软文策划与编辑学习评价

评价项目	评价要点	自评	互评	师评
微博营销软文策划与编辑	1. 微博营销软文的品牌传播价值（20 分）			
	2. 微博营销软文内容设计（20 分）			
	3. 微博营销软文微博三要素（20 分）			
	4. 微博软文营销方式（20 分）			
	5. 微博营销软文推广策略（20 分）			
总评成绩				

备注：自评、互评、师评三项的分数取平均值，计入总分。评价结果分为 A（85~100 分）、B（75~84 分）、C（60~74 分）、D（60 分以下）四个等级。

A 优秀；B 良好；C 合格；D 待合格。

七、巩固与练习

1. 判断题

（1）微博信息的裂变式传播只有好的一面。　　　　　　　　　　　　　　（　　）
（2）微博营销软文的三个关键要素是添加话题、添加@和添加链接。　　　（　　）
（3）微博支持上传多个视频。　　　　　　　　　　　　　　　　　　　　（　　）

2. 简答题

（1）微博软文营销方式有哪些？
（2）微博营销软文内容设计有哪些内容？

3. 技能实训题

请确定一个主题，撰写一条软文，并发布微博（见表 3-3-4）。

表 3-3-4　撰写微博软文

微博主题	
微博内容	
图片或视频	
微博三要素	

八、技能归纳图表

技能回顾：
（绘制本任务的技能关系图）

微博营销软文策划与编辑
- 微博营销软文的品牌传播价值：
- 微博营销软文内容设计：
- 微博营销软文微博三要素：
- 微博软文营销方式：
- 微博营销软文推广策略：

续表

思考总结：

九、拓展案例

营销增长，从"找到对的人"到"讲对好故事"

尽管"流量为王"的时期已经过去，但品牌广告主对流量的抢夺依旧白热化，在存量博弈的环境下，品牌如何搭建"品效+内容"的营销体系，突破增长天花板，成为大家共同关注的问题。当下的消费市场主力人群是"90后"和"95后"，他们不仅是新消费潮流的主导者，也是社交媒体的重度使用者。品牌想要走通"品牌曝光—营销转化"的链路，必然选择在年轻用户群体活跃的媒体平台进行营销推广，这样才能更精准地触达年轻消费群体。

根据2022年3月微博官方发布的数据，截至2021年12月，微博月活跃用户为5.73亿，同比净增约5 200万，其中"90后"用户占48%，"00后"占30%。年轻、爱分享的用户群体特征，以及微博"热点+社交"的平台属性，让微博仍占据品牌营销的主流阵地，在2021年，微博广告营收达19.8亿美元，同比增长33%。

以安踏2022年的冬奥品牌营销为例，作为官方合作伙伴，通过火炬手定制服装、比赛服提供商进行产品植入；作为直播冠名商，安踏联合视频平台进行压屏广告、中插广告的传播；在微博进行了一系列体育热点营销，联合关晓彤、丁真等一众明星和KOL（关键意见领袖）博主进行品牌种草，对运动员热点话题进行实时跟踪，借助运动员、明星达人背后的强势流量，使"爱运动，中国有安踏"品牌标语植入Z世代年轻人（1995—2009年出生的一代人）的心智，增强受众品牌认知。

> **思政看点**
>
> 品牌不仅创新营销方式，还注重营销创意的内涵和社会价值，以赢得消费者的信任和忠诚。

数据显示，安踏官方旗舰店多款羽绒服销量激增，国家队同款甚至出现一"衣"难求的现象，多款运动鞋也在2月不到两周时间突破10万的销量，完美达成了"品牌曝光—营销转化"的营销链路。

而伴随"市场年轻化"以及"寻找持续的增长点"的变化，品牌主对创新营销形式的需求也不断提升，对营销平台、营销方式、营销策略等都提出了新的要求。数字化手段可以为品牌找到"适配"人群，但更重要的依然是营销创意。未来的微博营销探索，不仅需要深层次挖掘目标用户的真实需求，还需要创新素材、内容和方式，通过"品效广告+内容运营"的组合营销打法建立品牌与用户的交互关系，占领用户心智，构建品牌信任力。

> **知识拓展**
> "流量为王"是什么意思

不过，内容的厮杀也进入白热化，除了奥运会这样的全民热点，已经很难再有单独依靠内容就杀出重围的营销创举，如何利用好用户人群数据加成营销效果？成为目前乃至未来，诸多品牌需要思考的问题。

（案例来源：https://baijiahao.baidu.com/s？id=1729774477460320287&wfr=spider&for=pc）

项目四　音频营销

在如今的新媒体时代，信息传播更强调时效性和便捷性，而音频营销用户只需要通过"听内容"就能很好地满足对碎片化时间的使用需求以及企业的营销需求。音频营销中的音频主要是指网络语音互动交流、歌曲、朗诵、朗读及其他形式的录音等。相对于用户须经由视觉触达（如文字、图片、视频等）获得信息相比，音频有特殊的伴随性，能让用户仅通过听觉来接收信息，所以，音频常常被用于多种移动化的场景中。本项目重点介绍音频营销方面的知识，包括主流的音频平台、音频营销的账号定位、策划与制作的方法，通过具体应用为学生展示音频营销的特点和优势。

任务一　音频营销账号的定位

一、学习任务

音频营销就是以音频为主要传播载体的营销方式。或者更通俗地说，音频营销就是通过音频来推广。音频营销依托移动互联网，将音频内容作为媒介进行营销，其中包括音频广播、移动电台等多种表现形式，它与文字、图片、视频等呈现方式有差异，能使用户更容易接收信息，并且加大了对产品及品牌信息宣传推广的精准度。本任务以"喜马拉雅"为例，介绍音频营销账号的定位方法，展示音频营销的应用场景。

二、建议课时

4课时。

三、任务分析

完成本任务需要充分了解各大主流音频平台的主要功能和特点，掌握音频账号的定位方法，以及以"喜马拉雅"为代表的音频平台的注册方法。作为创作者，学生应掌握正确创建音频账号的方法，提供更好的用户体验。

四、引入案例

"喜马拉雅"音频营销

由中国移动首席冠名、中国人保行业赞助的"喜马拉雅声动冰雪纪"大型主题活动于2022年2月4日上线，并持续至2月23日，在冬奥会期间持续为用户带来最有料的现场报道与深度解读。喜马拉雅"Snow Season"宣传海报如图3-4-1所示。喜马拉雅大数据显示，超过2 000万人次参与了"声动冰雪纪"主题活动，《声动冰雪》音频专辑迄今已获得超过945万次播放。体育内容的音频表达方式与商业化路径，通过"声动冰雪纪"得到了进一步探索。

图 3-4-1　喜马拉雅 "Snow Season" 宣传海报

此次"声动冰雪纪"期间，上百个冬奥专辑全新上架"喜马拉雅"，助力广大体育迷从各个视角了解全景赛事。

"喜马拉雅"体育频道覆盖了足球、篮球、体育资讯、综合体育四大赛道，英超、NBA、国际、国内、乒羽、水上等34个二级赛道，相关体育内容日均更新超300分钟，丰富的内容布局让广大体育迷找到了新的聚集地。

"喜马拉雅"大数据显示，2021年全年体育赛道主播数量增长超550%，用户数增长超460%，专辑数量增长超610%，增速明显。用户的活跃度证明，"视频平台看直播，喜马拉雅听解读"已经成为这些体育用户的观赛习惯。

由于内容具有高包容性、高开放性等特点，内容平台是广告主向用户推送广告的优质渠道。用户在收听音频内容时接收品牌的相关信息，并由此触发后续的"认知—兴趣—行动"一连串的反应，最终形成购买转化率，完成内容商业化的转变。

在音频体育营销方面，"喜马拉雅"先后与沃尔沃、中国移动、东风日产等头部品牌展开合作，不仅为品牌带来千万级乃至亿级的品牌曝光，还精准触达体育爱好群体，帮助品牌与用户进行了深度的情感联结，补足了以往体育营销矩阵中音频流量的缺口。

通过以上案例的介绍大家不难看出，"喜马拉雅"通过与企业联合策划制作面向不同受众群体的大型主题活动，以优质的内容与品牌实现情感交流，从而获得用户的认同感。所以，企业想要打开品牌知名度，除了使用常见的文字形式、视频形式以外，还可以利用"喜马拉雅"等音频平台进行推广与运营。

(案例来源：https://baijiahao.baidu.com/s?id=1727437264248109100&wfr=spider&for=pc)

五、任务的实施

(一) 认识音频营销

1. 音频营销的定义

音频营销，就是以音频为主要传播载体的营销方式。通俗地说，音频营销就是通过音频来进行商业推广，是一种新兴的网络营销模式。音频是个专业术语，人类能够听到的所有声音都可称为音频。音频营销中的音频主要是指网络语音互动交流、歌曲、朗诵、朗读及其他形式的录音等。

2. 音频营销的价值

（1）音频形式让广告变得更聚焦。

音频内容的收听设备可以来自手机、智能音箱等可携带设备、车载终端等。大部分的用户会在上下班的路上、在休息时（如午休）、在睡前（如床上）收听音频内容，而在这样的场景下，用户更能集中注意力接收音频内容。

通过一般的视觉媒体获取内容，比如图文信息等，用户会同时看到多个广告，但是音频内容不同，用户每次只能收听一个内容。

（2）用户的多元化，精准的媒介接触。

音频媒体平台的受众人群非常多元化，以"喜马拉雅"为例，有研究报告表明，70%的用户是主流消费人群，20~39岁群体占所有用户的73%。而针对不同的年龄人群，用户收听内容的需求也非常多元，如脱口秀、情感、汽车、财经、英语等。因此，针对用户多元化的需求，平台也可实现更垂直与精准的人群划分与媒介接触。

（3）与品牌的目标消费者进行互动。

除了精准的广告之外，将平台上的用户转化为自己的品牌粉丝也是音频电台的营销价值之一。品牌可以通过打造自己的品牌电台或与已经聚集大量听众的知名主播合作，与用户进行长期的沟通。"英孚口袋英语"就是自制电台的案例，如图3-4-2所示。

知识拓展
互联网+电商拓宽
扶贫新路径

值得注意的是，在"喜马拉雅"上用户的评论互动也非常活跃，平均每秒就有100次互动（关注、评论、点赞、转发）产生；同时，在平台外的分享，平均每秒就有4次社媒互动产生。这对品牌在其他社交媒体交互方面都有较大帮助。

图 3-4-2 "英孚口袋英语"在喜马拉雅 FM 中的自制电台

（二）音频营销账号的定位

1. 账号的定位

第一步：选择合适的音频平台。

目前我国主流的音频平台有"喜马拉雅""蜻蜓FM""荔枝FM""猫耳FM""企鹅FM""酷我畅听"等。其中"喜马拉雅""蜻蜓FM""荔枝FM"这三个音频平台占据了几乎80%的音频市场份额，接下来我们一一来了解这三个平台的特点，以及它们主要的节目类型，以帮助我们根据自身情况选择合适的音频平台。

"喜马拉雅"，我们最熟悉的音频平台之一。用户量大、内容丰富，平台设有新闻资讯、相声、个人电台、有声小说、娱乐、直播、评书、儿童故事等节目类型，其中有声小说和有声书是平台的侧重点。很多著名的演员和歌手也在"喜马拉雅"上开通了个人频道，所以，

平台的竞争非常激烈，对于想要突出重围的新用户来说存在一定的难度，需沉淀较长一段时间。虽然如今"喜马拉雅"平台推出了扶持中小主播的政策，但对于主播节目的质量、粉丝量以及收听率都是有所要求的。因此，假如仅仅是以一个新主播的身份练手，"喜马拉雅"会是一个合适的选择，但如果想要快速突围，则会有较大的难度。

"蜻蜓FM"既是我国第一个音频平台，也是第一个将全国乃至全世界广播节目集合起来的平台。它使用户通过智能手机就可以收听到全国范围内的广播，随着平台用户量的日益壮大，蜻蜓FM也逐步增加了很多其他内容板块，其中涵盖了文化、财经、科技、音乐、有声书等众多类型，同时还有许多文化界领域名人创办的个人电台和高质量IP内容。"蜻蜓FM"的用户流量和活跃度不可低估。官方最新消息显示，平台每月活跃用户量约为1亿，日均活跃用户量约2 500万，已认证主播约35万人。"蜻蜓FM"以高品质内容为其主打方向，可以把它理解成一个比较正统的音频平台。"蜻蜓FM"特别是在人文历史方面较为突出，因此，学识较多、专业性较强的主播在该平台上更受青睐。

"荔枝FM"以"帮助人们展现自己的声音才华"为使命，主打UGC（User Generated Content），即平台内容主要是用户原创内容，并与音频社区的运作模式相结合，以情感、脱口秀、二次元、音乐等声音内容为主打。目前平台重点发力在音频直播板块，因此比起其他平台来说，"荔枝FM"更注重主播与用户的互动，同时对于有潜力的主播平台也有很多的扶持政策。另外，值得关注的是，该平台80%以上的用户都来自"90后"和"00后"。因此，如果音频账号的内容符合以上几个方面，同时所针对的用户又偏向年轻化，"荔枝FM"将会是一个最佳的平台。

第二步：做好账号内容定位。

区别于微信、微博、社群等通过视觉来营销的模式，音频营销更多地关注在声音内容上。因此要做好一个音频账号，需要通过做好自身的内容定位来打造全方位的运营矩阵，提升账号的关注度，拓展信息的传播范围。

音频账号内容定位流程如图3-4-3所示，包含圈定目标人群、确定营销模式、策划和包装内容、打造内容亮点、设计转化入口、追踪和反馈效果六个流程。在如今的新媒体时代信息十分泛滥，如果想要快速地从纷繁的信息中突出重围，就必须规避音频内容定位上的某些错误，例如，音频内容脱离消费者需求、广告植入不当、未进行系统规划、忽视传播的力量等。只有正确的内容定位，才能使内容更为简洁，便于引起用户的点击关注。

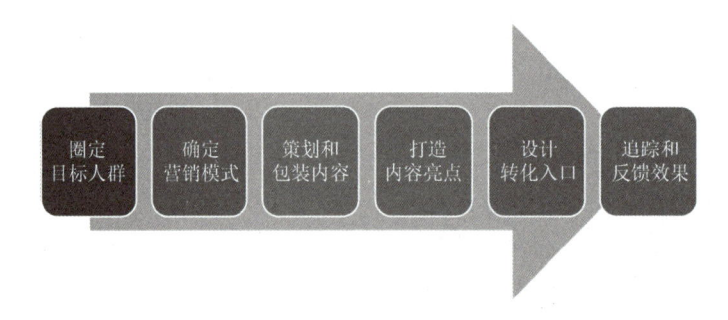

图3-4-3　音频账号内容定位流程

2. 账号的注册

接下来以手机端为例给大家介绍如何注册"喜马拉雅"平台账号。

第一步：账号注册。

打开手机"喜马拉雅"App，单击右下角"我的—立即登录"选项，将会出现图 3-4-4 所示的登录界面，可以选择使用手机号码、QQ、微信等方式登录，在这里建议使用手机号注册登录。

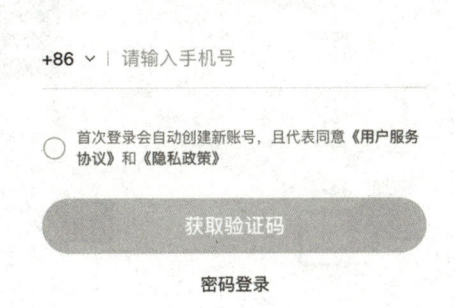

图 3-4-4　喜马拉雅 FM 手机端登录页面

第二步：账号信息设置。

成功登录账号后，就可以单击"我的—头像—完善资料"选项进入界面，如图 3-4-5 所示，可以修改头像、性别、简介等个人资料。

图 3-4-5　账号信息设置

第三步：实名认证。

如图 3-4-6 所示，单击"我的—创作中心—全部服务—成长进阶模块—认证中心"选项选择认证类型，根据页面提示填写及上传对应资料，提交认证申请即可。完成实名认证后，即可成为喜马拉雅主播，解锁更多权益。

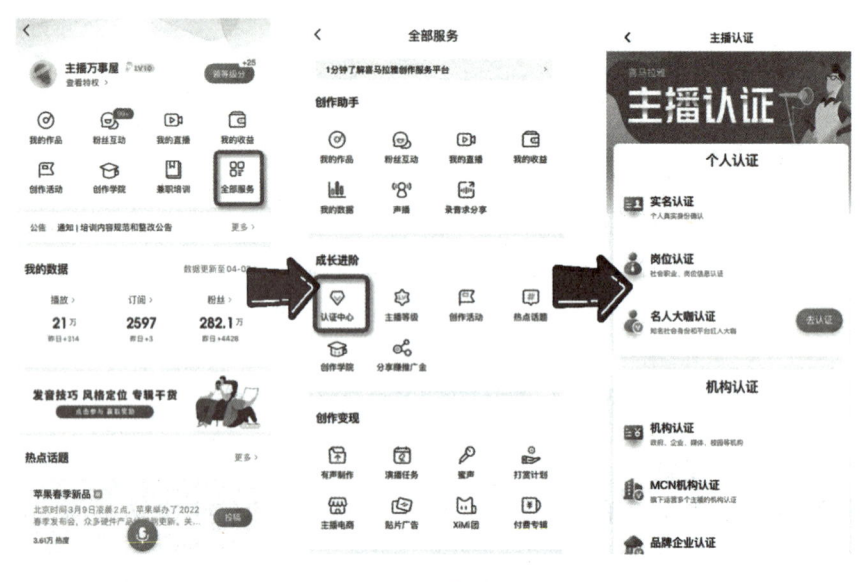

图 3-4-6　实名认证流程

六、考核与评价

通过本任务的学习，学生已经完成了"喜马拉雅"账号的申请，并且充分地了解了主流音频平台的特点，掌握了音频账号定位的方法。请根据表 3-4-1 进行自我评价。

表 3-4-1　音频营销账号的定位学习评价

评价项目	评价要点	自评	互评	师评
账号注册	1. 注册账号的名称是否有代表性（10 分）			
	2. 账号的头像与账号定位的一致性（10 分）			
	3. 账号信息设置的合理性（10 分）			
定位音频营销账号	4. 是否熟悉音频营销的定义（10 分）			
	5. 是否了解音频营销的价值（10 分）			
	6. 是否了解喜马拉雅的特点（10 分）			
	7. 是否了解蜻蜓 FM 的特点（10 分）			
	8. 是否了解荔枝 FM 的特点（10 分）			
	9. 是否掌握选择合适的音频平台的方法（10 分）			
	10. 是否掌握音频账号内容定位的方法（10 分）			
总评成绩				

备注：自评、互评、师评三项的分数取平均值，计入总分。评价结果分为 A（85～100 分）、B（75～84 分）、C（60～74 分）、D（60 分以下）四个等级。

A 优秀；B 良好；C 合格；D 待合格。

七、巩固与练习

1. 判断题

（1）音频营销，就是以音频为主要传播载体的营销方式。通俗地说，音频营销就是通过音频来进行商业推广，是一种传统的网络营销模式。（   ）

（2）"荔枝FM"以"帮助人们展现自己的声音才华"为使命。（   ）

（3）"喜马拉雅"平台设有新闻资讯、相声、个人电台、有声小说、娱乐、直播、评书、儿童故事等节目类型，其中有声小说和有声书是平台的侧重点。（   ）

2. 简答题

（1）音频营销的价值有哪些？

（2）"喜马拉雅"账号注册的步骤有哪些？

3. 技能实训题

对比分析"喜马拉雅""蜻蜓FM""荔枝FM"的账号注册方法以及主要功能和特点的区别（见表3-4-2）。

表3-4-2　对比分析"喜马拉雅""蜻蜓FM""荔枝FM"

项目	喜马拉雅	蜻蜓FM	荔枝FM
注册方式			
首页设计			
导航栏目			
主要功能			
目标人群			
盈利模式			

八、技能归纳图表

技能回顾：
(绘制本任务的技能关系图)

音频营销账号的定位 { 认识音频营销：
　　　　　　　　　　定位音频账号：

思考总结：

九、拓展案例

贵州茅台与"喜马拉雅"合作"茅台·回家电台"

2022年春运,无数在外拼搏的奋斗者踏上回家路途,迎接新一年的阖家团圆。但漫长的春运路途却让人备受煎熬:路程时间长、空间有限、娱乐方式单一、易疲劳等现象伴随着整个回家路途。

声音成为人们回家路上的首选陪伴媒体。贵州茅台与"喜马拉雅"联合打造的"茅台·回家电台",为春运归家的游子们精心准备了四大主题的高频听单,以"合家欢电台""硬核电台""悦己电台""青春电台"全面覆盖亲子用户、男女性、年轻人等群体的收听喜好。

> **思政看点**
>
> 从该案例中,我们可以看出企业为了适应新的营销环境,努力运用新媒体营销方式来推广自己的决心和努力。

春节长途,免不了舟车劳顿。在"茅台·回家电台"新春祝福中,"喜马拉雅"通过TTS(语音合成)技术,完美复现已故评书大师单田芳的声音。通过单老"云遮月"的独特嗓音,贴心地为每一位春运返乡的人们,带去"茅台行车安全提醒",用声音叮嘱每一位家人安全到家。

声音的伴随性和独占性,帮助品牌在特定场景下润物细无声地与消费者情感对话。通过平行时空下的相遇与陪伴,在消费者心中创造独一无二的品牌印象。

(案例来源:https://baijiahao.baidu.com/s?id=1752558451809867389&wfr=spider&for=pc)

任务二 音频策划与制作

一、学习任务

音频仅仅通过"听"这种方式,便能满足用户利用碎片化时间来接收信息的要求,同时也能通过信息传播上的时效性、便捷性给企业运营带来积极的作用。企业可在音频中植入并投放运营信息,还可通过音频运营构建品牌影响力来吸引更多用户的眼球,以此形成转换。因此音频的策划与制作就成了音频营销的关键点之一。本任务以"喜马拉雅"为例,介绍音频策划和制作的方法,展示音频营销的优势和价值。

二、建议课时

4课时。

三、任务分析

完成本任务需要熟悉音频策划的三大方式,并充分了解如何通过以"喜马拉雅"为代表的音频平台制作音频。作为创作者,应利用好平台制作出精良的音频内容,更好地发掘音频营销为用户和企业带来的价值。

四、引入案例

音频营销共助抗疫

在新冠病毒疫情期间，除了各大主流媒体渠道、微博、微信等新媒体平台的报道外，移动音频客户端"喜马拉雅""蜻蜓FM"客户端亦表现亮眼，以声音产品承载情感，发挥了音频传播的独有优势。

"喜马拉雅"发挥平台集合优势和编辑力量，推出多个特色专辑。如《喜马抗疫专辑大全》将其平台上新闻媒体官方账号涉疫情报道精选汇总成一份听单，还发起制作《全网播客声援武汉共赴时艰》专辑，集纳精选平台优质播客共同献声，其中仅《小汤山"非典"医疗队请战书》单集就获得了32万人次的收听量。

> **思政看点**
>
> 该案例不但让我们了解了音频营销平台如何进行音频策划和制作，更让我们感受到了聚是一团火，众志成城，坚定人心的"中国力量"。

此外，"喜马拉雅"虽为音频集成平台，但亦发布多个原创节目。比如，①与"观察者网"联合制作推出"观察者时评"，前52期短音频获765多万人次收听量，单集最高收听近40万人次。②联合华大基因科技研究公司推出《战"疫"》专题节目，由华大基因首席执行官（CEO）尹烨对话一线专家解读热点话题，51集获得160万人次收听量。③携手中国出版集团，邀请演员董洁，开设《和宝宝一起预防新冠病毒》公益专题节目，19集获近1 000万人次收听量。④联合其平台55位主播，将广东科技出版社出版的《新型冠状病毒感染防护手册》制作成音频版，上线即获得2 147万人次收听量。

"蜻蜓FM"整合了总台中国之声、湖北广播电视台湖北之声等权威媒体信息，推出《抗击疫情权威科普》专辑，100多期节目，收听量超1 500万人次。此外，"蜻蜓FM"在引入主流媒体入驻开号方面重点发力，重点展示总台央广《此时此刻》节目账号（截至2021年2月15日已发布1 000余条疫情相关音频，累计收听量18.9亿人次）、新华社"新华FM"《我们在武汉》专辑（截至2021年2月15日百余条疫情相关音频，获680多万人次收听量）、《人民日报》旗下"有数青年"账号《明星助力科学抗疫》专辑，18条明星口播科普知识音频获15.2万人次收听量。还将中国政府网发布的内容，采用机器人播报方式设立音频专辑（截至2021年2月15日已发布音频约220条，共获近400万人次收听量）。

音频营销平台通过整合集成类节目专辑和自主策划节目等方式，在此次疫情报道中体现了在音频内容制作上的精良程度，彰显了品质，也展现出跨界性、服务性的创新亮点。

（案例来源：https://wenku.baidu.com/view/d5050d18598102d276a20029bd64783e09127dde.html?fr=income3-doc-search&_wkts_=1676700948389&wkQuery=%E8%9C%BB%E8%9C%93FM+%E8%90%A5%E9%94%80）

五、任务的实施

（一）音频策划

1. 找准用户需求

音频营销的核心有两个：一是让客户找到我们；二是让客户选择我们。因此在进行音频策划时，我们首先要找准用户的需求，读懂用户的心理，从用户心理层面确定其潜在需求并投其所好，这样才能迅速实现转化，从根本上赢得用户。

iiMedia Research（艾媒咨询）数据显示，2020年中国在线音频用户规模为5.7亿人，预计未来还将继续保持稳定增长。从用户收听的内容类型来看，2021年中国42.3%的在线音频用户偏好收听娱乐内容，35.1%的用户偏好收听知识学习内容，同时生活内容、有声阅读、资讯内容也是在线音频用户偏好收听的内容类型之一，占比分别为33.3%、32.3%、30.5%，具体如图3-4-7所示。

娱乐内容 42.3%
知识学习内容 35.1%
生活内容 33.3%
有声阅读 32.3%
资讯内容 30.5%
音乐电台 28.9%
科教文化 26.7%
亲子内容 24.9%
情感内容 18.6%
音频直播 16.4%
广播节目 15.4%

样本量：$N=1\,887$；调研时间：2021年2—3月；
样本来源：草莓派数据调查与计算系统（Strawberry Pie）

图3-4-7　2021年中国音频用户偏好收听内容类型

通过了解音频用户的偏好收听内容类型，很容易发现当下的音频平台具有很强的文娱属性，其中娱乐、生活、有声书成了其主打内容。但是，在知识经济蓬勃发展的今天，公众对科教文化、对信息和其他内容的需求也在不断提升，音频所具有的伴随性特征也使得更多的用户选择在音频平台上获得此类内容。

2. 选择合适的营销模式

清楚了用户对于音频内容的需求之后，接下来应该选择合适的营销模式。音频营销的主要模式有以下五种。

（1）插入广告。在音频中插入广告，是用音频内容进行营销推广的一种方式，它类似于视频里的广告植入，一般会选择目标受众高的音频节目进行广告的植入，这种营销模式巧妙地融合了产品推广内容和音频内容，从而达到更精准的传播和推广效果。

（2）与主播合作。利用品牌和主播的合作，可以摒弃传统广告的硬性植入模式，并且能够通过主播的个人影响力与号召力，加强品牌和目标用户的深度交流。同主播合作的途径之一就是根据品牌及产品特点来合作定制节目，通过建立粉丝特权，加快营销转化。

（3）IP营销。IP营销是指采用IP整合营销、品牌开课、IP共建的方式发挥IP在品牌营销活动中的作用。IP营销以为品牌量身打造的优质音频IP为媒介，潜移默化地传达品牌价值之道，降低了品牌营销活动容易带给用户的疏离感，更易为用户所认可。

知识拓展
品牌入门讲解：让你一秒读懂"IP"营销

（4）打造音频自媒体。品牌可直接在音频平台中创建自己的音频自媒体，这是一种拓展营销渠道的好方法，对宣传品牌、提升粉丝黏性都具有积极作用。音频自媒体是一个相对比较新的领域，因此对企业和品牌来讲是值得去挖掘其中的机会的。当然企业在创建音频自媒体时也要结合自身的特色，做好定位，找准发展方向，例如，知识攻略型、"达人"互动型、幽默搞笑型、活动传播型和情感美文型，等等。

（5）平台活动。各大音频平台如今都纷纷开展相关的平台活动，以此吸引庞大流量，赋能品牌。

3. 录制高质量的音频

要录制出高质量的音频，首先要做好备稿。备稿要进行主题的概括和划分，并且要明确音频制作的基调和背景以及其中的重点。其次是投入感情在自己的音频内容录制中，放松身心，控制语速，音量适中，避免在录制过程中出现"喷麦"的情况，减少噪声，避免口水音。

（二）音频制作

接下来以手机端为例给大家介绍如何在"喜马拉雅"平台上制作音频。

第一步：音频录制。

登录喜马拉雅App，单击右下角"我的"选项，单击"录音/直播"选项，单击"开始录音"按钮并进入，如图3-4-8所示，单击页面下方按钮开始录制。录制完成后，单击"保存"按钮完成录制。

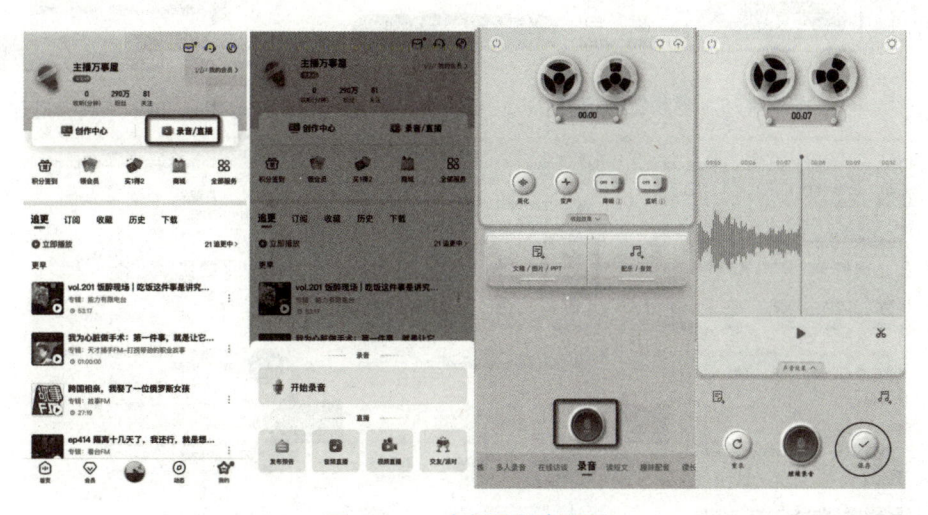

图3-4-8　音频录制步骤图

第二步：音频发布。

录制完成后，单击"去发布"按钮，填写你的声音专辑信息，编辑好声音的名字及简介，单击"发布"按钮，即可成功上传你的第一条声音了，如图3-4-9所示。

第三步：查看作品。

如图3-4-10所示，录制好声音后，除了可以立即上传声音之外，还可以将录制好的声音保存，选择"存草稿"选项，即可保存。随后在"我的—创作中心—我的作品"中即可看到自己创作的声音，如图3-4-11所示。

图 3-4-9　音频发布流程　　　　图 3-4-10　草稿存储流程

图 3-4-11　作品查看流程

第四步：账号升级。

"喜马拉雅"平台里的主播不同等级权限不同，达到 5 级以上便能进入有声化平台有偿接录有声书，达到 8 级以上便能给粉丝群发消息。主播等级是依靠积累的等级分来提升的，可以通过完成日常任务和精选任务来获得等级分，例如，完成 1 小时以上直播、上传 3 条朗读声音等任务，如图 3-4-12 所示，单击"我的—创作中心—快速升级"选项可查看主播等级分任务详情。

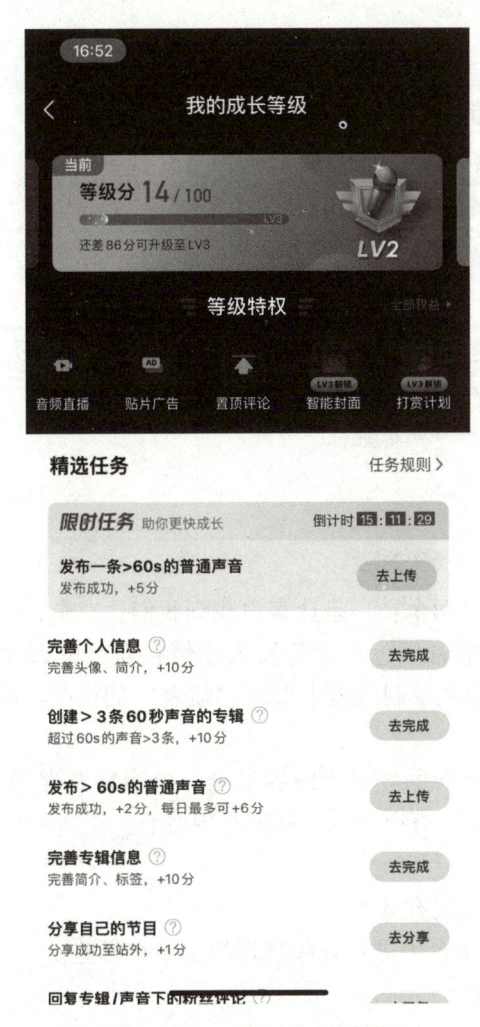

图 3-4-12 账号升级界面

六、考核与评价

通过本任务的学习，学生已经熟悉了如何进行音频策划，并且充分地了解了在"喜马拉雅"平台上制作音频的具体方法。请根据表 3-4-3 进行自我评价。

表 3-4-3 音频策划与制作学习评价

评价项目	评价要点	自评	互评	师评
音频策划	1. 是否熟悉音频策划的方法（10 分）			
	2. 是否了解音频营销用户的需求（10 分）			
	3. 是否了解音频内容的主要类型（10 分）			
	4. 是否熟悉音频营销的模式（10 分）			
	5. 是否能根据自身需求选择合适的音频营销模式（10 分）			
	6. 是否掌握了录制高质量音频的方法（10 分）			

续表

评价项目	评价要点	自评	互评	师评
音频制作	7. 能独立运用音频平台完成录制（10分）			
	8. 音频内容与账号定位的一致性（10分）			
	9. 音频信息设置的合理性（10分）			
	10. 音频名称是否有代表性（10分）			
总评成绩				

备注：自评、互评、师评三项的分数取平均值，计入总分。评价结果分为A（85~100分）、B（75~84分）、C（60~74分）、D（60分以下）四个等级。
A优秀；B良好；C合格；D待合格。

七、巩固与练习

1. 判断题

（1）音频营销的核心有两个：一是让客户找到我们；二是让客户选择我们。（　　）

（2）要录制出高质量的音频，只需要投入感情在自己的音频内容录制中，放松身心，控制语速，音量适中，避免在录制过程中出现"喷麦"的情况，减少噪声，避免口水音。（　　）

（3）通过了解音频用户的偏好收听内容类型，很容易发现当下的音频平台具有很强的文娱属性，其中娱乐、生活、有声书成了其主打内容。（　　）

2. 简答题

（1）音频营销的主要模式有哪些？
（2）在"喜马拉雅"平台中进行音频制作的步骤有哪些？

3. 技能实训题

结合自身实际和特点，结合音频营销账号的定位，完成音频账号的策划（见表3-4-4）。

表3-4-4　音频账号策划

项目	音频账号策划
找准用户需求	
选择合适的营销模式	
录制高质量的音频	

八、技能归纳图表

技能回顾：
（绘制本任务的技能关系图）
音频策划与制作 ｛ 音频策划：
　　　　　　　　　音频制作：

续表

思考总结：

九、拓展案例

音频营销为沃尔沃找到那些倾听者

2022年10月，喜马拉雅为沃尔沃S90度身定制的营销活动堪称经典。

沃尔沃品牌拥有怎样的使用人群？他们有着精英化的特征，是真正的高净值人群，偏爱人文、头条、商财、科技等内容属性的频道，在精神上不盲从、不踌躇，乐于思考，拥有勇气。

打动这样的精英人群，必须创作符合他们气质的精品内容。独立知识分子许知远、梁文道无疑是这类人群的精神标识，借助他们独立思考的精神和个人影响力，在音频端的触达更容易与精英人群产生共鸣。

因此，在为沃尔沃S90定制的"听见VOLVO极致力量"的项目中，"喜马拉雅"邀请《许知远的情绪漫游》《梁文道·八分》两大人文大咖播客节目，赋以品牌极强的人文调性。通过站内外立体化传播，传递出"追求专业的极致，深藏不露的坚持"所代表的品牌理念和车型卖点，为沃尔沃S90声量增值、人文赋能。同时，"喜马拉雅"采用了最具音频特色的代言人声音流广告，让罗永浩、罗翔、樊登三位代言人音频素材适配露出，打透人文、头条、商财、科技四大频道。

项目实施后的效果非常良好，《许知远的情绪漫游》登上9月播客热播榜第9位。用户评价积极，《梁文道·八分》节目反馈中沃尔沃的品牌提及率超过10%。

音频媒体的力量持久而深远，有着持续的围栏效应，不受时间与空间所限，渗透在人们生活的各个角落，给人沉浸式的包围，保持传播的温度。在许知远和梁文道这样的人文声音之中，沃尔沃的人文调性在高知人群中慢慢弥漫开去，这种品牌赋能是持久而深入的。

（案例来源：https://baijiahao.baidu.com/s?id=1753965432587096403&wfr=spider&for=pc）

项目五　短视频营销

观看短视频已经成为人们日常生活中常见的休闲娱乐方式。同时，短视频也广泛应用于产品宣传和品牌塑造等方面。通过以视频的形式展示营销信息，短视频能够使信息更加生动形象。与此同时，短视频具有更强的情感和代入感，能够有效地激发用户的情绪，并建立产品或品牌与用户之间的情感链接，从而吸引用户的注意力。随着抖音、快手等短视频的火爆，短视频平台也已迅速成为新媒体营销的主流平台。

任务一　短视频营销账号的定位

一、学习任务

短视频的问世,对于以文字、图片作为主要内容的社交媒体来说,是一种有益的补充。短视频内容丰富且形式多样,通过碎片化时间与受众进行交流,满足了人们在移动互联时代下获取信息和分享信息的需求。与此同时,高质量短视频内容也可以在社交媒体渠道优势下获得传播。因此,在信息碎片化时代,短视频以其独特的方式成为受众获取资讯和娱乐休闲的重要媒介之一。随着网络技术的发展和移动设备的普及,人们在享受短视频带来的娱乐休闲时,也开始关注到短视频本身的商业价值。本任务以"抖音"App为例,介绍短视频营销的定义和短视频营销账号的定位方法。

二、建议课时

4课时。

三、任务分析

完成本任务需要充分了解短视频营销的定义,熟悉主流的短视频平台,掌握以"抖音"为代表的短视频平台的账号定位方法。作为创作者,学生应通过正确的短视频营销账号的定位,更好地理解短视频营销的商业价值。

四、引入案例

"鸭鸭"的逆袭之道

成立于1972年的"鸭鸭",一直以来的定位就是做国民羽绒服,在大众间有着良好口碑,但随着国外羽绒品牌入侵国内市场,品牌一度陷入增长困境。2020年是品牌自播元年,"鸭鸭"也顺应潮流迈入短视频营销赛道。

2021年9月,"鸭鸭"羽绒服入驻快手平台,开启品牌自播,不到3个月的时间就迎来GMV(商品交易总额)大爆发:整个11月,鸭鸭羽绒服在快手电商的GMV突破1亿元,"鸭鸭官方旗舰店"账号的粉丝

> **思政看点**
> 该案例不但让我们了解了短视频营销的价值,也激发了我们价值创新的激情。

量也已经超过150万。这与"鸭鸭"羽绒服开展的大量短视频营销和直播营销密不可分。随后,"鸭鸭"羽绒服入驻抖音平台,先通过达人主播打开市场,再建立品牌自播体系,不仅实现了销量的快速增长,也使品牌客群更加年轻化。如今,"鸭鸭"羽绒服销售额的70%来自线上渠道。"鸭鸭官方旗舰店"在快手、抖音的个人主页如图3-5-1所示。

"鸭鸭"羽绒服借助在快手、抖音等平台上的短视频营销和直播营销,成为销量暴增、GMV较高、市场占有率较高的服饰品牌之一,这主要得益于以下几点。

1. 产品高性价比,适合短视频平台

在短视频平台,用户在短视频和直播中购买商品多带有一定的冲动消费心理,受主播话

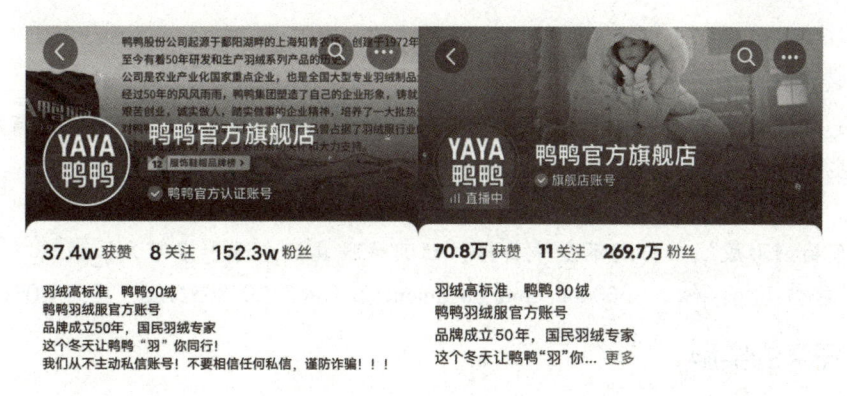

图 3-5-1 "鸭鸭官方旗舰店"在快手、抖音的个人主页

术、价格等因素影响。"鸭鸭"羽绒服的高性价比特点比较符合短视频平台用户的消费特征。

2. 搭建品牌账号传播矩阵

如图 3-5-2 所示,"鸭鸭"羽绒服在抖音和快手等平台布局了大量账号,这些账号不仅发布的内容不同,直播也不同步,做到了不同账号独立运营。

图 3-5-2 "鸭鸭羽绒服"的抖音账号矩阵

3. 抓准时机,多平台多账号齐发力

每年9月,我国部分地区开始降温,北方部分地区已经进入冬天,鸭鸭羽绒服在9月入驻快手并开始在全平台全天候直播,发布大量短视频以导流直播间,抓住羽绒服销售的先

机,抢先一步占领一定的市场。

4. 高密度短视频导流直播

不论是在抖音还是在快手,"鸭鸭"羽绒服的不同账号都发布了大量短视频用以直播间导流,某些账号甚至每天发布 6 个以上短视频。

目前,"鸭鸭"利用短视频平台已基本打通了线上全域销售,在未来,品牌计划通过营销矩阵的布局,形成线上、线下全域共振,让羽绒服真正走进千家万户。

(案例来源:http://www.360doc.com/document/22/1202/20/80521207_1058570512.shtml)

五、任务的实施

(一) 认识短视频营销

1. 短视频营销的定义

艾瑞咨询在"2017 年中国短视频行业研究报告"中将短视频定义为"播放时长在 5 分钟以下,基于计算机端和移动端传播的视频内容形式",这一定义被学界和业界广泛接受,在其他人或机构关于短视频的研究分析报告中,也多采用此定义。

短视频营销是利用短视频平台开展营销工作的营销方式。对于个人来说,进行短视频营销既能提升自身影响力,又能把自己打造成 IP。对于企业或者品牌来讲,进行短视频营销不仅能推广产品或者品牌,还能推动产品销售,做到转化与变现。我国主流的短视频平台有抖音、快手、哔哩哔哩、西瓜视频、微视、火山小视频、秒拍、美拍等。

2. 短视频营销的优势

(1) 互动性强。短视频能够很好地和用户产生互动,有助于企业得到用户的反馈,以此更清楚地知道如何改进自身。在用户层面,他们可以通过在企业发布的短视频中发表评论来表达自己的意见和建议。这样的互动性,不仅可以让短视频快速传播开来,还可以有效地提高企业的营销效果。

(2) 成本低。相对于传统电视广告而言,短视频的营销成本更低。短视频在策划、制作和运营等方面都更具有竞争力。一个基础的团队加上好的创意内容,便能做出受众喜欢的短视频,就可以获得十分可观的流量。

(3) 高效性。短视频营销的高效性体现在用户可通过短视频的展示直接购买商品方面。传统电视广告之下,消费者不易发生购买行为的主要原因是电视广告无相关产品链接、消费者选购不便。而短视频能够把商品购买链接直接显示在商品界面,消费者即可实现"一键购买"。

(4) 指向性强。在大数据下可以精准地发现产品的受众群体,从而实现精准营销。另外,短视频平台还为有同样爱好的短视频热衷者开设社区、空间或者群组,这也是短视频营销的另一大优势。

(5) 可预测效果。我们可以根据后台的一些数据对短视频的营销效果进行分析和预测,例如点击量、用户停留时长、视频完播率、转发量和评论量等。这些数据既能帮助企业对营销效果进行预测,也能作为下一次的短视频策划和运营的决策依据。

(二) 短视频营销账号的定位

1. 明确账号的用户类型

第一步:确定用户的基本需求。

基本需求是指用户观看短视频的目的,包括获取知识技能、休闲娱乐、寻求指导消费,以及满足自身渴望，提升自我的归属感等。只有确定了目标用户的需求，以此创造出来的短视频才能传递价值信息，进而获得目标用户的认可，增加粉丝黏性。

第二步：确定用户的基本需求。

确定了运营的目标用户和短视频的目标用户后，接下来需要通过收集用户的信息数据对目标客户有更清晰的了解。如今已有许多专业的数据统计网站收集用户的信息数据。创作者可以利用从相关网站获取的竞品账号数据来获取用户的信息数据。

第三步：确定使用场景。

使用场景是指短视频用户观看短视频的时间和内容等信息，短视频用户定位时，通常都需要将这些信息数据融入特定的场景中，从而更好地归纳用户特征属性。因此，创作者需要对使用场景进行确认，以便制作出符合目标用户属性的短视频，提升账号价值。

第四步：形成用户画像。

用户画像通常是根据用户的属性、生活习惯、偏好和行为等信息抽象描述出来的标签化用户模型。

2. 设定账号的内容领域

第一步：确定账号内容大方向。

短视频账号的内容类型十分丰富，创作者可以从自己做得最专注的事情、自己做过的被人称赞最多的事情、自己学得比别人快或用得好的技能和自己的经验积累入手，初步确定短视频内容的大方向，如美妆、美食、探店、电影、体育、游戏、搞笑段子、旅游等。

第二步：确定账号内容领域。

创作者还应综合考虑自身的条件，包括自己的年龄、知识水平、所处的城市和工作领域，以及是否能够使用各种拍摄设备、视频剪辑软件等，通过对比筛选，最终确定一个最合适自己的短视频账号的内容领域。短视频的主流内容领域如表 3-5-1 所示。

表 3-5-1　短视频的主流内容领域

类型	主要特点	内容领域
干货	精练的、实用的、可信的知识，具备较强的实用性，并能给用户带来足够多的价值	短视频运营、财经知识、职场技能、考试技巧、健身知识、理财知识、美妆知识、生活小技巧等
情感	使用户感同身受产生共鸣，容易获得高播放量和转发量	系列故事、图片展示、情感分析、亲情、爱情、友情等
搞笑	通过反转和冲突来形成幽默感，带给用户快乐	小故事、脱口秀、家庭生活、漫画、小品、曲艺等
正能量	唤起用户内心的正义和积极的情感，并得到大量点赞和转发，在短时间内为账号积累一定的人气	社会新闻、平凡人生、热点故事、先进人物、英雄事迹等
宠物	多以可爱的宠物为主角，让人心生怜爱，能吸引较多喜爱宠物的用户	日常生活、喂养技巧分享、系列故事等
美食	带给用户很强的感官刺激，使用户获得视觉感受，具有很强的吸引力	美食制作、探店品尝、乡村美食、美食推荐等
产品测评	由达人亲自测试产品的质量和使用效果，为用户购物提供指导性意见，甚至激发用户的购买欲望	数码产品、美妆产品、厨房用品、健身器具、母婴产品、食品和汽车等

3. 选择账号的风格和形式

第一步：选择账号的风格。

短视频账号的风格是影响短视频受欢迎程度的重要因素之一。用户在看完某些短视频后能留下深刻的印象或者记住短视频的账号和内容，在很大程度上取决于短视频的风格和形式。比较常见的短视频风格有图文形式、模仿形式、解说形式、脱口秀形式、情景剧形式和Vlog（视频记录）形式等。创作者要根据实际情况选择自己擅长的风格，打造短视频账号的垂直性。

第二步：选择账号的形式。

短视频的不同风格决定了短视频有不同的展现形式。账号的形式通常是指短视频中出镜的主体对象，例如宠物短视频的出镜主体对象通常是宠物，旅游Vlog短视频的形式主要是展示秀美风景，情景剧风格的短视频主要形式是人物间的对话交流等。

> **知识拓展**
> 如何准确找到短视频的账号风格

第三步：定位人设标签。

根据选择的账号风格和形式，在各大短视频平台中搜索相似风格或形式的短视频，并分析其特点、人设标签，从而为自己的短视频营销账号选择人设标签。

六、考核与评价

通过本任务的学习，学生已经了解了短视频营销的定义和优势，并且充分掌握了短视频营销账号的定位方法。请根据表3-5-2进行自我评价。

表3-5-2 短视频营销账号的定位学习评价

评价项目	评价要点	自评	互评	师评
短视频营销	1. 是否了解短视频的定义（10分）			
	2. 是否熟悉短视频营销的内涵（10分）			
	3. 是否了解主流短视频营销平台（10分）			
	4. 是否了解短视频营销的优势（10分）			
定位短视频营销账号	5. 能明确短视频账号的用户类型（10分）			
	6. 能设定短视频账号的内容领域（10分）			
	7. 能选择短视频账号的风格（10分）			
	8. 能定位显著的账号人设标签（10分）			
	9. 能独立完成短视频营销账号的定位（20分）			
总评成绩				

备注：自评、互评、师评三项的分数取平均值，计入总分。评价结果分为A（85~100分）、B（75~84分）、C（60~74分）、D（60分以下）四个等级。
A优秀；B良好；C合格；D待合格。

七、巩固与练习

1. 判断题

（1）用户画像通常是根据用户的属性、生活习惯、偏好和行为等信息抽象描述出来的标签化用户模型。   (   )
　　（2）短视频营销则是利用短视频平台开展营销工作的营销方式。   (   )
　　（3）创作者可以从自己做得最专注的事情、自己做过的被人称赞最多的事情、自己学得比别人快或用得好的技能和自己的经验积累入手，初步确定短视频内容的大方向，不需要过分地考虑自身的条件。   (   )

2. 简答题
（1）短视频营销的优势有哪些？
（2）定位短视频营销账号的步骤有哪些？

3. 技能实训题
以"抖音"短视频平台为例，结合自身实际，完成一个短视频营销账号的定位（见表3-5-3）。

表3-5-3　短视频营销账号定位

项目	定位短视频营销账号
账号的用户类型	
账号的内容领域	
账号的风格和形式	

八、技能归纳图表

技能回顾：
(绘制本任务的技能关系图)

短视频营销账号的定位 ｛ 认识短视频营销：
　　　　　　　　　　　 定位短视频营销账号：

思考总结：

九、拓展案例

樊登读书短视频营销账号分析

在信息冗余时代人们阅读精力有限的情况下，如何快速获取有价值的知识、信息，已经成为数字化时代人类的新痛点。樊登读书于2013年10月成立，以"帮助3亿国人养成阅读习惯"为目标，以期解决国民阅读愿望和阅读能力不匹配的问题，成为优质内容输出的公众号之一，获得了受众良好的口碑评价。目前樊登读书App总注册用户数已突破6 000万。樊登读书在抖音上矩阵粉丝量更是已经过亿了。

樊登读书的发展历程可以概括为三个阶段。

第一阶段，在线上线下垂直运营，开发核心用户。樊登读书主要通过微信群直播和线下读书会的形式来开发核心用户。一方面，2013年樊登读书开始通过微信群讲书。借助微信群的裂变式传播力，以最低的成本换取了粉丝的巨量增长。另一方面，樊登读书以建立读书分会的形式积极策划各类线下活动，积累了大量的粉丝用户。

第二阶段，通过爆款视频来涨粉。在抖音文字特效最火的时候，樊登读书尝试了音频+文字特效，它的第一条获得较高关注度的视频是关于爱情的主题，视频内容是：你的配偶大概率在你三个街区之内。这条视频的核心逻辑成了现在爆款视频的标配："生活中常见内容的新解释"，该视频得到了一定的关注度，但距离爆款还有差距。

第三阶段，多元化变现。有了坚实的核心用户之后，樊登读书开始通过内容付费、植入广告进行商业变现。

决定短视频成功与否的因素是多元的，樊登读书短视频营销策略主要涉及账号运营、内容运营、IP运营、流量运营、变现运营、矩阵运营等多种机制的协同配合，只有多种元素之间达到合理的配置并形成发展合力，才能带动短视频产品沿着良性轨道前行。

（案例来源：https://wenku.baidu.com/view/0eec520151d380eb6294dd88d0d233d4b14e3fc8.html?fr=income7-doc-search&_wkts_=1676885401397&wkQuery=%E6%A8%8A%E7%99%BB%E8%AF%BB%E4%B9%A6%E7%9F%AD%E8%A7%86%E9%A2%91%E8%BF%90%E8%90%A5%E5%88%86%E6%9E%90）

任务二　短视频策划与制作

一、学习任务

随着5G时代的到来，短视频已逐渐成为传播观点、营销品牌、销售商品的必要手段之一，同时也是个人、企业和政府机构所必须具备的技能。无论是求职还是创业，短视频策划与制作都已成为一个重要方向与契机。短视频策划好比短视频的灵魂，短视频制作犹如短视频的武器，两者合一方能制作出优秀的短视频。本任务以"抖音"为例，介绍短视频选题、设计短视频内容、撰写短视频脚本的方法，以及短视频拍摄和剪辑的基本方法。

二、建议课时

4课时。

三、任务分析

完成本任务需要充分了解短视频策划和运营的方法，需要特别熟悉短视频选题、设计短视频内容、撰写短视频脚本的方法，以及以"抖音"为代表的短视频平台的账号首页设置方法。除此以外，还需了解短视频拍摄和剪辑的基本方法，熟悉相关软件的使用方法，以此提升个人技能。

四、引入案例

"戏精牡丹"的走红

"戏精牡丹"，2018 年走红最快的短视频博主，从 2017 年 8 月投放第一支视频开始，仅半年时间，他就推出了诸如《当妈妈独自带你去旅游》《放假期间不同时期的张孃孃》等多部爆款，全网点击量累计数亿，微博粉丝近 200 万，抖音粉丝超 140 万，如图 3-5-3 所示。他的短视频形式是搞笑加吐槽，他的短视频为什么能获得快速走红呢？

首先是表现形式，他在吐槽基础上添加了大量的表演成分，而且带有一点点的口音，增强了整体的搞笑效果。其次是选题紧跟社会热点，比如最近的短视频就以"2022 年度报告""一生囤货的中国人"等被大家津津乐道的话题为主题，将生活中大家都有可能经历的场景以一种幽默的形式再现出来，增强了代入感。每期视频主题看似不同，但是整体却有一张关系网串联，关联性很强，这样的系列短视频会有一种节奏感，大家会随着节奏走，掉粉的可能性较小，而且大家会有一种追剧的感觉，不舍得漏掉每期视频。

> **思政看点**
>
> 随着我国短视频行业的蓬勃发展，涌现出了一大批能进行多样化创作、多维度表达的短视频博主，让我们在热点话题中更有参与感、体验感。

图 3-5-3 "戏精牡丹"的抖音账号首页

另外在视频的剪辑方面，也有自己的特色，经常会采用大量的对比画面，这样使得画面和表演更加饱满；此外，经常会有大量的特写，肢体动作或者面部表情放大，会使笑点更强烈。

最后还有一个不得不提的细节就是每期短视频的音乐都很有特色，十分形象地展示了人物当时的心理活动。除了以上几个特点之外，戏精牡丹在短视频运营方面（例如广告植入）也做得非常好，所有的这一切造就了他的成功。

（案例来源：https://www.aibecoo.com/b/110453.html）

五、任务的实施

（一）短视频策划

1. 确定短视频选题

制作短视频的关键点在于选择精妙的主题。确定短视频选题的基本思路是先建立短视频选题库，随后结合客户需求和账号定位，确定短视频选题。

建立选题库的目的是帮助短视频创作者持续输出优质的内容。如图 3-5-4 所示，我们可以通过关注抖音、快手等各大平台的热门榜单来快速地熟悉热门内容。当然我们也可以通过生活中的积累，将有价值的内容整理到选题库中。

> 知识拓展
> 了解短视频
> 电商的优势

图 3-5-4 抖音热榜、快手热榜

在有了选题库之后，我们可以通过不断浏览题库获得创作的灵感，再结合对于用户需求的分析和账号的定位，确定一个合适的短视频选题。值得注意的是，确定短视频选题时需要掌握好相关联、接地气、有价值等三个原则。

2. 设计优秀的短视频内容

短视频时长有限，应充分发挥短视频在每一秒播放过程中的内容优势。创作者可以通过文案、明确告知、身份带入、视觉冲击、人物魅力和音乐等方面去设计短视频的具体内容，如图 3-5-5 和图 3-5-6 所示。

图 3-5-5　短视频文案　　　　　图 3-5-6　明确告知主题

3. 撰写短视频脚本

　　脚本是指表演戏剧、拍摄电影等所依据的底本或者书稿的底本。脚本可以说是介绍短视频内容的大纲，也可以说是拍摄短视频的说明书。短视频常用的脚本有提纲脚本和分镜头脚本。提纲脚本包含对主题、题材形式、风格、画面和节奏的说明，但对拍摄只能起到提示的作用。分镜头脚本则更加具体一些，分镜头脚本内容包括景别、镜头、时长、画面、旁白和音乐六个项目，如表 3-5-4 所示。创作者以文字的形式对以上内容进行说明，以此直接表现一个视频中不同镜头的画面，说明剧情内容，体现人设。

表 3-5-4　校队球员拍摄分镜头脚本

镜头	景别	镜头	时长/秒	画面	旁白	音乐
1	中景	固定镜头	5	换足球运动衣	今天是大学校队最后一场足球比赛	无
2	近景特写	扒镜头	3	穿球鞋，系鞋带	为了今天的比赛特地穿上了这双进球最多的幸运球鞋	The Mass
3	全景	固定镜头	3	全身装备，推门走出更衣室	我一定要赢	The Mass
4	全景	跟着演员走	4	球场中全场观众，双方部分球员在热身	队友都准备好了，对手看上去很强大，我要加油	The Mass
5	近景	固定镜头	3	中场开球画面，裁判吹哨子	终于开始了	The Mass

（二）短视频制作

　　完成短视频的前期策划工作后，就要正式开启短视频的后期制作了，在这里主要包含短视频拍摄和短视频剪辑两个内容。如今常见的短视频拍摄设备有手机、单反、微单、运动相机和无人机等,其中手机是目前最容易上手的拍摄设备,使用手机也方便短视频的传输、制作和发布。下面就以手机为例给大家介绍如何进行短视频拍摄和剪辑。

1. 短视频拍摄

(1)做好拍摄的前期准备。

除了手机,在正式开始拍摄前,我们还需要准备一些辅助设备来拍摄短视频,包括话筒、稳定器、补光灯。

第一步:选择话筒。

为了短视频的录音质量,话筒是必备的辅助设备之一,拍摄短视频常用的话筒有无线话筒和指向性话筒两种,如图 3-5-7 和图 3-5-8 所示。无线话筒可以直接安装在主播的衣领处,以无线的方式进行录音。指向性话筒也就是常见的机顶麦,通过连接到手机、相机、摄像机等设备上收集声音。创作者根据短视频的形式和内容选择合适的话筒即可。

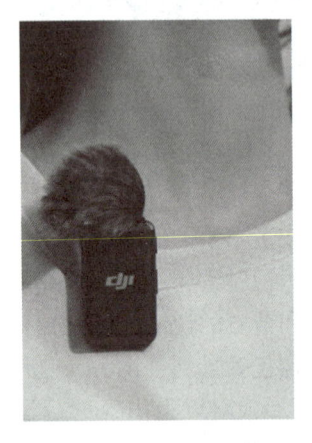

图 3-5-7 无线话筒 　　　　图 3-5-8 指向性话筒

第二步:选择稳定器。

使用稳定器能提高拍摄效果或者保证视频画面的稳定性。常见的手机的稳定器有三脚架和云台两种,如图 3-5-9 和图 3-5-10 所示。创作者需要根据自己的预算和需求来选择稳定器。

图 3-5-9 三脚架 　　　　图 3-5-10 云台

第三步：选择补光灯。

为了解决在拍摄过程中缺乏光线的问题，我们可以选择补光灯为拍摄过程提供辅助光线，确保短视频画面的亮度。可以考虑选择平面补光灯或者环形补光灯，如图 3-5-11 和图 3-5-12 所示。

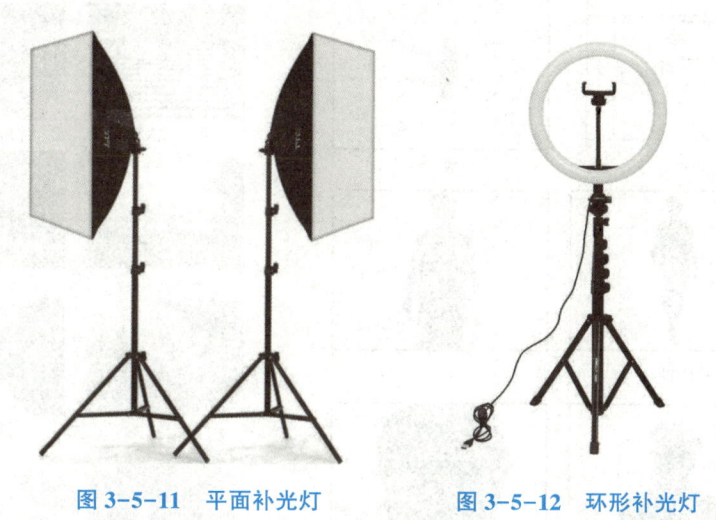

图 3-5-11　平面补光灯　　　　图 3-5-12　环形补光灯

（2）使用手机拍摄短视频。

下面以华为 P40 Pro 为例给大家介绍如何拍摄短视频。

第一步：设置拍摄短视频的手机参数。

在正式开始拍摄前，首先设置好手机的拍摄参数，主要包括"设置画幅—打开网格线—设置主题色彩"三个流程，如图 3-5-13 所示。

图 3-5-13　设置手机拍摄参数

第二步：拍摄分镜头短视频。

一切准备就绪，就可以根据脚本内容进行拍摄了。在拍摄中要特别注意对景别、构图的合理运用。可参考图 3-5-14 和图 3-5-15 了解常见的景别类型和构图方式。

图 3-5-14　常见的景别类型

图 3-5-15　常见的构图方式

2. 短视频剪辑

下面以"剪映"为例给大家介绍如何在手机上进行短视频剪辑。

第一步：导入素材并设置画布。

在手机上"启动'剪映'—导入视频—设置画布"，如图 3-5-16~图 3-5-19 所示。

图 3-5-16　剪映 App 主页面

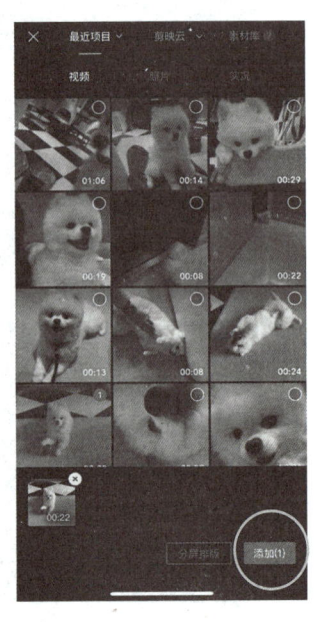

图 3-5-17　导入视频素材

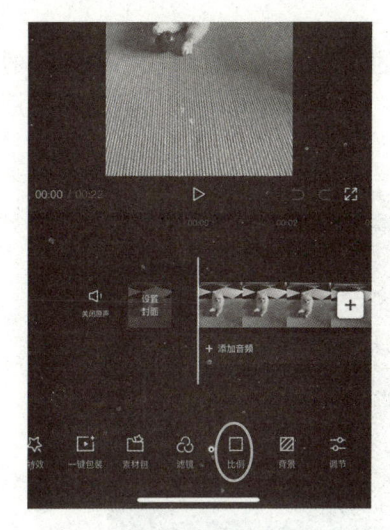

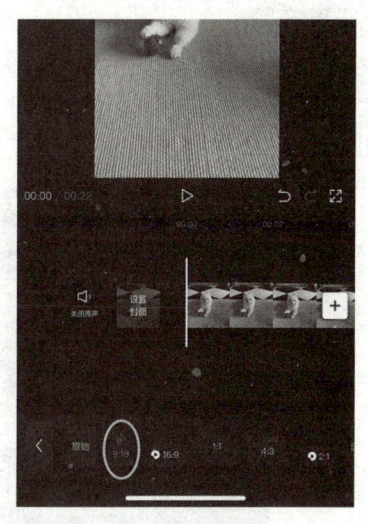

图 3-5-18　单击"比例"选项　　　　图 3-5-19　选择比例

第二步：裁剪和组合短视频。

在导入素材、设定好短视频画面和尺寸之后，需按照分镜头脚本设置对视频素材逐一进行编辑，然后再将其合并为一个整体。单击"剪辑—分割"选项，如图 3-5-20 所示。

第三步：调色。

"剪映"提供了多种不同调色的滤镜，根据视频画面进行任意对比选择，如图 3-5-21 所示，选择"逆光落日"滤镜。

图 3-5-20　分割视频素材　　　　图 3-5-21　选择滤镜

第四步：设置音频。

在这一步中，我们首先需要调节视频素材的音量大小，其次从"剪映"的音频库中为视频选择一个合适的背景音乐。在手机上单击"音量—添加音频—音乐—使用"按钮，如图 3-5-22 和图 3-5-23 所示。

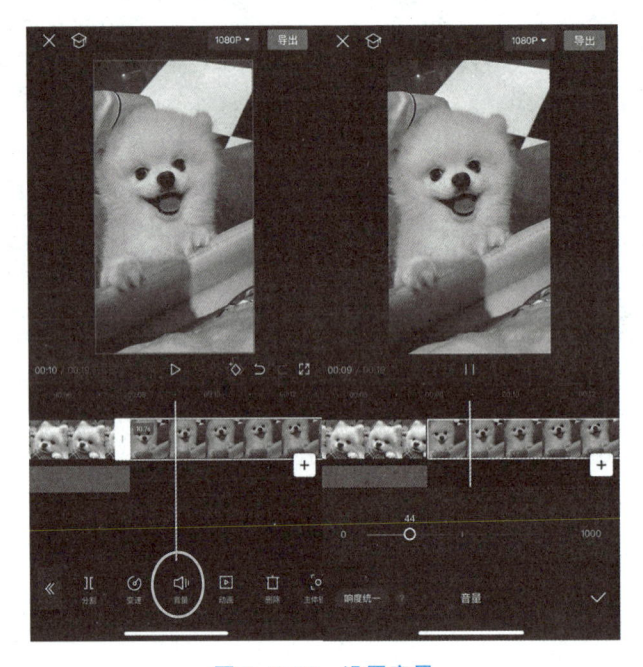

图 3-5-22 设置音量

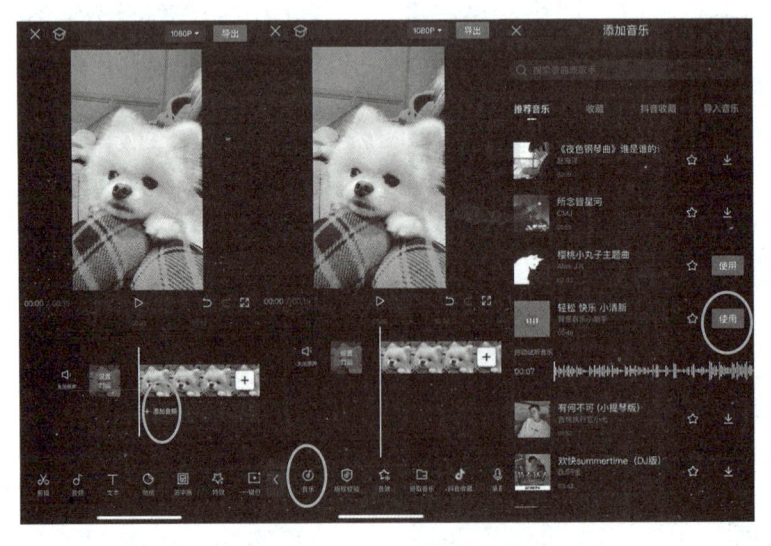

图 3-5-23 设置背景音乐

第五步：添加字幕。

"剪映"中提供了各种各样的字幕模板，为不同的分镜头设置好相应的字幕能有效提高短视频的视觉效果。在手机上单击"文本"按钮，输入字幕内容，选择相应文字模板，如图 3-5-24 所示。

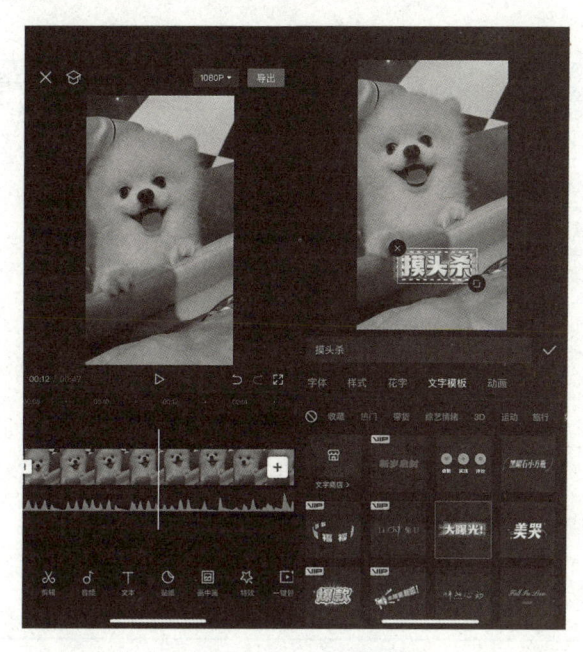

图 3-5-24 添加字幕

第六步：制作封面。

最后，可以将图片或者短视频中的某一帧作为封面。单击"设置封面"按钮，进行相应操作，如图 3-5-25 所示。

图 3-5-25 制作封面

六、考核与评价

通过本任务的学习，学生已经了解了短视频内容的策划方法，并且充分掌握如何利用手机进行短视频的拍摄和剪辑。请根据表 3-5-5 进行自我评价。

表 3-5-5　短视频策划与制作学习评价

评价项目	评价要点	自评	互评	师评
短视频策划	1. 了解如何建立选题库并完成选题（10分）			
	2. 能设计优秀的短视频内容（10分）			
	3. 能按照短视频内容撰写短视频脚本（10分）			
短视频制作	4. 能做好短视频拍摄的前期准备工作（10分）			
	5. 能正确设置拍摄短视频的手机参数（10分）			
	6. 能根据分镜头脚本要求拍摄分镜头短视频（10分）			
	7. 能利用"剪映"导入视频素材并设置画布（10分）			
	8. 能在"剪映"中裁剪、组合短视频并完成调色（10分）			
	9. 能在"剪映"中为短视频设置音频和字幕（10分）			
	10. 能在"剪映"中为短视频添加封面（10分）			
总评成绩				

备注：自评、互评、师评三项的分数取平均值，计入总分。评价结果分为 A（85～100分）、B（75～84分）、C（60～74分）、D（60分以下）四个等级。
A 优秀；B 良好；C 合格；D 待合格。

七、巩固与练习

1. 判断题

（1）创作者可以通过文案、明确告知、身份带入、视觉冲击、人物魅力和音乐等方面去设计短视频的具体内容。（　　）

（2）脚本是指表演戏剧、拍摄电影等所依据的底本或者书稿的底本。（　　）

（3）如今常见的短视频拍摄设备有手机、单反、微单、运动相机和无人机等，其中微单是目前最容易上手的拍摄设备。（　　）

2. 简答题

（1）短视频策划的方法是什么？

（2）短视频拍摄的步骤有哪些？

3. 技能实训题

以宣传一双"球鞋"作为短视频的主要拍摄目的，结合课程内容，完成短视频的内容策划和制作（见表3-5-6）。

表 3-5-6　短视频策划和制作

任务	内容
任务一　设计短视频	
任务二　撰写短视频脚本	
任务三　完成短视频拍摄	
任务四　完成短视频剪辑	

八、技能归纳图表

技能回顾：
（绘制本任务的技能关系图）

短视频策划与制作 ┤
├ 短视频策划：
├ 短视频制作：

思考总结：

九、拓展案例

优秀传统文化短视频何以"破圈"传播

中华优秀传统文化正搭乘短视频的东风，加速"破圈"，真正"飞入寻常百姓家"，使得大众通过掌上小屏就可感受到传统文化之魅力。戏腔成为短视频平台的热门音乐元素、名师讲解古诗词受到用户热捧、非遗传承人进驻短视频平台……以往"曲高和寡"的传统文化，何以能通过短视频实现"以文化人"，获得众多人的青睐。

传统文化类短视频通过故事情节所传递的价值观念，不断引导当代年轻人树立正确的人生观。定位于"中国式的热血与浪漫"的某视频账号主打"国风+剧情+特效变装"，通过梳理中国历史上的英雄形象，在主人公与其所扮演的孙悟空、关羽、赵云等角色之间的联结中，传播自强不息、重义轻利、家国情怀等传统价值观，从而在互联网上获得了众多年轻群体的青睐与追捧。正如一位用户评论道："希望总要被燃起，给每一个努力的人加油！"

此外，传统文化类短视频还具有文化传播与价值观传承的功能，通过对传统文物的介绍、对古代文明与传统价值观的应用，在镜头的讲述中增进用户的理解与认同。央视系列短视频《如果国宝会说话》（见图3-5-26），每集五分钟时间，介绍每一个国宝背后所蕴含的往事。《鹰顶金冠饰》一集，在诙谐幽默的讲解中提升了用户对厚重历史文化的接受度与"修身、齐家、治国、平天下"等传统价

图3-5-26　《如果国宝会说话》系列短视频

值观的认同感。传统文化类短视频将传统价值观寄托于每一则生动的故事里，在这样的"对话"中拉近了沉淀上千年的文物与年轻观众的心理距离，实现传统文化的"软着陆"。

（案例来源：https://www.gzstv.com/a/9d35f5985ad54f3f8580d13d15ee05f2）

任务三　短视频营销推广

一、学习任务

在注意力碎片化时代，短视频这样一种新的媒介的出现为企业和品牌带来了更多营销的可能性。随着第五代通信技术的投入使用，互联网数据传播速度提升，为短视频的发展提供了更加有力的技术支撑，同时短视频内容的多样性和有趣性也快速吸引了更多消费者的注意，因此越来越多的品牌和企业开始纷纷将电子商务的营销渠道转向了短视频平台。短视频的产生与发展优化了营销信息的传递方式，推动了电子商务营销方向的变革，促进了企业品牌的发展与打造。本任务以"抖音"为例，介绍如何在"抖音"中发布短视频，并介绍短视频营销推广的方法。

二、建议课时

4 课时。

三、任务分析

完成本任务需要充分了解如何在以"抖音"为代表的短视频平台中发布短视频，熟悉短视频营销推广的方法，包括短视频平台的免费渠道推广、短视频平台的付费渠道推广、微信朋友圈推广，能熟练地运用短视频营销推广为品牌和商家增加流量，提高销量。

四、引入案例

溜溜梅：扛酸挑战赛，线上销售突破 1 000 万

为迎接一年一度的"6·6 中国梅子节"，2018 年 6 月 4—6 日，"溜溜梅"在抖音上发起了"溜溜梅扛酸全民挑战"，如图 3-5-27 所示，挑战赛首日参与人数突破 20 万，累计参与人数达到 76.6 万，视频总播放量超 5.2 亿，线上线下资源联动带来销量的大幅增长，活动期间线上销售突破 1 000 万元，成功树立快消品牌抖音竖屏营销典范。那么此次营销如此成功的原因是什么呢？

1. KOL 引爆营销，每次接触皆传播

2018 年 6 月 4 日，"扛酸挑战赛"前夕，自带流量的"溜溜梅"品牌代言人在微博上发布了接受"溜溜梅扛酸全民挑战赛"挑战活动并与网友互动。随即

图 3-5-27　"溜溜梅"抖音扛酸挑战赛

"溜溜梅"官博转发并推出活动福利，"6年梅子免费吃，1 000万颗梅子免费送"吸爆眼球，很短时间内就引来了16万的转发量。基于微博的裂变式传播模式，这条微博的浏览量呈指数增长。

2. 线上线下紧密结合热度发酵

除了线上的一系列推广活动，"溜溜梅"也在线下设置了联动推广活动。全国300个城市，共有3 000家线下门店都搭建了活动展台，现场的群众同样可以参与"扛酸挑战赛"，在收获快乐的同时赢得奖品，如图3-5-28所示。

图3-5-28 "溜溜梅"线下活动

3. 全域媒体资源的多元化配合

抖音平台为"溜溜梅扛酸全民挑战赛"打造了黄金传播矩阵，强曝光开屏、发现页Banner（横幅广告）、热搜—挑战话题、话题置顶、搜索页—活动话题、站内信息推送等优势资源配合，全面覆盖用户路径，激发平台内更多用户参与。同时，还通过微博等社交平台资源立体引爆活动，形成跨平台联动影响力。

此次抖音"溜溜梅扛酸全民挑战赛"案例，是"溜溜梅"营销团队通过有趣的形式让品牌直接对话消费者，进行年轻化营销策略的重要内容，我们也愿意看到更多的品牌在营销上做出更多更新鲜的尝试。

（案例来源：https://www.izsf.cn/article-2612-1.htm，https://www.0579wy.com/article/122840.html）

五、任务的实施

（一）发布短视频

第一步：优化短视频的标题及文案。

标题是直接影响短视频点击量的一个重要因素。同时，大多数的短视频平台在选择加以推广的目标短视频时也会将标题作为一个重要的参考因素。因此，在正式发布短视频之前，我们需要先为短视频撰写一个有吸引力的标题。短视频标题的撰写原则包括：寻求用户需求、原创与流行结合、不重复、给予用户好处、激发用户好奇。如图3-5-29所示，在"剪映"中为短视频设置好标题。

短视频的文案主要是向用户传达短视频创作者的想法和意图，并吸引关

知识拓展
五个短视频方案创作技巧

注。因此，每一条短视频都需要有1~2句简短的文案来增加短视频的吸引力。在撰写文案时，我们可以搜索一些相似类型的短视频，将它们的文案进行整理加工，找到切入点，形成自己的文案。

优化短视频的标题及文案后，就可以导出视频了，如图3-5-30所示。

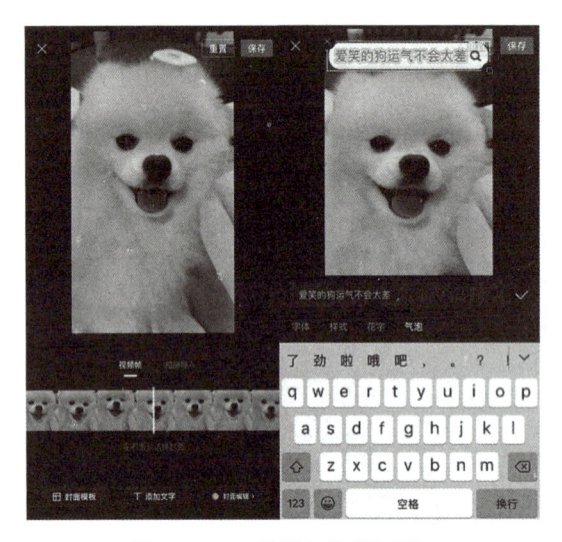

图 3-5-29　设置短视频标题　　　　　　图 3-5-30　导出短视频

第二步：选择发布时间。

发布时间会在很大程度上影响短视频的发布效果，同一个短视频如果在不同的时间发布，获得的发布效果可能有很大不同。通过图3-5-31，我们可以发现发布短视频的黄金时段分别为6：00—8：00、12：00—14：00、18：00—20：00、21：00—23：00。创作者可以根据短视频目标用户的习惯和特点从中选择一个最佳的发布时间。

图 3-5-31　2021年Q1（第一季度）快手、抖音全天分时活跃度对比情况

第三步：添加话题标签。

话题是指短视频平台中的热门内容主题，例如"搞笑""情侣""旅行"等。热门的话题标签是短视频的重要流量入口，在发布短视频时添加话题标签就能获得更多流量。在"抖音"中可以直接搜索热门话题标签（见图3-5-32），通过比较各个话题的热门程度选择

要添加的话题标签。

第四步：添加地理位置。

为短视频添加地理位置更能让用户产生一种身份认同感。在"抖音"的短视频发布界面中，选择"你在哪里"，并添加位置，如图3-5-33所示。

图 3-5-32　热门话题标签

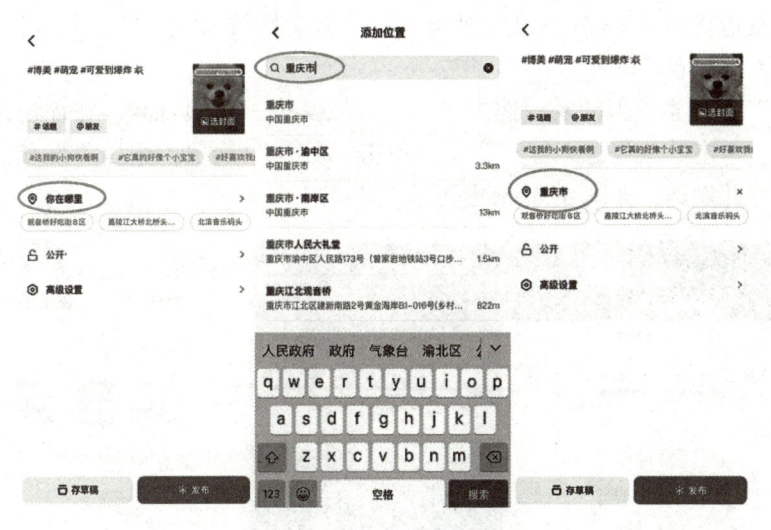

图 3-5-33　添加地理位置

第五步：添加@朋友。

采用@朋友或者@品牌官方账号的方式也能为短视频增加播放量。在"抖音"的发布页面中单击"@朋友"选项，从自己关注的账号中选择@对象，如图3-5-34所示。

第六步：正式发布。

在完成以上所有操作后，在短视频发布页面中输入前面已经创作好的文案，检查无误后，在选择的发布时间段时，单击下方的"发布"按钮，如图 3-5-35 所示，完成短视频的发布。

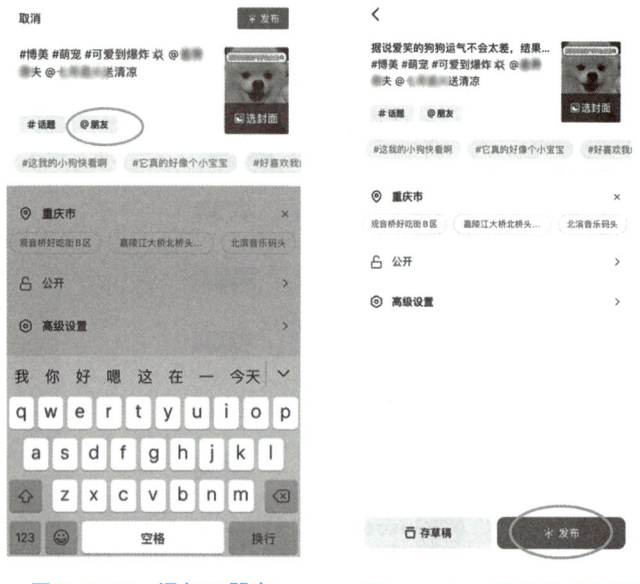

图 3-5-34　添加@朋友　　　　图 3-5-35　正式发布短视频

（二）推广短视频

1. 平台免费推广渠道

（1）私信引流。

私信引流是指找到在定位相似的短视频账号中互动性较强的用户，通过主动给对方发送私信，引导对方关注自己的账号。

在"抖音"中搜索类似的宠物博主账号，播放其中一个短视频，在评论区找到一个点赞较多的评论，单击其头像进入账号主页，单击"其他"选项，选择"发私信"项，在对话框中输入文字并发送，如图 3-5-36 所示。

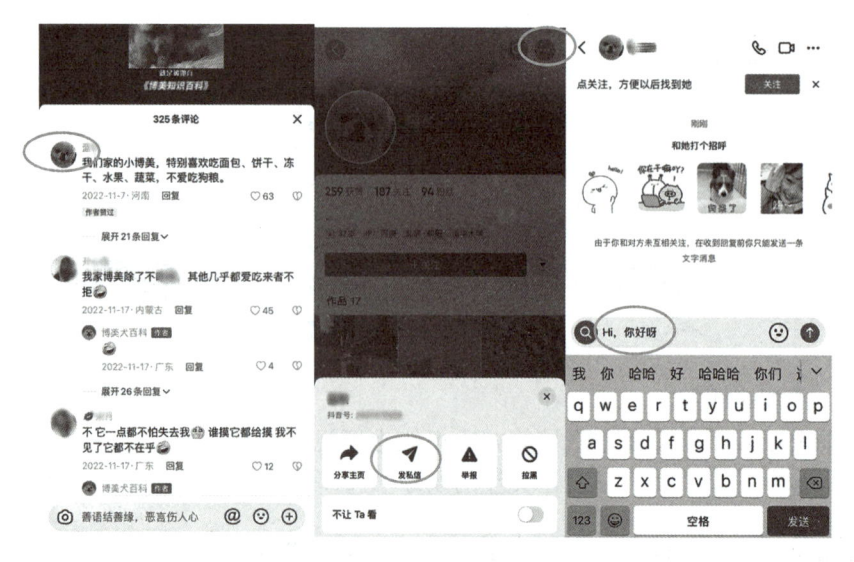

图 3-5-36　私信引流

(2) 参与挑战赛。

各个短视频平台都有形式多样的挑战赛，例如引入案例的"溜溜梅"发起的"扛酸全民挑战赛"就是一个免费的推广渠道。"抖音"中的@抖音小助手账号会定期推送一些参与热门挑战赛的短视频，增加短视频的曝光度，提供免费营销。因此，创作者参与挑战赛可能会获得较高的点击量，为短视频账号引流。

在"抖音"中进入搜索页面，单击"查看完整热点榜"按钮进入抖音热榜，再单击"挑战榜"选项，选择一个合适的挑战赛进入展示页面，单击下方"拍同款音频 参与挑战"按钮即可参与挑战赛，如图 3-5-37 所示。

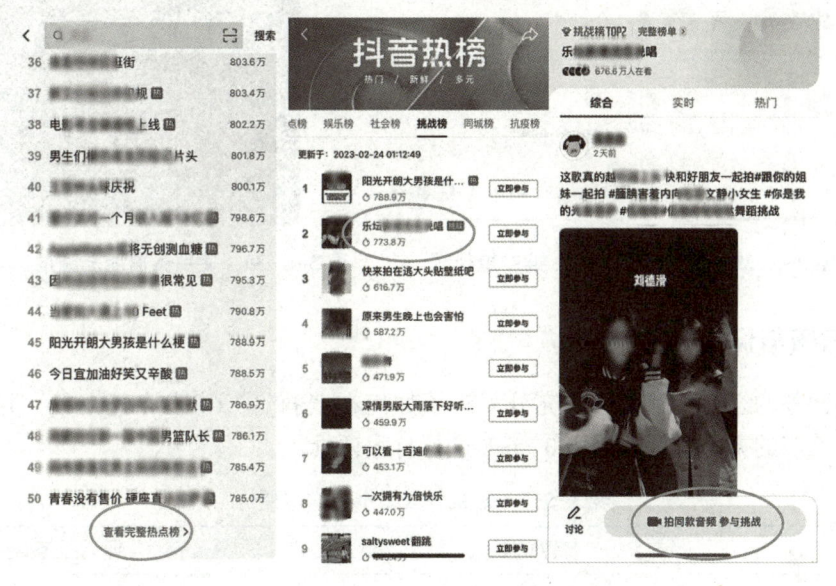

图 3-5-37　参与挑战赛

2. 平台付费推广渠道

"DOU+"是抖音平台提供的一款付费推广工具，它能为创作者带来更多的流量和曝光度。简单来说，若某一条短视频选择使用了"DOU+"，这条短视频则会更多地在"推荐"模式下被其他用户看到。使用"DOU+"的具体操作步骤如下。

(1) 在"抖音"的首页中单击"我"选项进入抖音账号主页，选择需要推广的短视频作品。

(2) 进入该短视频的播放页面，单击"其他"按钮，选择"上热门"项，进入"DOU+上热门"页面，可以根据需求，选择想要的推广方式和相应的提升量，最后确认付费金额，完成支付，即实现"DOU+"投放，如图 3-5-38 所示。

3. 微信朋友圈推广

微信是目前主流的新媒体平台之一。微信官方发布的相关报告显示，微信月活用户数已经高达 12 亿，如此庞大的用户数量让微信朋友圈成为营销推广的重要阵地。将短视频内容发送在微信朋友圈也能为短视频账号起到推广作用，如图 3-5-39 所示。

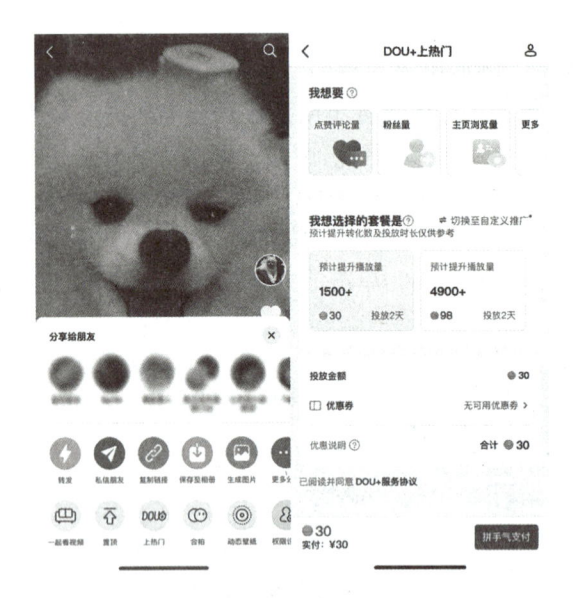

图 3-5-38　使用"DOU+"推广短视频　　　图 3-5-39　使用微信朋友圈推广短视频

六、考核与评价

通过本任务的学习，学生已经充分了解了如何在"抖音"中发布短视频，并且熟悉了短视频营销推广的方法。请根据表 3-5-7 进行自我评价。

表 3-5-7　短视频营销推广学习评价

评价项目	评价要点	自评	互评	师评
发布短视频	1. 能完成短视频的标题及文案的优化（10 分）			
	2. 能根据账号定位选择短视频发布时间（10 分）			
	3. 能为短视频添加优质话题标签（10 分）			
	4. 能为短视频添加地理位置和@朋友（10 分）			
	5. 能独立完成短视频的发布（10 分）			
推广短视频	6. 能利用私信引流为短视频账号进行推广（10 分）			
	7. 能利用挑战赛为短视频账号进行推广（10 分）			
	8. 能利用"DOU+"为短视频账号进行推广（10 分）			
	9. 能利用微信朋友圈为短视频账号进行推广（10 分）			
	10. 可独立完成短视频营销推广（10 分）			
总评成绩				

备注：自评、互评、师评三项的分数取平均值，计入总分。评价结果分为 A（85～100 分）、B（75～84 分）、C（60～74 分）、D（60 分以下）四个等级。

A 优秀；B 良好；C 合格；D 待合格。

七、巩固与练习

1. 判断题

（1）发布短视频的黄金时段分别为 6：00—8：00、10：00—12：00、14：00—16：00、21：00—23：00。（ ）

（2）短视频的文案主要是向用户传达短视频创作者的想法和意图，并吸引关注。（ ）

（3）"DOU+"是抖音平台提供的一款免费推广工具，它能为创作者带去更多的流量和曝光度。（ ）

2. 简答题

（1）发布短视频时我们应该注意些什么？

（2）短视频营销推广的方法有哪些？

3. 技能实训题

将之前完成拍摄的"球鞋"短视频作为推广对象，结合课程内容，应用短视频的推广方法，为该短视频制作一个全面的推广方案（见表3-5-8）。

表 3-5-8 短视频营销推广方案

项目	推广方案
私信引流	
参与挑战赛	
DOU+	
微信朋友圈	

八、技能归纳图表

技能回顾：
（绘制本任务的技能关系图）

短视频营销推广 ｛ 发布短视频：

　　　　　　　　　推广短视频：

思考总结：

九、拓展案例

"麻辣德子"短视频账号运营分析

"麻辣德子",一名美食短视频达人,其短视频账号主页如图3-5-40所示。2018年6月入驻抖音,至今账号总获赞3.8亿,粉丝总数达3 784万。在2019年新年的第一周,"麻辣德子"的抖音账号粉丝增长达356万人次,创造连续两周涨粉破300万的记录。其短视频内容主要是美食教程,虽然没有非常考究的打光、布景,但淳朴自然的写实风格让人眼前一亮,给用户留下了深刻的印象。总的来说,"麻辣德子"的走红离不开三点原因。

1. 精心设计的短视频文案

"麻辣德子"的短视频标题多采用"家庭版××的做法,感谢朋友们的支持"的句式,直接将短视频主题表达出来,方便用户选择相应的短视频进行观看。另外,个别标题针对短视频内容或其所表达的观点、看法等提出问题,引发用户的讨论,如"终于见到我偶像了,大家的偶像是谁呢?""德子哥不蒸不煮的螃蟹你能吃多少?"等。除此之外,"麻辣德子"的短视频用词也非常有特色,其将自己的习惯用语带到短视频中,把水说成"生命的源泉",把筷子说成"祖传的筷子",这样既增加了短视频的趣味性,也加深了用户对其的印象。

2. 添加热门话题

在利用抖音进行营销时,"麻辣德子"还会在短视频文案中添加热门话题,借助热门话题在短时间内吸引大量用户的注意力,扩大短视频的传播范围。如在五一劳动节时,"再吃一顿完结五一假期"的话题登上了热门榜,"麻辣德子"在发布一条做油焖大虾的短视频时就添加了"再吃一顿完结五一假期""虾""美食"等多个话题,借助热门话题的力量,吸引用户点赞和关注。

图3-5-40 "麻辣德子"短视频账号主页

3. 参加"抖音"官方活动

抖音为了让用户推出更多的优质内容,还会不定期地开展一些扶持活动,如2020年的"美食趣胃计划""抖音看见音乐计划""抖音音乐人亿元补贴计划",2021年的"抖音美食创作人扶持计划""知识创作人"等。这些扶持活动能够帮助营销者获得更多的粉丝和流量。为了让短视频获得更多的曝光机会,"麻辣德子"从自身定位出发,积极参加了"抖音美食创作人扶持计划""什么是光盘行动"等活动,不仅获得了官方的流量扶持,还促进了内容变现,获得了较高的经济回报。

4. 与其他短视频达人合作

当短视频作品形成较为固定的流程后,粉丝新鲜感就难以保障,可能会使短视频热度下降,甚至使粉丝减少。为了摆脱这种情况,"麻辣德子"还会与其他短视频达人合作一起拍短视频。

(案例来源:白东蕊. 新媒体营销与案例分析[M]. 北京:人民邮电出版社,2022.)

项目六　直播营销

短视频的火爆给直播带来了新机遇。相比于短视频，直播更加真实、实时，互动性更强，同时也可以满足用户对于深度内容和情感共鸣的需求。各类直播平台应运而生，如"腾讯直播""抖音直播""快手直播"等，它们为用户提供了一个面对面、实时互动的空间，让用户可以直接参与其中，分享自己的心情和见解，与主播建立起更为亲密的关系。直播营销也因此开启了一扇新的大门。越来越多的商家、企业开始关注和借助直播的平台和机会，通过直播展示产品、推广品牌、提升知名度和销售额。与传统的广告宣传相比，直播具有更加真实、亲密的传播效果，可以有效地吸引用户的注意力和兴趣，提高品牌和产品的曝光度和美誉度。

任务一　直播软硬件环境搭建

一、学习任务

短视频的应运而生，给直播带来了新的机遇，也开启了直播营销之门。与此同时，各种直播平台的出现以及直播"面对面"的特点使得更多用户涌向直播间。从最初的娱乐休闲，到后来的电商购物，再到如今的教育、金融、医疗等行业的知识传播和普及，直播已经不仅仅是人与人沟通的重要手段，更是品牌、企业等常常使用的营销工具。本任务将详细介绍开展直播营销的首要工作——如何搭建直播间，为企业制定网络营销方案做好基础准备。

二、建议课时

4课时。

三、任务分析

完成本任务首先需要充分了解直播营销的特点和优势，进而通过掌握直播间硬件设备的配置和直播间场景搭建的方法，为企业和品牌搭建一个优质的直播间，从而促成一场完美的直播，突出直播营销在电商行业中的价值。

四、引入案例

了解主流电商直播平台

随着直播技术的进步，各行业开始入局直播，其中电商行业走在最前列。如今做电商直播已经成为一种常态，而在如今，做电商直播主做内容还是主做电商，还要看直播平台的属性。那么电商直播平台有哪些分类呢？

1. 以电商为主的直播平台

这类平台以"淘宝"为首，主要是通过在电商平台上开通直播间，引入内容创作者，直播类型是以电商为主，直播为辅。"淘宝"直播界面如图3-6-1所示。

公开资料显示，"淘宝"直播2020年直播数超2 589万场，全年上架商品数超5 000万件，成为首个爆发式新经济。电商直播平台的头部主播是以李佳琦等为代表的淘系直播达人。

做电商的商家多在电商平台上做直播，而主流电商直播平台就是"淘宝"，当然了商家可以在自己所在的电商平台做直播，只要有直播这个功能即可。

2. 以内容为主的直播平台

这类平台以"抖音"和"快手"为主，主要是通过接入第三方电商平台来布局直播+电商的运营模式，直播类型是以直播内容为主，电商为辅。"抖音"直播界面如图3-6-2所示，"快手"直播界面如图3-6-3所示。

"抖音"的数据显示，在2020年上半年，"抖音"主播直播共计5 531万场。内容直播平台的头部主播以罗永浩为代表。品牌利用内容直播平台，通过"短视频+直播"方式打造爆款，从而打造新的营销推广渠道。

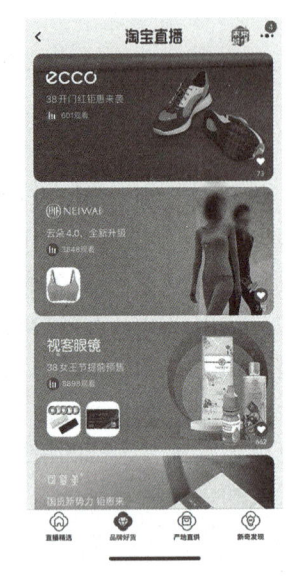

图3-6-1 "淘宝"直播界面

图3-6-2 "抖音"直播界面　　图3-6-3 "快手"直播界面

电商直播平台目前就是以上述两种为主，而这两种主要以"淘抖快"三大直播平台为主，然而随着进入者的不断增加，直播平台的场内竞争也会随之加剧。总而言之，在未来，做电商直播的竞争会更加激烈，做电商直播带货的你做好准备了吗？

(案例来源:https://wenku.baidu.com/view/ad5008df971ea76e58fafab069dc5022aaea4681.html?fr=income3-doc-search&_wkts_=1677410827276&wkQuery=%E4%B8%BB%E6%B5%81%E7%9A%84%E7%9B%B4%E6%92%AD%E5%B9%B3%E5%8F%B0)

五、任务的实施

（一）认识直播营销

1. 直播营销的定义

直播营销是指在现场随着事件的发生、发展进程同时制作和播出节目的营销方式。该营销活动以直播平台为载体，以企业获得品牌提升或销量增长为目的。直播营销是如今主流的网络营销渠道，掌握直播营销的操作方法可以有效地为企业提供各种更加灵活的营销方案，实现销售额的提升。

2. 直播营销的优势

（1）更低的营销成本。

网络营销刚刚兴起的时候，商家能够以较低的成本获得用户和推销商品；但是，随着"淘宝"和"百度"用户的增多，搜索引擎广告和电商首页广告营销成本开始变得越来越高，一些自媒体软文广告的成本低则几万元，高则上百万元。而对于直播营销来说，无论是对场地还是材料等其他物料都没有太高的要求，因此直播营销是当前一种成本较低的营销方式。

（2）更快的营销覆盖。

用户在面对传统的营销模式时，例如浏览产品图文或在电商平台上查看产品参数等，都需要自行在大脑中构建场景。而直播营销能够将主播的试吃、试穿、试用的真实情况直观地展示给观众，更加快捷地将用户带入营销场景中。另外，直播营销不仅能让用户同步进行观看，它的回放功能还能吸引更多的潜在用户，实现了更广更快的营销覆盖。

知识拓展
什么是直播电商

（3）更直接的营销效果。

由于直播具有即时性，用户只能在主播特定的直播时间内才能进入直播间页面，所以往往能进入直播间的用户大多是对品牌或者对主播忠诚度较高的用户，因此，直播营销通常能更加精准地吸引目标用户。另外，一般直播间都会发放福利，这就使用户可能会自主地号召更多的用户进入直播间，发布与直播相关的热点话题等，从而形成更加直接的直播营销效果。

（4）更有效的营销反馈。

在传统的营销模式中，品牌要得到用户的反馈往往需要一定的时间，所以传统的营销方式可能会使信息滞后，达不到理想的营销效果。直播营销则不一样，主播可以通过直播与用户产生实时的互动，例如通过评论接受用户的反馈，企业和品牌则可以根据这些反馈快速地做出反应，缩短服务的时间，提升用户的体验。

（二）配置直播间硬件设备

一场成功的直播离不开硬件的支持，硬件设备的选择直接影响着直播带给用户的感受，不同的直播间对于硬件的选择也不一样，因此，直播间筹备人员需要首先从硬件设备入手，根据直播活动的需求选择相应的直播硬件设备。受经济预算不同和直播内容不同的影响，个人、企业或品牌选择的直播设备会存在差异。为了让大家更好地了解直播硬件设备的选择技巧，下面将直播设备分为不同的版本，大家可以按需选择。

1. 普通版

（1）手机。首先需要准备一部手机，其运行内存应不低于4GB，摄像头不低于1 200万像素，要保证清晰度高、音质优秀。如果直播间需要伴奏，可以再用一部手机或者用平板电脑播放。

（2）稳定器。可以准备一个带环形灯的手机支架，可以是三脚架落地式，也可以是桌面式，具体根据使用场景来配置。不管你选择哪个手机支架，它都要帮你固定直播镜头，保持画面稳定，同时支架上的环形灯起到主灯的作用，可以修饰主播脸上的瑕疵，也能解决直播间光线过暗的问题。

（3）电脑。一般来说一台电脑就够了。电脑用来做直播后台管理、脚本设计，以及修图、剪辑视频等。如果没有特殊需求（如游戏直播），购买目前主流的笔记本电脑即可。

普通版直播硬件设备如图3-6-4所示。配置好以上三个基本设备，对于一个入门级别的直播间来说就足够了。

图3-6-4　普通版直播硬件设备

2. 高阶版

除了前面提到的普通版直播硬件之外，适用于高级用户的高阶硬件配置还需要考虑摄像头、大屏幕、麦克风、耳机、补光灯等高阶硬件设备。

（1）摄像头/单反相机/摄像机。我们之所以看到很多大主播的直播间画面清晰流畅、拍摄稳定，那是因为90%以上的高质量直播间，都是通过电脑直播完成的。用电脑直播时，就必须外接摄像头、单反相机或者摄像机，我们可以根据自己的预算来选择其一。在正式开播前，还需检查好设备的接口和传输线。一般而言，摄像设备都是放在直播位置的正上方，有一点点往下面倾斜的角度。

（2）直播大屏幕。高阶直播间还需配置一块直播大屏幕。能帮助主播在直播过程中更全面和直观地了解直播实时数据变化，有效调整直播过程中的流量投放、互动及商品讲解策略。

（3）麦克风。麦克风主要分为两种：电容麦、动圈麦。我们不需要详细区分两者区别，只需要记住：室内用电容麦，室外用动圈麦。电容麦建议买心形指向性的，它只收心形所指方向的声音，会屏蔽其他方向的声音，这样就减少了其他方向噪声的出现。

（4）耳机。耳机主要是用来监听自己的声音，从而更好地控制自己的音调、分辨伴奏等。耳机有入耳式、蓝牙式、头戴式的，一般入耳式的就可以，根据需要可选择双插头、加长线的。建议选择专业的监听耳机。

（5）补光灯。直播需要补充自然光时，可以优先选择柔光灯来模拟太阳光对拍摄对象进行补光。如果要拍摄人脸近景或特写，或者需在晚上拍摄，就可以选择环形灯，以掩饰人物的面部瑕疵，起到美颜的效果。

（6）其他辅助设备。最后还需考虑到一些辅助设备，比如转换器、转换线材，这些需要根据个人的设备来选择。另外如果是户外主播，还需要准备自拍杆、防抖稳定器、移动电源等。

高阶版直播硬件设备如图 3-6-5 所示，配置好这些硬件设备，就可以开始一场高质量的直播了。

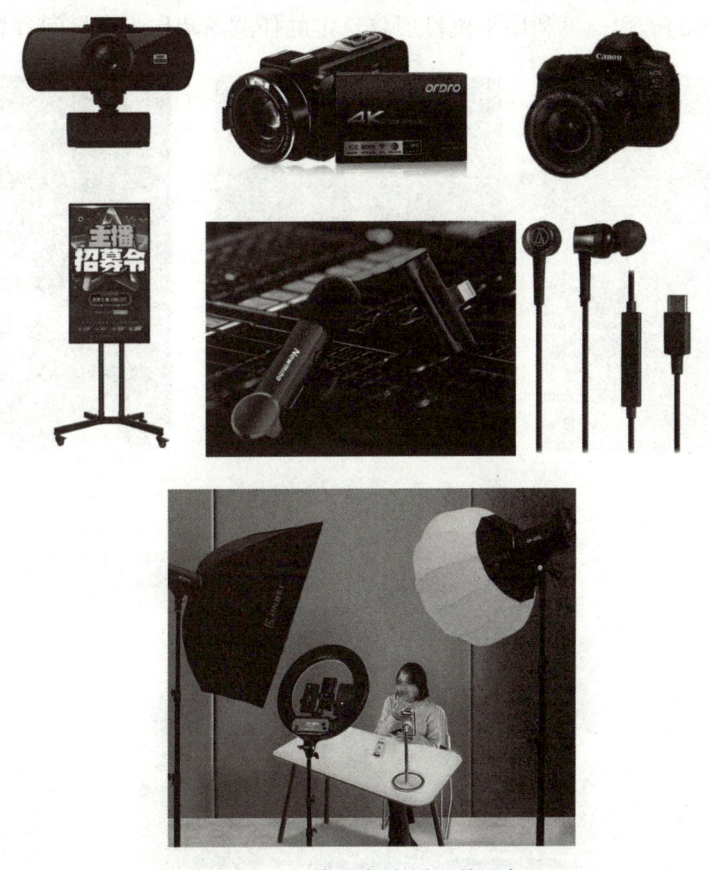

图 3-6-5　高阶版直播硬件设备

（三）搭建直播间场景

直播间场景的搭建一共包含四个方面，它们分别是规划直播间场地、布置直播间背景、布置直播间灯光和直播间物料摆放。

1. 规划直播间场地

常见的室内场地有办公室、会议室、工作室、线下门店、住所等。室外直播场地可以选择活动现场、产品采购地等。一般来说，场地应满足空间适宜、环境安静、光线充足三个基本要求。确定好合适的直播场地后，我们需要对直播场地的区域进行划分，一般包括直播区、商品摆放区、后台区及其他区域，如图 3-6-6 所示。

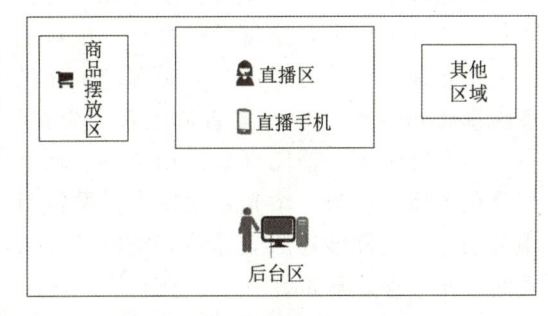

图 3-6-6　直播场地的规划

2. 布置直播间背景

直播间背景可分为实物背景和虚拟背景。直播间实物背景如图 3-6-7 所示，在布置实物背景时，我们可以选择品牌 Logo 的背景或者纯色背景。在布置直播间背景时，我们也可以考虑与商品匹配的特色背景。这类背景的应用需要挖掘产品的特色，在背景中融入与直播主题或直播商品相关的特色元素。另外，也可以布置直播间的虚拟背景，如图 3-6-8 所示，我们可以通过绿幕的形式，再利用手机投屏将选定的任意图片作为直播间背景。

图 3-6-7　直播间实物背景

图 3-6-8　直播间虚拟背景

3. 布置直播间灯光

灯光布置主要用于室内直播补光。直播间的补光灯可区分为主灯和辅助灯，主灯提供主光光源，辅助灯提供补光光源。主流的室内直播间灯光布置方案通常包含 3 盏灯：主灯环形灯 1 盏、辅助灯柔光箱 2 盏。环形灯放在主播正前方、柔光箱放在主播两侧且距离相等，这样能还原立体感和空间感。直播间灯光布置方案如图 3-6-9 所示。

图 3-6-9　直播间灯光布置方案

4. 直播间物料摆放

物料摆放包括商品摆放、宣传物料摆放和饰件摆放。首先,将直播的商品摆放在主播前面,让客户进入直播间能第一眼了解直播内容。其次,宣传物料可以选择贴纸、宣传海报和小黑板等,摆放在直播间的背景中或者主播身边显眼的位置,让观众能第一时间了解直播的活动内容。最后,如果直播间空间较大,可以放置一些壁画、小物件等饰件,以丰富直播场景。

六、考核与评价

通过本任务的学习,学生已经充分了解了如何根据自身需求配置直播间硬件设备,并且熟悉了直播间场景的搭建方法。请根据表3-6-1进行自我评价。

表3-6-1 直播软硬件环境搭建学习评价

评价项目	评价要点	自评	互评	师评
认识直播营销	1. 理解什么是直播营销(10分)			
	2. 理解直播营销的优势(10分)			
配置直播间硬件设备	3. 理解直播间硬件设备的重要性(10分)			
	4. 能合理配置普通版直播间硬件设备(10分)			
	5. 能合理配置高阶版直播间硬件设备(10分)			
	6. 能根据个人、企业的不同需求配置合适的直播间硬件设备(10分)			
搭建直播间场景	7. 能合理规划直播间场地(10分)			
	8. 能正确布置直播间背景(10分)			
	9. 能为直播间布置合理的灯光(10分)			
	10. 能选择直播间物料摆放的方式(10分)			
总评成绩				

备注:自评、互评、师评三项的分数取平均值,计入总分。评价结果分为A(85~100分)、B(75~84分)、C(60~74分)、D(60分以下)四个等级。

A优秀;B良好;C合格;D待合格。

七、巩固与练习

1. 判断题

(1)直播场地应满足空间适宜、环境安静、光线充足三个基本要求。(　　)

(2)主流的室内直播间灯光布置方案通常包含3盏灯:主灯环形灯1盏、辅助灯柔光箱2盏。(　　)

(3)一些大主播的直播间画面清晰流畅、拍摄稳定,这跟直播的硬件设备没有关系,应该主要考虑网络的配置问题。(　　)

2. 简答题

(1)我们应该如何选择直播间的硬件设备?

(2) 搭建直播间场景的步骤有哪些？

3. 技能实训题

请大家选择任意一件商品作为直播对象，结合课程内容，为该场直播活动做好软硬件环境的搭建，完成以下方案（见表3-6-2）。

表3-6-2 直播间的配备和搭建方案

项目	具体方案
配置直播间硬件设备	
搭建直播间场景	

八、技能归纳图表

技能回顾：
（绘制本任务的技能关系图）

直播软硬件环境搭建 { 认识直播营销：
配置直播间硬件设备：
搭建直播间场景：

思考总结：

九、拓展案例

直播营销——国货弄潮正当时

2022年7月31日，"鸿星尔克再捐1个亿"的话题登上微博热搜榜首。据悉，这次鸿星尔克是向福建省残疾人福利基金会捐赠了价值1亿元的物资和捐款，用于帮助困难残疾人和家庭改善生活质量。鸿星尔克官方微博如图3-6-10所示。

据统计，当时鸿星尔克捐款的消息才传出两天，鸿星尔克官方旗舰店在淘宝的直播销售额就突破了1.07亿元，总销量64.5万件，观看人次近3000万。而在它的抖音直播间，三个矩阵号在两天内的销售额就超过了1.3亿元。

2022年3月初，鸿星尔克董事长吴荣照在接受新浪财经专访时提到，公司正在持续投入线上渠道，并且在2022年，鸿星尔克的线上销售占比会达到30%。以此估算，抖音直播间加上淘宝直播间及线上直销渠道的销售额如果达到了12亿元，这一年里鸿星尔克的营收已经达到了40亿元左右。鸿星尔克能承接得住如此庞大的流量，主要靠的还是直播电商的帮助。

其实早在2021年在7月，鸿星尔克就曾因向受到暴雨洪灾的河南捐赠5000万元物资登上热搜。在那之前鸿星尔克刚刚建立好配置齐全、规律开播的直播间。而捐款事件冲上热搜后，鸿星尔克董事长吴荣照第一时间注册了抖音账号，对捐款一事进行回应。此条回应视频的点赞量接近 680 万。

> **思政看点**
>
> 　　该案例不但让我们了解了鸿星尔克如何利用直播营销打了翻身仗，也让我们感受到了我国企业的社会责任感。

此后，吴荣照一直给自己立下"憨厚"的人设，频繁出入鸿星尔克直播间的同时，也大有要成为网红的趋势。与此同时，鸿星尔克的直播间也迅速响应，24 小时不间断直播，完美承接住了蜂拥而至的流量，也完全扭转了鸿星尔克之前濒临破产的局面。

而乘上直播带货的东风以后，网友和鸿星尔克品牌方的互动更加便捷有效，其后来的很多款式设计都听取了网友的建议。比如 2022 年推出的"国风浔""云舒"等款式都凭借简约清爽的设计摆脱了"老土"的标签，受到大批年轻人追捧。

2021 年 10 月，鸿星尔克在其厦门的总部建立了直播中心，以矩阵账号的形式推进直播业务，如图 3-6-11 所示。据悉，鸿星尔克预计未来直播渠道能占到集团业务的 10%。要知道，鸿星尔克的业务可不止销售，还有研发、生产，等等。而直播能占到总业务的 10%，足以说明其重要程度。

图 3-6-10　鸿星尔克官方微博　　　　图 3-6-11　鸿星尔克抖音矩阵账号

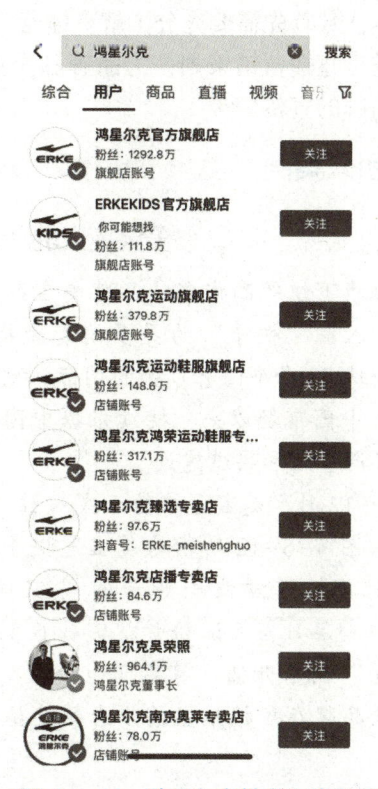

（案例来源：https://baijiahao.baidu.com/s?id=1740010567593152355&wfr=spider&for=pc）

任务二　直播营销内容策划

一、学习任务

直播营销活动并非一场简单的小型活动，在直播营销的过程中也不是只关系到"主播"。其实一个完美的直播需要经过周密的策划，制定出合理的直播营销方案，然后再根据直播营销方案有针对性地开展直播活动，这样才能达到预期的营销目的和效果。本任务将针对直播营销的内容策划详细展开，让个人、品牌、企业熟悉直播营销策划的基本流程。

二、建议课时

4课时。

三、任务分析

完成本任务首先需要充分了解直播营销的内容策划流程，特别需要能熟练地编写直播营销脚本、进行直播营销策划，为品牌和企业的直播活动做好直播方案，有效提高电商的销量，做好品牌的宣传。

四、引入案例

美宝莲入驻"快手"迎"开门红"

欧莱雅旗下纽约高街彩妆品牌美宝莲纽约打造整合营销新玩法，入驻"快手"为更多消费者提供美妆新体验。作为覆盖全球90多个国家市场的国际一线美妆品牌，美宝莲纽约进驻中国市场以来，持续根据中国消费市场变化趋势，加强品牌管理和渠道建设。

2021年12月，美宝莲纽约正式入驻"快手"，开启品牌自播，如图3-6-12所示为美宝莲快手官方账号。不到一个月的时间，官方快手账号@美宝莲纽约粉丝数达13.9万，仅超品日当天涨粉量就突破6.5万。美宝莲纽约刷新"快手"新店开播、超品日和品牌直播间纪录，为国际一线美妆品牌在短视频直播平台快速撬动营销增长提供了新范本。

美宝莲纽约结合"快手"平台用户特点，在超品日打造了线上线下联动、"短视频+直播"的整合营销策略，通过直播带货、线下打卡延伸至线上发酵等用户互动模式，引爆话题热度，助力品牌实现营销破圈和高效转化。

超品日当天，美宝莲纽约品牌眼妆大使辣目洋子、美宝莲纽约品牌总经理邓丽君和快手磁力引擎销售副总裁

图3-6-12　美宝莲快手官方账号

胡嫣做客美宝莲纽约快手直播间，以高人气明星+高话题度品牌高管的阵容，快速吸引用户关注。同时，美宝莲纽约还根据"快手"用户特质，抓准新年这一时间节点，推出联名款礼盒。

在豪华的嘉宾阵容与限定联名礼盒产品双重加持下，美宝莲纽约BIGDAY当天直播最高在线人数达7.7万，直播间累计观看人次达2 000万。而新年联名产品"FITME粉底液虎年限定款""全新赤金印记六色眼影盘""羽绒唇釉虎年限定新色"也成为直播间爆款，深受消费者喜爱。美宝莲虎年限定款如图3-6-13所示。

在超品日活动期间，美宝莲纽约还发起话题作品征集活动，如图3-6-14所示，通过邀请用户分享在美宝莲纽约线下门店的打卡视频方式，打造线上线下联动玩法，推动线下新年派对在线上的持续发酵，并借势KiWi EV Powered by DJI概念车发布契机，在车展上开设潮流美妆站，进一步引爆话题度。

图 3-6-13　美宝莲虎年限定款　　　　图 3-6-14　美宝莲快手话题征集活动

超品日已成为美妆行业破圈，触达更多消费者的营销方式。此次美宝莲纽约借势超品日，成功示范国际一线美妆品牌营销新玩法。以"快手"为代表的短视频直播平台，正在为美妆行业的品牌营销、流量转化、商业增长提供更多机会与空间。

（案例来源：https://baijiahao.baidu.com/s?id=1722441658279407551&wfr=spider&for=pc）

五、任务的实施

（一）明确直播营销目标

直播活动开始前，首先应该明确直播营销的目标，这样才有助于直播运营团队制定具体的营销方案、明确直播的目的以及最终评估营销效果。在确定直播营销目标时，要思考直播营销什么、目标用户是谁、需要多久能完成目标、具体想要实现的目标数值为多少。

第一步：确定直播营销内容。

营销内容一般主要是指某个产品或者某个品牌。为直播活动选择优质的营销内容就是常说的"选品"环节，它是直播活动成功的基本前提。因此，在确定营销内容时，营销者应确保产品、品牌等是优质且正面的。为保证营销产品的质量，通常在直播前相关人员会对产品进行试用、质检等。

第二步：确定目标用户。

直播营销的终极目的是为品牌、企业留住用户，满足用户的需求。因此营销者在确定了直播营销内容之后需要马上找准该产品、品牌的目标受众，简单来说，就是要为产品找到"买家"。一般可以从年龄层次、经济消费能力、观看直播时间、用户需求等角度对目标用户进行确认。

第三步：明确目标完成时间。

明确目标完成时间能有效提高团队的效率，督促相关人员在有限的时间里尽快完成营销目标。目标的完成时间应该根据直播营销内容的多少以及参与直播活动的人员数量等来确定。直播产品数量的多少直接决定着直播活动花费的时间和精力，参与项目人员数量的多少直接影响着直播营销的效率。因此，在明确目标完成时间时，应该根据直播内容的多少来确定对应的直播参与人员数量，确保直播活动的顺利开展。

第四步：目标数字化。

目标数字化就是将直播营销的目标设定为具体的数字，这样更利于推动直播营销的进程，同时也更有利于衡量营销的效果，也便于对营销者的直播营销能力进行快速判断。例如，一个手机品牌预期通过一场直播实现500万元的销售额，这500万元便是此次直播营销需要达到的目标。

（二）策划直播营销脚本

一场直播成功与否，决定性因素是主播的内容输出。只要直播的内容有特色，就很容易吸引人。撰写优质的直播脚本是关键因素之一。策划直播营销脚本不仅能帮助团队提高直播筹备工作的效率，还能帮助主播更快速地梳理直播流程，同时还能有效控制直播成本。

第一步：撰写前期准备工作脚本。

如表3-6-3所示，直播营销脚本策划的前期准备工作包括选品、确定主播人选、确定直播方式、确定直播间活动、寄样品、准备创建直播间需要的相关材料等。直播运营团队可以根据时间来进行参考。

表 3-6-3　直播前期准备工作脚本

时间	工作内容	具体说明
直播前 15~20 天	选品	选择要上直播的商品，并提交直播商品链接、直播商品的折扣价
	确定主播人选	确定是由品牌方自己提供主播，还是由直播运营团队提供主播
	确定直播方式	确定是用手机进行直播，还是用电脑进行直播
直播前 7~15 天	确定直播间活动	确定直播间的互动活动类型和实施方案

续表

时间	工作内容	具体说明
直播前7天	寄样品	如果是品牌方自己提供主播、自己做直播，则无须寄送样品；如果是品牌方请达人主播或专业的MCN机构（管理直播的机构）做直播，则品牌方需要向达人主播和MCN机构寄送样品
直播前5天	准备创建直播间需要的相关材料	准备直播间封面图：封面图要符合淘宝直播的相关要求；准备直播标题：标题不要过长，要具有吸引力

第二步：撰写整场直播活动脚本。

一般来说，整场直播活动的脚本应该包含表3-6-4中的要点。

表3-6-4 直播活动脚本

直播脚本要点	具体说明
直播主题	从用户的需求出发，明确直播的主题，避免直播内容没有营养
直播目标	明确开直播要实现何种目标，是积累用户、提升用户进店率，还是宣传新品等
主播介绍	介绍主播、副播
直播时间	明确直播开始、结束的时间
注意事项	说明直播中需要注意的事项
人员安排	明确参与直播人员的职责，例如，主播负责引导关注、讲解商品、解释活动规则；助理负责互动、回复问题、发放优惠信息等；后台/客服负责修改商品价格、与粉丝沟通转化订单等
直播流程细节	直播的流程细节要非常具体，详细说明开场预热、商品讲解、优惠信息、用户互动等各个环节的具体内容、如何操作等问题，例如，什么时间讲解第一款商品，具体讲解多长时间，什么时间抽奖等，尽可能把时间都规划好，并按照规划来执行

第三步：撰写直播中的单品脚本。

在直播中，常常还需要针对单独的某件商品撰写单品脚本，帮助主播在直播时能快速了解主要的营销内容。以某一款电热锅为例，撰写的单品脚本要点如表3-6-5所示。

表3-6-5 单品脚本

项目	商品宣传点	具体所示
品牌介绍	品牌理念	××品牌以向用户提供精致、创新、健康的小家电产品为己任，该品牌主张以愉悦、创意、真实的生活体验丰富人生，选择××品牌不只是选择一个产品，更是选择一种生活方式
商品卖点	用途多样	具有煮、涮、煎、烙、炒等多种烹饪功能
商品卖点	产品具有设计感	①分体式设计，既可以当锅用，也可以当碗用；②容量适当，一次可以烹饪一个人、一顿饭的食物；③锅体有不粘涂层，清洗简单
直播利益点	"双十一"特惠提前享受	今天在直播间内购买此款电热锅享受与"双十一"活动相同的价格，下单时备注"主播名称"即可
直播时的注意事项		①在直播进行时，直播间界面显示"关注店铺"卡片；②引导用户分享直播间、点赞等；③引导用户加入粉丝群

（三）编辑直播营销宣传文案

撰写好直播脚本以后，不能忘了直播营销宣传文案的写作。直播营销宣传其实就是为直播预热，一场成功的直播，需要在正式开始前就进行预热吸引用户。而一个好的文案能为直播预热起到画龙点睛的作用。直播营销宣传文案的写作方法如下。

1. 传递直播价值

在直播预热的文案中，首先应该告诉用户直播主题是什么，直播能带给用户什么价值。例如，将文案编辑为"大牌母婴特惠专场"。这样用户立马就能知道这场直播的主题，并判断值不值得观看。

知识拓展
了解直播电商的现状和未来发展趋势

2. 设置直播福利

在直播营销宣传的文案中，还应该设置专门为用户准备的福利，比如发放红包、抽奖、买一送一等，这些都能快速地吸引消费者，因此在编辑文案时需要着重强调这些福利，以此吸引用户来到直播间。

3. 留下直播悬念

一场直播通常有2~3小时，并且直播内容丰富。直播营销宣传文案可能无法完全将一场直播的所有内容囊括在内，所以在撰写文案时，要学会留下悬念，给用户想象的空间，这样更容易抓住用户的好奇心，吸引他们进入直播间。

（四）做好直播营销宣传

直播营销宣传其实就是直播预热，任何一场直播在开播前都需要通过一些预热的方式来吸引用户，这样既能提前为直播引流，又能提高个人或企业的影响力。

1. 在个人简介中发布直播预告

为了让用户提前知道直播的时间和主题，营销者可以在直播开始前将预告信息发布到个人简介中。通常，这种预告会以简短的文字形式呈现，例如"5月8日，13点直播，好物狂欢购"。这种方式适合拥有一定粉丝基础的个人。

2. 发布直播预告短视频

直播预告短视频是一种常见的预热方式。营销者可以通过短视频告知用户直播的时间、主题和内容。对于已成为粉丝的用户，营销者可以发布纯直播预告短视频，简单明了地传达直播的相关信息。如果要吸引新用户，营销者可以在预告短视频中告知福利、设置悬念或者植入预告。如果要形成连锁营销效应，营销者可以在每次直播前后发布上次直播、本次直播中有趣的视频片段。

3. 站外直播预热

通过在微博、微信、抖音、小红书等第三方平台上进行直播预热，营销者可以进一步扩大营销的范围，提高影响力。例如，在抖音上发布直播预告文案。

六、考核与评价

通过本任务的学习，学生已经充分了解了直播营销内容策划的基本流程，特别是关于短视频脚本和文案策划和撰写的方法。请根据表3-6-6进行自我评价。

表 3-6-6　直播营销内容策划学习评价

评价项目	评价要点	自评	互评	师评
明确直播营销目标	1. 能确定直播营销的内容（10分）			
	2. 能根据直播内容找到目标客户（10分）			
	3. 能明确直播目标并将目标数字化（10分）			
策划直播营销脚本	4. 理解策划直播营销脚本的重要性（10分）			
	5. 能合理策划并撰写前期准备工作脚本（10分）			
	6. 能合理策划并撰写整场直播活动脚本（10分）			
	7. 能合理策划并撰写直播中的单品脚本（10分）			
编辑直播营销宣传文案	8. 能在宣传文案中传递直播价值（10分）			
	9. 能在宣传文案中设置合理的直播福利（10分）			
	10. 能根据实际做好直播预热（10分）			
总评成绩				

备注：自评、互评、师评三项的分数取平均值，计入总分。评价结果分为 A（85~100 分）、B（75~84 分）、C（60~74 分）、D（60 分以下）四个等级。
A 优秀；B 良好；C 合格；D 待合格。

七、巩固与练习

1. 判断题

（1）直播活动开始前，首先应该明确直播营销的目标，这样才有助于直播运营团队制定具体的营销方案、明确直播的目的以及最终评估营销效果。（　　）

（2）在直播中只需要策划撰写好整场直播活动脚本就可以了，单品脚本作用并不明显。（　　）

（3）一场直播成功与否，决定性因素是主播的内容输出。（　　）

2. 简答题

（1）在确定直播营销目标时需要思考些什么？

（2）说说直播营销宣传文案的写作方法。

3. 技能实训题

请大家选择任意一件商品作为直播对象，结合课程内容，为该场直播活动进行营销内容策划，完成以下方案（表 3-6-7）。

表 3-6-7　直播营销内容策划方案

项目	具体方案
明确直播营销目标	
策划直播营销脚本	
编辑直播营销宣传文案	

八、技能归纳图表

技能回顾：
(绘制本任务的技能关系图)

直播营销内容策划 ┤ 明确直播营销目标：
　　　　　　　　　策划直播营销脚本：
　　　　　　　　　编辑直播营销宣传文案：

思考总结：

九、拓展案例

小米 Max 超耐久无聊待机直播

在营销界，小米也一直是个传奇的存在。2016年5月10日，小米大屏手机小米 Max 举行发布会，如图 3-6-15 所示。为证明其超耐久性，就在 B 站和自家的小米直播平台开启了一场"小米 Max 超耐久无聊待机直播"，如图 3-6-16 所示。直播中，推广主角小米 Max 被放置在桌上，每隔 1 小时点亮手机屏幕一次，假如手机有电，那么持续直播。结果，该直播进展到第 15 天时，观看总人数已超过了 2 600 万人，并收获了约 676.7 万礼物和 24.4 万的关注量。

思政看点

企业的发展离不开守正创新，守正才能不迷失方向、不犯颠覆性错误，创新才能把握时代、引领时代。

图 3-6-15　小米 Max 发布会

而小米公司创始人、董事长兼 CEO 雷军在线下发布会之后，于晚间 8 点左右开启小米直播与观众互动，同样吸引了最高 28 万人同时在线，他幽默地称自己终于超越了同事"大神"已成小米第一。

对于直播，雷军表示："我非常同意扎克伯格的那句话，直播真是一个冲动人心的事情。就像当年我们感觉 BBS 是不得了的创新，后来博客、微博的出现也使我们非常惊喜，直播一定会改变信息交互形式，因为通过这种方式没有什么是不能说的，也没有什么是说不清楚的。"

因为看到了小米 Max 直播超预期的传播和转化效果，2016 年 5 月 25 日，小米无人机发布会采取了纯线上形式，除了小米直播、小米网、小米微博、小米论坛、MIUI 论坛等小米旗下平台，还结合爱奇艺、哔哩哔哩、CIBN、第一财经、斗鱼、凤凰科技、虎牙直播、京东、龙珠直播、熊猫 TV、蜻蜓 FM、天猫、喜马拉雅 FM、1 直播、YY、优酷、战旗 TV、Knews 等二十余个国内热门直播平台对发布会进行了同步直播，如图 3-6-17 所示。

图 3-6-16　B 站 "小米 Max 超耐久无聊待机直播"

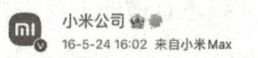

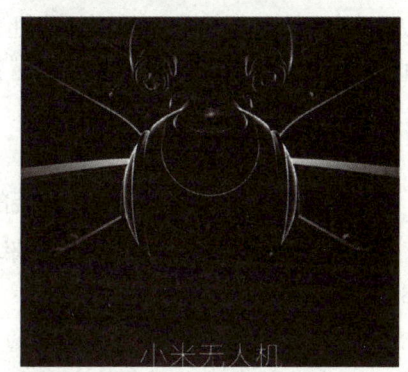

图 3-6-17　"小米无人机发布"微博预热

最后，这场 3 小时的线上发布会，观看总人数达到 1 092 万，同时在线观看人数最高达到 156 万，其中，通过小米直播观看的人数就超过 100 万，而雷军作为整场发布会的主播，从小米直播收获超过 300 万星票，再次刷新小米直播纪录，以至于被粉丝调侃，"某 CEO 转型做网红，月入百万"。

直播中，雷军再次分享自己对直播的看法："直播是一种全新的方式，这里面存在宏大的时机，建议创业者关注直播，利用好直播向用户介绍自己的产品。"

（案例来源：https://wenku.baidu.com/view/174cf33cf6335a8102d276a20029bd64783e62ef.html?fr=income5-doc-search&_wkts_=1678975230375&wkQuery=%E7%9B%B4%E6%92%AD%E8%90%A5%E9%94%80%E7%AD%96%E5%88%92%2B%E6%A1%88%E4%BE%8B）

任务三　直播流程与技巧点

一、学习任务

对于直播新手而言，最大的挑战不在于讲解商品，而在于如何保持兴奋状态并掌控直播的节奏形成关键转化。一个良好的直播流程可以帮助新手在这方面保持稳定输出，掌握节奏，并快速成长。此外，掌握直播的关键技巧点还可以营造主播与粉丝之间的互动氛围，提升直播间的转化率，实现品牌或企业的营销目标。本任务将针对直播流程与技巧点详细展开，让个人、品牌、企业熟悉直播的主要流程以及直播中一些重要的技巧点。

二、建议课时

4课时。

三、任务分析

完成本任务首先需要充分了解直播的一般流程，包括直播前—直播中—直播后三个阶段，特别是要熟悉每个直播流程中的主要步骤和要点。其次需要掌握直播活动的关键技巧，包括打造个人IP、进行直播推广以及吸引和维护粉丝的技巧，并能通过这些重要技巧吸引观众的注意力，了解如何与观众互动、如何处理突发情况并引导观众购买产品等，通过不断优化自己的直播表现，提高直播水平和直播营销的效果。

四、引入案例

"太平鸟"女装的特色带货之路

从2020年下半年起，"太平鸟"女装进驻抖音电商，正式设立专门团队运营抖音小店，如图3-6-18所示。

针对抖音用户所呈现的互动高、决策快的特点，"太平鸟"女装以每天长时间自播为切入点，沉淀精准粉丝，配合流量投放，寻找精确目标人群，同时着力提升直播内容。

在数据层面，关注流量、转化、沉淀数据的变化，根据数据表现，不断优化直播间策略，最终获得品牌总销售额的快速成长：短短几个月内，日均GMV从10万元提升至约300万元。"太平鸟"女装直播的成功，有这样两点经验值得我们学习。

1. 借助付费投放撬动流量增长，精细化运营

在开店初期，由于粉丝积累少，"太平

图3-6-18　太平鸟女装抖音直播间

鸟"女装的转化能力欠佳，难以获得足够的自然流量。凭借每天超过18个小时的持续自播投入，品牌逐步沉淀高购买意向的用户人群；通过分析这一批初期客群画像，得以准确定位付费流量的投放人群，不仅补充了流量来源，还提高了转化率，将雪球滚动了起来，免费流量的推荐开始增加，免费流量的准确性也逐步优化，成为店铺成长的基础。

内容是良好运营的核心，"太平鸟"女装持续打磨、优化内容：升级布置直播间和商品橱窗；通过不同体型的主播搭配讲解同一套衣服，全面展示商品的卖点。优质的直播间运营带动了商品的高转化。

"太平鸟"女装围绕用户生命周期，前后台密切协作：短期内，以口播形式为账号增粉，撬动短效杠杆；在长期，不断完善客服响应速度和备货情况，以迅速的物流和优质的售后服务保证客户的满意度，极大提高复购率。

2. 读懂用户，人设化主播团队打造"抖音范儿"的优质内容

在内容产出方面，无论是短视频还是直播，太平鸟都始终紧跟用户需求，在抖音内容趋势与品牌调性中寻找结合点，从而高效产出优质的"抖音范儿"内容，为品牌准确触达目标人群。

"太平鸟"将主播团队打造成"PB女团"，通过每位主播鲜明的人设特点，传递品牌理念，主播的成长也极大带动了店铺人气的成长；在直播中，以主播个性化的风格、体型、穿搭场景匹配合适的货品，借助专业的主播表现力和直播间成熟的运营配合，为用户呈现丰富的货品选择；在短视频创意方向，将品牌诉求与流行内容相结合，灵活运用穿搭、变装、人像摄影、探店等诸多流行主题拍摄短视频，为账号持续积累粉丝。

（案例来源：https://zhuanlan.zhihu.com/p/456831460）

五、任务的实施

（一）直播流程

一般而言，主播的开播流程可分为直播前准备、直播中展示和直播后复盘三个环节。对于初学者来说，直播前10分钟和直播末尾30分钟尤为重要，但很多人会忽视这些环节，从而影响了直播的效果。下面我们就一起来学习直播中这三个必备流程。

1. 直播前准备

首先，在进行直播之前，直播营销团队需要准备好直播间的设备、布置好背景，并准备好直播时所需的脚本，做好开播前的预热工作，同时还需要熟记产品信息。

2. 直播中展示

直播中的流程包括开场、产品介绍、催付、反复介绍、结束等几个主要步骤，如表3-6-8所示。各步骤包括直播各环节的时间点、直播内容和参考话术。

表3-6-8 直播中展示流程

时间点	直播内容	参考话术（固定话术）
开场 10分钟	主播介绍此次直播主题，介绍本期产品情况，介绍优惠力度和折扣	"大家好，我是××，欢迎大家来到××直播间，本周是我们七夕直播专场，今天我们为大家带来了××款超值商品，详情可以浏览直播间左下方购物袋，直播过程中大家想看哪款随时给主播留言，我会给大家展示商品细节。有喜欢的款我会给大家申请超低直播价！"

续表

时间点	直播内容	参考话术（固定话术）
产品介绍 5 分钟	主播介绍产品，穿插评论互动	
催付 5 分钟	主播重复强调商品折扣、吸睛点，催促用户下单付款	原价比较："这款商品原价都要××元，现在为了回馈我们的用户，直播价只要××元，看上这款商品的宝贝真的不要犹豫了，错过就只能原价购买了！这么超值的商品肯定是不愁销量的，主播就再说最后一遍我们就看别的商品了。" 强调产品欢迎度："刚刚有一个宝贝留言对这款××感兴趣，如果直播间还有同样感兴趣的宝贝，直播间留言，主播看看人多的话就去给大家申请折扣。" 工艺比较："市面上光是这项工艺、这种材质的产品，价格都要到××元，现在直播价只要××元，主播都不敢相信我们的折扣力度了，在保真的前提下能这个价格到手，宝贝你们还在犹豫什么？" 同类比较："这款商品真的是容量越大越划算，大毫升的价格比小毫升算下来还合适！"
反复介绍	可介绍两三个商品后或所有商品介绍过后，返回重复介绍商品	"刚才有宝贝留言这款××，主播愿意再次给你详细介绍下这件商品，因为实在是太超值，相当于捡到了大便宜。刚来直播间的宝贝们也不要着急离开，看一下这款××，因为它值得你的停留。" "主播给大家推荐几款本次最值得购买的产品吧，就是××、××。真的这些就是闭眼入，没有毛病绝对全网低价。"
结束	主播提前半小时预告直播即将结束，催付，预告明天直播，到点口播结束语	"今天我们的直播马上就要结束了，还有没完成付款的宝宝要及时告诉主播，我们直播的商品都是仅此一件，错过就没这个价格了，明天早上 11 点会有新款，大家记得准时收看直播哦，拜拜啦！"

3. 直播后复盘

直播后复盘分为四个步骤：目标回顾—原因分析—结果评估—规律总结。

（1）目标回顾。我们进行这场抖音直播的目的是什么？是为了提高某产品的销量，还是为了吸引更多的关注者？直播营销团队要根据设定的目标来分析结果。

（2）原因分析。根据本次直播的目标，我们需要确定是否达成了目标。如果未能达成，我们需要分析原因是什么。同时，如果已经完成了目标，我们需要评估哪些方面可以继续保持，以及存在哪些不足需要改进。

（3）结果评估。根据预设的直播目标，我们的完成度达到了多少？如果未能达成目标，我们需要分析原因是什么。同时，我们也需要从中学习到什么，以便于更好地改进未来的直播活动。

（4）规律总结。通过对以上直播复盘分析的总结，我们可以吸取成功的经验，同时也能够深入了解成功与失败的关键原因。

(二) 直播技巧点

1. 打造个人 IP

在直播营销中，打造个人 IP 是一种常用技巧，它有助于树立个人、企业或品牌的独立形象，并突出其特色。个人 IP 代表着个人、企业或品牌的形象和特点。其在市场上的影响力也反映了个人、企业或品牌的流量和商业价值，如董明珠个人 IP 直播营销。格力公司的董事长董明珠，不仅代表着自己的形象和特点，也代表着格力的形象，影响着格力的市场价值。在直播营销中，打造个人 IP 能够降低营销成本，更容易获得用户的信任，以及更多的话语权。打造个人 IP 需要注意以下两个方面。

（1）个性化定位：为了打造一个独特的个人 IP，必须考虑到受众的需求和喜好，制定出符合市场的定位策略，并寻找个性化的营销方式，以吸引更多的关注和粉丝。

（2）品牌塑造：为了提升个人 IP 的商业价值，需要建立一种可信、可靠、有影响力的品牌形象。这需要长时间的努力和良好的品牌管理，包括维护个人形象、定期发布有价值的内容和交流互动，以及与粉丝和用户的沟通和互动。

2. 进行直播推广

在直播营销中，推广是非常重要的一步。无论是个人、企业还是品牌直播，都需要进行推广。好的推广不仅能为直播带来更多观众，还能扩大影响力，提高商业价值。如果营销者能掌握以下技巧，直播推广将会更加顺利。

知识拓展
直播推广平台

（1）合作推广。营销者可以采用多种策略来推广直播。首先，营销者可以与其他主播合作，互相推广账号，吸引对方的粉丝关注自己的直播，从而扩大直播的影响力。其次，营销者还可以邀请领导参与直播。政府和企业领导的参与本身就具有吸引力，尤其是知名领导的参与更能为直播内容背书。这不仅可以提高直播的影响力，还可以增加用户对营销者的信任感和好感度。重庆市奉节县的领导班子参与淘宝直播，为奉节县扶贫助农助力。这种策略不仅能够提升直播的知名度，还可以拉近营销者和用户之间的距离，增强用户的信任感。

（2）付费引流。直播推广有多种方式，其中付费推广是最为常用的方法。主流直播平台的付费引流方式如表 3-6-9 所示。不同的直播平台提供的付费推广路径各有不同，营销者可以根据自身需求进行选择。

表 3-6-9　主流直播平台的付费引流方式

直播平台	付费引流方式
淘宝直播	在手机淘宝中找到"超级推荐"，然后选择其中的"直播推广"功能。这样可以将直播间推荐到"猜你喜欢""淘宝直播"等资源位上。其中，"猜你喜欢"适合新主播进行引流，"淘宝直播"则适合有粉丝基础的个人、企业或品牌进行"增流"
抖音直播	抖音中的付费推广路径是"DOU+投放"，这个页面上有不同的选项可供选择。如果希望在直播前进行投放，可以选择"DOU+上热门"，如果是直播中需要进行投放，可以选择"DOU+直播上热门"
快手直播	快手直播推广采用网络广告每次单击成本（Cost Per Click，CPC）竞价方式，每位观众的推广费为 1 快币（0.1 元），但 CPC 竞价的起拍价为 2 快币（0.2 元）。出价越高，观众进入直播间的速度越快。结算时以最终进入直播间的人数为准

3. 吸引和维护粉丝

直播营销的主要目的是吸引粉丝和获取流量，以实现最终的营销目标。一旦吸引到粉丝，营销者还需要对其进行维护，将其转化为忠实粉丝，并成为个人、企业或品牌前进的动力支持。

（1）吸引粉丝。吸引粉丝最关键的是要取得粉丝的信任。为了获取信任，主播首先要坚持诚实守信、准时、坚持三大基本原则。除此以外，主播还应通过打造自身的差异化来提高自身魅力，提升地位，从而吸引粉丝。最后，进行多平台推广也是吸引粉丝的一个重要方式。

（2）维护粉丝。拥有粉丝后，还需要巩固粉丝对自身的信任，避免粉丝流失。直播营销团队维护粉丝应从以下几点入手：提供高质量的直播内容、与粉丝保持互动、为粉丝提供专属福利和优惠、组织活动和互动、保持沟通和反馈。

六、考核与评价

通过本任务的学习，学生已经充分了解了直播活动的三大主要流程，并且掌握了直播的重要技巧点。请根据表 3-6-10 进行自我评价。

表 3-6-10　直播流程与技巧点学习评价

评价项目	评价要点	自评	互评	师评
直播流程	1. 是否了解直播前准备的主要工作内容（10分）			
	2. 是否了解直播中的主要步骤和直播内容（10分）			
	3. 是否熟悉直播中每个步骤应对的直播话术（10分）			
	4. 是否了解直播后复盘的主要步骤和要点（10分）			
直播技巧点	5. 是否理解打造个人IP的目的（10分）			
	6. 是否了解打造个人IP的方法（10分）			
	7. 是否了解进行直播推广的重要性（10分）			
	8. 是否熟悉直播推广的方式（10分）			
	9. 是否了解吸引粉丝的方法（10分）			
	10. 是否了解维护粉丝的方法（10分）			
总评成绩				

备注：自评、互评、师评三项的分数取平均值，计入总分。评价结果分为 A（85~100 分）、B（75~84 分）、C（60~74 分）、D（60 分以下）四个等级。

A 优秀；B 良好；C 合格；D 待合格。

七、巩固与练习

1. 判断题

（1）在抖音平台，如果希望在直播前进行投放，可以选择"DOU+直播上热门"。（　　）

（2）直播后复盘分为四个步骤：目标回顾—原因分析—结果评估—规律总结。（　　）

（3）吸引粉丝最关键的是要取得粉丝的信任，只要吸引了粉丝就能保证实现营销目标。（　　）

2. 简答题

（1）直播中的主要流程和内容有哪些？

（2）打造个人IP的作用是什么？如何打造个人IP？

3. 技能实训题

请为你的直播营销分别进行个人IP的打造、直播推广、吸引和维护粉丝，并完成以下的具体实施方案（见表 3-6-11）。

表 3-6-11　直播 IP 打造、推广、吸引和维护粉丝方案

项目	实施方案
打造个人 IP	
进行直播推广	
吸引粉丝	
维护粉丝	

八、技能归纳图表

技能回顾：
（绘制本任务的技能关系图）

直播流程与技巧点 ｛ 直播流程：
　　　　　　　　　直播技巧点：

思考总结：

九、拓展案例

县长变身直播"带货王"

在疫情期间，为了解决农副产品的滞销难题，云南省将目光转向"直播卖货"。

"各位网友大家好，我是云南省普洱市西盟佤族自治县副县长孙海军，我今天给大家带来的是西盟的百花蜂蜜，这一款百花蜜有好听的名字——佤寨甜蜜蜜，寓意着新时代阿佤人甜蜜的日子……"

2020 年 3 月 26 日，孙海军化身主播，通过西瓜视频平台向百万网友推荐西盟的天然蜂蜜产品。

"大家要记得点击右上角领取优惠券再下单，有

思政看点

　　该案例不但让我们了解了直播话术技巧和直播推广技巧，更加让我们感受到了如今各族人民的生活蒸蒸日上、民族风情多姿多彩。

10元和25元的优惠券。"

"我倒数5个数,大家一起用甜蜜蜜刷屏,我们选取网友赠送礼物。"

"和我一起主播的,还有能歌善舞的佤族姑娘杨娜,让她给大家唱首歌……"

虽是第一次直播,但孙海军的一番操作下来,让他推荐的商品迅速蹿红。统计显示,在2020年3月26日的直播中,孙海军为西盟售出3.9万件产品,销售总额达237.4万元。

像孙海军这样的"带货"现场,如今在云南的许多地区,已属于常规操作。受疫情的影响,云南不少农副产品遇到滞销难题,许多农户面临农副产品运不出去也卖不出去的难题。

如果错过时机,菜将烂在地里,水果会过了季节,这令农户们心急如焚。特别是一些刚刚脱贫的地区,精准扶贫刚有起色,如果农副产品严重滞销,就会面临因疫返贫的风险。

在疫情防控不松懈、脱贫攻坚要加劲的关键时刻,为打通制约生产供应的堵点和难点,促进农产品线上销售,连日来,云南多地多名副县长化身"网红"走进直播间,为所在地代言、带货。一时间,云岭大地上,春潮涌动,万物皆可"播"。

(案例来源:https://m.thepaper.cn/baijiahao_6965724)

模块四

电子商务安全与电子支付

  随着电子商务的快速发展，网络活动中逐渐显现出了越来越多的电子商务安全问题，因此我们在使用电子商务时，也应该学会提高个人网络安全防范意识。同时，随着科技的发展，手机及电子支付方式在国内逐渐普及，越来越多的消费者会选择使用移动支付来进行日常的消费支付。随着移动购物端越来越多，移动支付的使用者也越来越多。因此作为新时代的青年，需要了解什么是移动支付，要学会如何使用移动支付。本模块将为学生介绍电子商务安全认知、电子商务日常安全防范以及移动商务支付的相关知识。

  总体来说，电子商务安全是指电子商务过程中的网络安全和电子商务信息安全，而移动商务支付就是电子支付从 PC 端向移动端的转化，同时也有专为移动支付所开发的第三方使用于手机上的应用。本模块采用理论结合实际的方法，介绍电子商务安全及常见的移动支付分类方法和使用场景以及第三方移动支付的使用方法和技巧。

学习目标

一、知识目标

1. 掌握电子商务安全的概念。
2. 了解个人计算机及移动端受到的威胁。
3. 计算机及移动端用户日常安全防范。
4. 熟悉移动商务支付涉及的相关知识。
5. 掌握移动支付的分类和使用场景。
6. 掌握第三方移动支付的使用方法和技巧。

二、技能目标

1. 通过学习电子商务日常安全防范知识，树立个人防范意识，对个人计算机及移动设备进行相应的安全操作及保护。
2. 通过对移动商务支付相关知识的理解和掌握，能够独立申请并选择移动支付平台及完成相关平台的注册，能够根据场合选择恰当的移动商务支付方式完成交易。

三、思政目标

1. 在使用互联网时，要时刻注意安全操作，树立防范意识，要学会辨别信息的真假，时刻对陌生人、陌生信息保持警惕。
2. 在移动商务支付平台使用过程中，应注意支付安全，并注意防范电信诈骗，谨记作为商务人员应当在转账支付过程中，确保支付方式的合法性，逐步培养安全防范意识及遵纪守法的行为准则。

项目一　电子商务安全

随着电子商务的不断发展，电子商务已经渗透进人们生活的方方面面。随着人们对电子商务的依赖逐渐加深，也逐渐暴露出许多电子商务安全问题。只有解决了电子商务的安全问题，人们才能够真正放心地享受电子商务带来的便捷性。除了人们提高自身安全意识以外，还需依靠相关制度的不断完善及相关法律的不断健全来防范电子商务安全问题。本项目重点为学生介绍电子商务安全认知及电子商务日常安全防范。通过本项目的学习，学生可以认识电子商务安全问题，树立电子商务安全防范意识。

任务一　电子商务安全认知

一、学习任务

随着网络技术的不断发展，电子商务活动中也暴露出各种网络安全问题。为了避免在电子商务活动中遭受损失，提高自身对电子商务安全的认知至关重要。本任务通过对电子商务安全的讲解，让学生了解电子商务中存在的安全问题。

二、建议课时

4课时。

三、任务分析

本任务将介绍电子商务安全的概念以及电子商务面临的安全威胁。学生在学习了本任务后，可以对电子商务安全建立初步的认识。

四、引入案例

街头扫码就送礼品，小心是诈骗！

"小朋友，你喜不喜欢这个卡通公仔呀？喜欢的话叫你妈妈扫描一下这个二维码就可以免费送给你了……"

你是否也在街头遇到过这种"好事"？只要拿出手机扫二维码就可以获得相应的礼物，看似十分简单轻松的操作，背后却暗藏猫腻，一不小心就可能掉入电信诈骗的陷阱之中。

近日，居民孙女士在大街上参加扫码进群的活动，给孩子领了两个卡通发夹，随后她看到群内有人发布了一则兼职招聘广告。

动动手指就能日赚百元，关键还不影响正常工作，如此好的赚钱机会，孙女士赶紧按照提示添加了"客服"微信，对方详细询问了她的职业、收入等情况，并表示，只要孙女士想做，就一定能赚钱。

客服很直白地告诉孙女士，他们所说的赚钱项目都是在一款名叫"恒天公益竞猜"平台上操作完成。对方表示，要想赚钱，前期就需要先投一小部分钱。

看着操作简单，也投不了多少钱，孙女士心动了，她决定参与这个赚钱计划。在客服的指导下，孙女士先投了100元试水。过了一会，她提现了130元。

客服告诉孙女士，这只是她的收益，本金目前还在赚钱中，要是想多收益，就得多投钱。随后，客服发给孙女士一个所谓的"晋升任务单"，里面共有A、B、C、D、E五个任务，每个任务后面有相对需要投资的钱数以及提现金额。为保险起见，孙女士最终选择五个任务中投资最少的A任务。

很快，客服告诉孙女士，她投的钱又有了几十元的收益。但是，并没有达到提现标准，要想拿到这些收益，还需要继续投钱。

随着收益越来越多，孙女士投资的金额也从最初的100多元，增加到了上万元。渐渐地孙女士发现，自己赚的钱只是软件中余额的一串数字，怎么才能提现呢？她不断询问客服提现的时间和方法，都被对方搪塞了过去。投了5万元，孙女士的家底儿已经被彻底掏光，她不敢告诉家人，因为那是她近两年的存款。此时，她再次向客服提出提现的想法，客服却告诉她，由于系统维护，目前暂不能提现，如果孙女士想继续投资，他们可以向后台申请。

随后，孙女士感觉不对，再找对方理论时，已被对方拉黑。自己近两年的存款，血本无归，孙女士十分懊悔。

对此提醒大家如下几点：

（1）如果遇到用送礼、兼职赚钱等名义让你为陌生人提供扫码帮助的应提高警惕。提醒那些准备扫码兼职的人，要知道扫码背后复杂的性质，不要稀里糊涂地做了别人的工具。

（2）送礼品也好，返红包也罢，街头二维码隐藏着诸多陷阱，想要不被骗，就请时刻记住天下没有免费的午餐！为了微不足道的小礼品泄露手机里的个人信息，致使钱财受损那才是真正的得不偿失。

（3）通过让群众扫码进入网络平台兼职刷单群和博彩下注群等都是犯罪分子实施的一种诈骗行为，不要有"贪小便宜"和"轻松赚大钱"的心理，也不要轻信所谓的高额回报，否则只会越陷越深，落入圈套，遭受更大的财产损失。

（案例来源：https://baijiahao.baidu.com/s?id=1732585414951961771&wfr=spider&for=pc）

五、任务的实施

（一）电子商务安全的概念

电子商务安全是指电子商务过程中的网络安全和电子商务信息安全。网络安全主要包括网络设备的安全、网络系统的安全和数据库的安全等。电子商务信息安全是指传统商务活动在网络上应用的整个过程中的安全。

从广义上讲，它不仅与计算机系统本身有关，还与电子商务的应用环境、人员素质和社会因素有关，这主要包括电子商务的安全技术、管理制度及电子商务安全立法等方面的内容。从狭义上讲，它是指电子商务信息的安全，主要包括两方面的内容，即信息存储安全和信息传输安全，如防病毒、防黑客、入侵检测等。

(二) 个人计算机受到的威胁

1. 计算机病毒

计算机病毒在《中华人民共和国计算机信息系统安全保护条例》中有明确定义：计算机病毒是编制者在计算机程序中插入的破坏计算机功能或者破坏数据，影响计算机使用并且能够自我复制的一组计算机指令或者程序代码。

2. 流氓软件

流氓软件是介于计算机病毒和正规软件之间的软件。如果计算机被安装了流氓软件，可能会出现以下几种情况：用户使用计算机上网时，会有窗口不断弹出；浏览器被莫名修改；打开网页时，网页会显示不相干的奇怪画面，甚至是黄色广告。

有些流氓软件只是为了达到某种目的，如广告宣传。这些流氓软件虽然不会影响计算机的正常使用，但有时会在用户启动浏览器时多弹出一个网页，以达到宣传的目的。流氓软件包含间谍软件、行为记录软件、浏览器劫持软件、搜索引擎劫持软件、广告软件、自动拨号软件和盗窃密码软件等。

3. 木马程序

木马程序是一种比较特殊的计算机病毒。与一般的计算机病毒不同，它不会自我繁殖，也并不主动地去感染其他文件。它通过伪装自身来吸引用户下载，之后黑客可通过木马程序任意毁坏、窃取用户计算机中的文件，甚至远程操控用户的计算机。

> 知识拓展
> 什么是木马病毒

4. 网络钓鱼

网络钓鱼是指攻击者利用欺骗性的电子邮件和伪造的 Web 站点进行的网络诈骗活动，受骗者往往会泄露自己的私人资料，如信用卡卡号、银行卡账户和身份证号码等内容。攻击者通常会将自己伪装成网络银行、在线零售商和信用卡公司等，骗取用户的私人信息。

网络钓鱼的攻击者在实施网络诈骗的犯罪活动过程中，经常会将假冒网站、木马程序和黑客技术等手法配合使用，还有的会通过手机短信、微信、QQ 等即时通信工具实施不法活动。除了传统的虚假网购、中奖诈骗等钓鱼欺诈手段外，仿冒手机银行和电信运营商等形式的钓鱼欺诈事件也很多。

(三) 移动端受到的威胁

1. 手机病毒

手机病毒是一种具有传染性、破坏性的手机程序，可用杀毒软件查杀，也可以手动卸载。手机病毒可通过发送短信、彩信、电子邮件，浏览网站，下载铃声，应用蓝牙传输等方式进行传播，会导致用户手机死机、关机，个人资料被删，对外发送垃圾邮件，泄露个人信息，自动拨打电话、发短（彩）信等，甚至会损毁 SIM 卡、芯片等硬件，导致手机无法正常使用。

2. 手机系统漏洞

手机系统漏洞是指手机应用软件或手机系统软件在逻辑设计上的缺陷或错误被不法者利用，通过植入木马、病毒等方式来攻击或控制手机，以窃取手机中的重要资料和信息。

3. 无线网络钓鱼

无线网络钓鱼是指网络骗子建立无线接入点诱使用户使用这些接入点连接到网络。在用户使用这些接入点的过程中，网络骗子通过网络监听、密码强力破解等手段盗取用户的密码和个人资料。近年来，无线网络钓鱼案件越来越少，但我们还是应该注意保护自己的信息安全。

六、考核与评价

本任务介绍了电子商务安全的概念以及电子商务面临的安全威胁。学生在学习了本任务后，应对电子商务安全有一定的认识。请根据表 4-1-1 进行自我评价。

表 4-1-1　电子商务安全认知学习评价

评价项目	评价要点	自评	互评	师评
电子商务安全认知	1. 了解电子商务安全的含义（10分）			
	2. 能够区分电子商务的狭义与广义（10分）			
	3. 能够说出个人计算机受到的威胁（10分）			
	4. 能够说出移动端受到的威胁（10分）			
	5. 了解计算机病毒的含义（10分）			
	6. 了解流氓软件的含义（10分）			
	7. 了解木马程序的含义（10分）			
	8. 能够区分网络钓鱼和无线网络钓鱼（10分）			
	9. 了解手机病毒的含义（10分）			
	10. 了解手机系统漏洞的含义（10分）			
总评成绩				

备注：自评、互评、师评三项的分数取平均值，计入总分。评价结果分为 A（85~100分）、B（75~84分）、C（60~74分）、D（60分以下）四个等级。
A 优秀；B 良好；C 合格；D 待合格。

七、巩固与练习

1. 判断题

（1）电子商务安全是指电子商务过程中的网络安全和电子商务信息安全。（　　）
（2）移动端受到的威胁主要包括流氓软件、木马程序和网络钓鱼。（　　）
（3）计算机病毒是编制者在计算机程序中插入的破坏计算机功能或者破坏数据，影响计算机使用并且能够自我复制的一组计算机指令或者程序代码。（　　）

2. 简答题

（1）电子商务安全从广义和狭义上分别是如何定义的？
（2）个人计算机受到的威胁主要有哪些？

3. 技能实训题

结合本任务所学，调查生活中存在的电子商务安全问题，并说一说应该如何防范此类问题。

八、技能归纳图表

技能回顾：
(绘制本任务的技能关系图)

电子商务安全认知 ⎰ 电子商务安全的概念：
　　　　　　　　⎱ 个人计算机受到的威胁：
　　　　　　　　 移动端受到的威胁：

思考总结：

九、拓展案例

"3·15"晚会聚焦个人信息安全　App合规治理势在必行

2022年3月15日，中央电视台"3·15"晚会再次聚焦App合规话题，晚会以"'免费Wi-Fi'App暗藏陷阱"和"低配儿童智能手表成行走的偷窥器"为题，对打着免费自动连接Wi-Fi名义实际进行"欺骗误导用户下载App"和"欺骗误导用户提供个人信息"的违规行为，以及依托穿戴设备进行"App强制、频繁、过度索取权限"进行深度报道。

"免费Wi-Fi"实际检测中并未能提供免费的可以连接的Wi-Fi，而是在应用的界面标注显著的"打开""确认""连接"内容对用户进行诱骗点击，用户点击后系统即自动开始其"暗藏"App的下载，随着测试的不断增加，手机内越来越多的App被自动安装，手机也开始频繁弹出各类广告并变得卡顿难用。

低配儿童智能手表一般使用低版本的安卓系统，恶意程序可以轻而易举地安装到儿童表中，同时各类App无须用户授权就可以拿走定位、通信录、麦克风和摄像头等多种敏感权限，这也就是意味着能轻松获取孩子的位置、人脸图像、录音等隐私信息。

中国电子技术标准化研究院网安中心测评实验室何延哲副主任表示："低版本的操作系统，它其实背后也有一种成本的考虑，但是它忽略了用户使用的安全性，给消费者带来了无穷的后患。"

2022年3月14日，国家互联网信息办公室发布关于《未成年人网络保护条例（征求意见稿）》再次公开征求意见的通知，意见稿第四章指出，个人信息保护应重点要求加强未成年人个人信息的保护，个人信息处理者对其工作人员应当以最小授权为原则，严格设定信息访问权限，控制未成年人个人信息知悉范围。

下一步，工业和信息化部坚决贯彻落实党中央、国务院决策部署，积极采取有效措施，持续强化电信和互联网用户个人信息保护，针对侵害用户权益行为开展专项治理，加强技术检测和监督检查，加大处置和曝光力度，积极配合有关部门严厉打击网络黑灰产业等违法犯罪行为，全力营造更安全、更健康的信息通信消费环境。

（案例来源：https://baijiahao.baidu.com/s?id=1727461422360379364&wfr=spider&for=pc）

任务二　电子商务日常安全防范

一、学习任务

电子商务安全技术的提高、管理制度的完善、法律制度的健全需要政府和用户的不断努力。个人用户和企业用户在互联网上开展商务活动时要注意进行网络安全防范。本任务主要讲解电子商务日常安全防范措施，让学生在生活中尽可能地规避网络安全风险。

二、建议课时

4 课时。

三、任务分析

本任务将介绍计算机及移动端的日常安全防范。学生在学习了本任务后，可以在一定程度上提高自身安全意识，预防生活中常见的网络安全问题。

四、引入案例

下载未知 App 导致多人被骗

2022 年 3 月 29 日下午，24 岁的杨女士报警称：自己被一名"警察"骗了 1.4 万元。当天杨女士接到一个自称是曲靖市公安局刑侦调查队警察的电话，对方自称在北京破获一起银行卡诈骗案，而杨女士的一张银行卡与诈骗案有关，需要其配合调查。

接着，对方提供过来一个网址，杨女士竟然真的查询到在该平台上自己的个人信息，于是慌张地问对方自己该怎么处理才能洗脱嫌疑。该警察称需要冻结杨女士的三张银行卡，于是杨女士按照对方要求办理了一张邮政储蓄银行卡，并将其所有的钱转到邮政储蓄银行卡内。后按照对方要求购买了一部二手手机，根据对方要求下载了一个名为"公安防护"的 App。

因购买的二手手机无法使用，她按照对方的指引将招商银行卡上的 7 000 元，工商银行里的 2 800 元，以及从滴滴打车借款的 4 798 元提现到邮政储蓄银行卡内。之后，杨女士发现两次提现其实都是将钱转到对方账号，这才猛然发现自己被骗了，共损失 14 598 元。

无独有偶，2022 年 3 月 23 日，王女士也接到一自称刑侦大队警员"杨杰"的电话。对方上来就把警号 248837 报给王女士，取得王女士初步信任后，"杨杰"告诉其涉嫌"张强非法洗钱案"，让王女士登录网站看"逮捕令"，并称这个案件属朝阳区的案件，把电话转接给朝阳区的警员"赵群"。"赵群"以查询其账户上是否有来历不明的钱款为由，添加王女士为

> **思政看点**
>
> 　　该案例告诉我们，我们要提高自我防范意识，预防网络电信诈骗，要学会辨别信息的真假，时刻对陌生人、陌生信息保持警惕。

QQ 好友，QQ 语音通话让她到邮政储蓄银行办理一张新的银行卡并开通手机银行、网上银行和电子令牌，之后让其购买一部新手机，按照对方的指示将手机卡换到新买手机上进行操作。

随后对方又让王女士添加了一个QQ号（昵称：高峰），"高峰"以其账户和人口拐卖有牵连，需将账户上的钱转到新办的邮政储蓄银行卡上为由，让王女士使用建设手机银行向其新办的邮政储蓄银行卡共转账86 575.47元，后对方让其下载一个名为"安全防护"的App，并保持打开App，不可退出。王女士的丈夫找到她后，她才发现自己被骗了。

类似案件一个月内连续发生多起，这款所谓的"安全防护"App，其实就是一种木马病毒，该App具有拦截并获取其手机通信录、通话记录及银行卡转账短信提醒信息等功能，账户在进行交易时受害人无法及时获知，致使其财产损失惨重。这样的App与以往的诈骗软件不同，由于它本身具有拦截的功能，所以就算是民警检测到了受害人正在受骗，也无法将电话打进去。受害人的手机只能呼出，不能呼入。所以，骗子让受害人买新手机，就是为了保证在忽悠受害人的期间没有任何人能联系到受害人。

所以，接到类似电话或需下载未知App，请提高防范意识，注意识别安全风险，以免造成不必要的损失。

（案例来源：https://baijiahao.baidu.com/s?id=1732428834684615324&wfr=spider&for=pc）

五、任务的实施

（一）计算机用户日常安全防范

对于个人日常使用的计算机，应采用以下安全防范措施：

（1）加强个人计算机安全防护。个人计算机应该安装适当的防火墙与杀毒软件；平台或系统使用复杂的密码，不要使用简单的数字密码，如生日、身份证号等，最好定期更换密码；不要随便接收文件。

（2）创建没有权限的管理员用户。为Windows操作系统创建一个无实际权限的管理员（Administrator）用户。具体操作为：先以一个非管理员的账户登录Windows，然后按照"控制面板→管理工具→计算机管理→本地用户和组→用户"的流程操作，删除管理员用户，再创建一个新的Administrator用户。

（3）禁止磁盘或文件自动运行，插入U盘后，要先用杀毒软件扫描U盘。

（4）备份与加密。一些重要的数据必须经常备份，如重要的图片和个人信息等。隐私文件要加密。

（二）移动端日常安全防范

对于手机等移动端设备，在日常使用中要采取以下安全防范措施：

（1）谨慎下载安装手机软件。无认证的手机软件存在大量安全问题，因而用户应只安装较为可靠的手机应用软件，对可疑的手机应用软件应避而远之。

（2）不要随便打开短信中的链接或扫描二维码。短信中的链接地址可能是钓鱼网址甚至是木马病毒。热门节目中奖、房东转账等多为骗局；有的二维码中隐藏了病毒、木马，如果扫描了这样的二维码，手机里的个人信息很容易被别人盗取。

（3）不要对手机刷机，以获取超级用户（Root）权限（获取iOS系统最高权限的一种技术称为"越狱"），否则会存在安全隐患，手机一旦损坏厂商也会拒绝保修。同时，在发现手机提醒系统更新时，应及时更新。手机厂商发现系统漏洞后，一般会迅速更新系统以解决漏洞问题。

（4）在公共场合，要避免随意连接免费无密码 Wi-Fi，否则可能会被黑客截获个人信息，甚至被植入木马病毒。手机开机和关键应用程序（如理财通、支付宝等）要设置较复杂的密码。

六、考核与评价

本任务主要介绍了计算机及移动端的日常安全防范，学生在学习了本任务后，应具备一定的网络安全防范意识。请根据表 4-1-2 进行自我评价。

表 4-1-2　电子商务日常安全防范学习评价

评价项目	评价要点	自评	互评	师评
电子商务日常安全防范	1. 了解计算机用户日常安全防范措施（20分）			
	2. 了解移动端日常安全防范措施（20分）			
	3. 能够对个人计算机进行安全防护（20分）			
	4. 能够对个人移动设备做好防范措施（20分）			
	5. 能够对重要文件进行备份及加密（20分）			
总评成绩				

备注：自评、互评、师评三项的分数取平均值，计入总分。评价结果分为 A（85~100分）、B（75~84分）、C（60~74分）、D（60分以下）四个等级。
A 优秀；B 良好；C 合格；D 待合格。

七、巩固与练习

1. 判断题

（1）个人计算机应该安装适当的防火墙与杀毒软件。　　　　　　　　　　　（　　）
（2）一些重要的数据必须经常备份，如重要的图片和个人信息等。隐私文件要加密。
　　　　　　　　　　　　　　　　　　　　　　　　　　　　　　　　　　（　　）
（3）在公共场合，要避免随意连接免费无密码 Wi-Fi，否则可能会被黑客截获个人信息，甚至被植入木马病毒。　　　　　　　　　　　　　　　　　　　　　　　（　　）

2. 简答题

（1）请简述计算机用户日常安全防范的措施。
（2）请简述移动端日常安全防范的措施。

3. 技能实训题

请尝试对自己的计算机文件进行加密保护。

八、技能归纳图表

技能回顾：
（绘制本任务的技能关系图）

电子商务日常安全防范 ｛ 计算机用户日常安全防范：
　　　　　　　　　　　 移动端日常安全防范：

续表

思考总结：

九、拓展案例

使用 U 盘要当心——众多用户中招

虽然现在到处都有 Wi-Fi，数据流量也基本够用，但在工作学习的场合中，我们还是会经常用到 USB 设备，比如 U 盘，来传输数据。尤其是在处理一些重要文件的时候，用 U 盘来进行备份和传递也是最直接最方便的选择。与此同时，由于 U 盘的可移动性，很多病毒也会选择用它们来当作病毒的传播媒介。感染 U 盘病毒，如今已经成为部分企业单位、学校内网的家常便饭，最常见的就是打印店或者学校机房。

2022 年 7 月 3 日，微软发布警告称，有一种高风险的新型蠕虫病毒正在蔓延，该病毒被称为"树莓知更鸟"（Raspberry Robin），是一款具有蠕虫功能的新型恶意软件，它能够通过被感染的 USB 设备进行传播。简单来说，蠕虫病毒是一种可以复制其自身并通过多种方式传播的病毒。它可以通过系统漏洞、软件漏洞、电子邮件附件、文本消息、文件共享程序、社交网络、网络共享、可移动存储设备传播，具有很强的传播能力，危害较大。

微软指出，目前已经在来自各个行业的数百家组织的网络中发现了这款新型的蠕虫病毒。事实上，早在 2021 年 9 月，研究人员就首次注意到了"树莓知更鸟"，只是直到 2022 年 1 月，这款病毒才开始活跃起来。据悉，"树莓知更鸟"主要是在 Windows 操作系统设备传播感染，感染目标大多集中在科技和制造行业。

不过，值得庆幸的是，虽然现阶段"树莓知更鸟"已经感染了大量机器，但还没有做出任何威胁使用者，或是利用漏洞获取个人敏感信息、部署勒索软件的动作。考虑到其潜在的威胁性和极快的传播速度，以及存在"进化"的可能性，微软依旧将其标记为高风险活动。

在网络安全领域，攻击与防御双方之间的斗争是永恒不变的主题。U 盘病毒很容易被携带到其他设备中，甚至是潜伏在不联网的电脑里，随时都会引起突发情况。所以，出于安全考虑，我们建议大家在使用 USB 设备连接电脑时，最好还是先检查一下是否开启了安全软件，避免电脑中毒。蠕虫病毒和其他病毒一样，都是可防可控可查杀的。对于大多数没有安全经验的用户来说，还是使用工具来阻击 U 盘病毒最为方便。插入带毒 U 盘后，安全软件通常都会自动对 U 盘中的病毒进行全盘查杀、清除。

（案例来源：https://zhuanlan.zhihu.com/p/537723381）

项目二　电子支付

10年前，人们使用手机主要是为了打电话或者发短信，而随着互联网的发展及智能手机的普及，使得智能终端上的App出现在人们的视野当中。其极大程度地丰富了人们的生活，也改变了人们的生活方式。电子支付就使人们的消费模式发生了改变，例如现在出门很少有人会带现金，基本上是带一个手机就可以完成消费等活动。由此也可以看出，现阶段电子支付是人们生活中不可或缺的一个重要生活工具。

本项目主要从电子支付概述和典型电子支付方式应用两个方面，为学生介绍电子支付分类的方法以及在什么场景下应当选择什么样的电子支付方式让生活更加便捷等内容。

任务一　电子支付概述

一、学习任务

20世纪90年代，国际互联网迅速走向普及化，逐步从大学、科研机构走向企业和家庭，其功能也从信息共享演变为一种大众化的信息传播手段，商业贸易活动逐步进入这个王国。通过使用互联网，商业交易既降低了成本，也造就了更多的机会，电子商务技术得以发展，逐步成为互联网应用的最大热点。为适应电子商务这一市场潮流，电子支付随之发展起来。本任务主要为学生介绍电子支付的概念、特点、分类等内容。

二、建议课时

4课时。

三、任务分析

本任务将带领学生一起认识电子支付的概念、电子支付与传统支付的区别、电子支付的优缺点、电子支付的分类、电子支付的类型和电子支付的工具等，让学生掌握电子支付的基础知识。

四、引入案例

"物联网+无感支付"，银联无感充电"即插即付"

2020年4月27日，银联新能源汽车无感充电业务在深圳龙华清荣充电站正式上线。该业务是银联"物联网+无感支付"技术的创新应用，实现新能源汽车充电"插枪即充、拔枪即付"的新体验。

如何创新？如何无感支付呢？

首先，需要了解的是目前中国充电桩的类别分布格局仍然以交流充电桩为主。而交流电充电倍率一般为0.5~0.25 C，属于慢充方案。同时，在无感充电业务中需要通过充电桩快速读取车辆 VIN 码信息，根据国家规定仅有直流充电桩满足该要求。在交流充电桩的使用场景中，充电桩普遍无法读取车辆的 VIN 码信息。

因此，在前期上线的方案中，该方案依托银联 Token2.0 与物联网定制安全芯片技术，用户通过"绿侠快充" App 或"银联深圳"公众号绑定驾驶证和任意一张银联借记卡，点击充电桩屏幕上的"VIN 充电"，然后通过边缘计算网关在插枪时识别车辆 VIN 号，在拔枪结束充电时获取充电结算信息，实现新能源汽车充电"插枪即充、拔枪即付"。

不过这还没完，在目前的市场环境下，交流桩设备远超于直流桩，对于使用和改造都是一大难点。所以在后期的研发中，银联电子支付研究院联合比亚迪，在实验室环境中，通过与比亚迪车云平台对接，从而获取充电车辆的 VIN 码信息，完成国内首个实车实桩的交流桩无感支付技术试验，行业内首次攻克了交流充电桩普遍无法获取车辆 VIN 码信息的问题。

（案例来源：https://www.mpaypass.com.cn/）

五、任务的实施

（一）电子支付的概念

电子支付是指单位、个人直接或授权他人通过电子终端发出支付指令，实现货币支付与资金转移的行为。电子支付的类型按照电子支付指令发起方式分为网上支付、电话支付、移动支付、销售点终端交易、自动柜员机交易和其他电子支付。简单来说，电子支付是指电子交易的当事人，包括消费者、厂商和金融机构，使用安全电子支付手段，通过网络进行的货币支付或资金流转。电子支付是电子商务系统的重要组成部分。

（二）电子支付的特点

前文说到，电子支付即是在网络上的货币支付或资金流动，通过计算机网络系统以电子信息传递形式实现流通与支付。与传统的支付方式相比，电子支付具有以下特征。

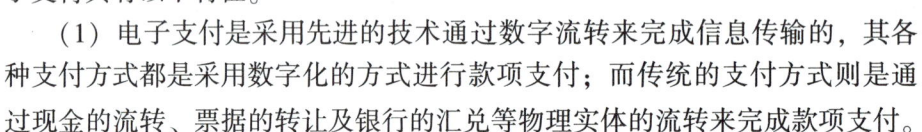

（1）电子支付是采用先进的技术通过数字流转来完成信息传输的，其各种支付方式都是采用数字化的方式进行款项支付；而传统的支付方式则是通过现金的流转、票据的转让及银行的汇兑等物理实体的流转来完成款项支付。

（2）电子支付的工作环境是一个开放的系统平台（即互联网）；而传统支付则是在较为封闭的系统中运作。

（3）电子支付使用的是最先进的通信手段，如 Internet、Extranet；而传统支付使用的则是传统的通信媒介。电子支付对软、硬件设施的要求很高，一般要求有联网的微机、相关的软件及其他一些配套设施；而传统支付则没有这么高的要求。

（4）电子支付具有方便、快捷、高效、经济的优势。用户只要拥有一台上网的 PC 机，便可足不出户，在很短的时间内完成整个支付过程。支付费用仅相当于传统支付的几十分之一，甚至几百分之一。

（三）电子支付的基本分类

电子支付的理论研究尚未成熟，对于电子支付的分类各家有不同的观点，因此仅将现在被普遍认同的一些分类方式综合于此。

1. 根据交易主体分类

根据交易主体可以将电子商务分成 B2C、B2C、C2C 等几种模式。B2B 型支付方式主要在企业与企业之间进行交易时采用。这种商务模式涉及的金额一般较大，对支付系统的安全性要求很高。B2C 型支付方式一般指企业与个人消费者之间的支付。C2C 型支付方式指消费者与消费者之间的交易支付行为，一般数额较小，流量频繁，需要资金流转的灵活变通。

2. 根据支付信息形态分类

根据支付信息形态分类，可以将电子支付分为电子代币支付和指令支付。电子代币支付是指消费者使用电子代币支付时，网络中传输的数据流本身就是货币，和现实中的人民币、美元的意义一样，只不过是将其用特殊的数据流表示。指令支付是指将包含币种、支付金额等信息的数据指令通过网络传输给银行，银行根据此指令在支付双方的账户间进行转账操作，完成支付。

3. 根据支付时间分类

根据支付时间分类可将电子支付分为预支付、即时支付和后支付三种。预支付就是先付款，然后才能购买到产品和服务，如中国移动公司的"神州行"。即时支付指交易发生的同时，资金也从银行转入卖方账户。随着电子商务的发展，即时支付方式越来越多，它是"在线支付"的基本模式。后支付是消费者购买一件商品之后再进行支付。在现实生活的交易中，后支付比较普遍，和我们平时所说的"赊账"类似。

4. 根据对纸币的依附关系分类

根据对纸币的依附关系，我们可以将电子支付分为两大类：一类是对法定货币（纸币）存在直接依附关系的电子化支付工具，包括银行卡（分为信用卡和借记卡）、电子支票等；一类是对法定货币存在间接依附关系的电子货币。

5. 根据载体的不同分类

根据载体的不同，电子支付又可以分为"卡基"型电子支付和"数基"型电子支付。所谓"卡基"型电子支付，其载体是各种物理卡，包括银行卡、IC 卡、电话卡等，消费者在使用这种支付工具时，必须携带卡介质。"数基"型电子支付工具完全基于数字的特殊编排，依赖软件的识别与传递，不需要特殊的物理介质。

（四）电子支付的类型

1. 网上支付

网上支付是电子支付的一种形式，是目前我国应用最为广泛的电子支付模式。通过网上支付方式可以足不出户地完成资金转移，实现支付。客户和商家之间可采用信用卡、电子钱包、电子支票和电子现金等进行网上支付，采用网上支付的方式节省了交易的费用。

2. 移动支付

移动支付是移动运营商和金融机构共同推出的能够实现远程在线支付的移动增值业务。移动支付在狭义上是指使用手机作为终端的通信工具，而广义上的移动支付是指交易双方为了某种货物或者服务，使用移动终端设备为载体，通过移动通信网络实现的商业交易。移动支付所使用的移动终端可以是手机、PDA（掌上电脑）、移动 PC 等，其手段包括手机短信、互动式语音应答（基于手机的无限语音增值业务的统称）、WAP（无线通信协议）等多种方式。

3. 固定电话支付

目前一些商业银行已经推出自己的电话银行，如中国工商银行 95588、中国民生银行 95568、招商银行 95555 等。相对于互联网交互性强、具有发散性的特点，电话支付是独立、封闭的语音系统，同时电话是专线系统，是点对点的数据传输，其安全性更有保证。消费者通过商家网站（在线下单）或打电话（商家帮用户下单）订购商品和服务，然后再拨打银行的电话银行系统，按照自动语音提示完成支付；待商家确认收款（实时到款通知）后给用户提供商品配送或服务。

4. 有线电视网络支付

有线电视网络支付主要是指用户在机顶盒终端实现相关业务的在线缴费，目前在机顶盒上还未实现类似互联网上的网上银行支付形式，这其中有技术也有效益等方面的原因，目前国内还基本没有实施案例。依托在机顶盒终端或遥控器安装金融刷卡装置实现在线支付成为金融系统和网络运营商双方都认可的方式，其特点是采用端到端的加密方式和终端（机顶盒）实名控制，交易方式最为安全。虽需要专用刷卡终端，但终端成本低廉，易于规模化推广。

（五）电子支付的工具

随着计算机技术的发展，电子支付的工具越来越多。这些支付工具可以分为三大类：电子货币类，如电子现金、电子钱包等；电子信用卡类，包括智能卡、借记卡、电话卡等；电子支票类，如电子支票、电子汇款（EFT）、电子划款等。这些方式具有各自的特点和运作模式，适用于不同的交易过程。下面重点介绍电子现金、电子钱包、电子支票和智能卡。

1. 电子现金

电子现金（E-Cash）是一种以数据形式流通的货币。它把现金数值转换成一系列的加密序列数，通过这些序列数来表示现实中各种金额的市值。用户在开展电子现金业务的银行开设账户并在账户内存钱后，就可以在接受电子现金的商店购物了。

2. 电子钱包

电子钱包是电子商务活动中网上购物顾客常用的一种支付工具，是在小额购物或购买小商品时常用的新式钱包。电子钱包一直是全世界各国开展电子商务活动中的热门话题，也是实现全球电子化交易和互联网交易的一种重要工具。全球已有很多国家正在建立电子钱包系统以便取代现金交易的模式。使用电子钱包购物，通常需要在电子钱包服务系统中进行。电子商务活动中的电子钱包软件通常都是免费提供的，可以直接使用与自己银行账号相连接的电子商务系统服务器上的电子钱包软件，也可以从互联网上直接调出来使用。

3. 电子支票

电子支票是一种借鉴纸张支票转移支付的优点，利用数字传递将钱款从一个账户转移到另一个账户的电子付款形式。这种电子支票的支付是在与商户及银行相连的网络上以密码方式传递的，多数使用公用关键字加密签名或个人身份证号码（PIN）代替手写签名。用电子支票支付，事务处理费用较低，而且银行也能为参与电子商务的商户提供标准化的资金信息，故而是一种有效率的支付手段。

4. 智能卡

智能卡是在法国问世的。20 世纪 70 年代中期，法国 Roland Moreno 公司采取在一张信用卡大小的塑料卡片上安装嵌入式存储器芯片的方法，率先开发成功 IC 存储卡。经过 20 多年的发展，真正意义上的智能卡，即在塑料卡上安装嵌入式微型控制器芯片的 IC 卡，由摩托罗拉和 Bull HN 公司于 1997 年研制成功。

目前，中国国家金卡工程取得了令人瞩目的成绩，IC 卡已在金融、电信、社会保障、税务、公安、交通、建设及公用事业、石油石化、组织机构代码管理等许多领域得到广泛应用，如第二代居民身份证（卡）、社会保障 IC 卡、城市交通 IC 卡、电话 IC 卡、三表（水电气）IC 卡、消费 IC 卡等行业应用，渗透到百姓生活的方方面面，并取得了较好的社会效益和经济效益，这对提高各行业及地方政府的现代化管理水平，改变人民的生活模式和提高生活质量，推动国民经济和社会信息化进程发挥了重要作用。

六、考核与评价

通过本任务的学习，学生已经理解了电子支付的基础知识。请根据表 4-2-1 进行自我评价。

表 4-2-1　电子支付概述学习评价

评价项目	评价要点	自评	互评	师评
电子支付的基础知识	1. 电子支付概念的理解（20 分）			
	2. 电子支付区别于传统支付的特点理解（20 分）			
	3. 电子支付的基本分类理解（20 分）			
	4. 电子支付的类型理解（20 分）			
	5. 电子支付的工具理解（20 分）			
总评成绩				

备注：自评、互评、师评三项的分数取平均值，计入总分。评价结果分为 A（85~100 分）、B（75~84 分）、C（60~74 分）、D（60 分以下）四个等级。
　　A 优秀；B 良好；C 合格；D 待合格。

七、巩固与练习

1. 判断题

（1）根据交易主体可以将电子商务分成 B2C、B2C、C2C 等几种模式。　　　　　（　　）

（2）根据支付时间可将电子支付分为预支付、即时支付和后支付三种。　　　　　（　　）

（3）电子钱包是电子商务活动中网上购物顾客常用的一种支付工具，是在小额购物或购买小商品时常用的新式钱包。　　　　　（　　）

2. 简答题

（1）电子支付的分类有哪些？

（2）电子支付的工具有哪些？

3. 技能实训题

对比分析电子支付与传统支付的区别（见表 4-2-2）。

表 4-2-2　对比分析电子支付与传统支付

项目	电子支付	传统支付
支付方式		
支付安全		
支付到账时间		

续表

项目	电子支付	传统支付
支付媒介		
支付协议		
支付终端		

八、技能归纳图表

知识回顾：
(绘制本任务的知识关系图)

电子支付概述
- 电子支付的概念：
- 电子支付的特点：
- 电子支付的基本分类：
- 电子支付的类型：
- 电子支付的工具：

思考总结：

九、拓展案例

数字货币和支付宝有什么区别

数字货币和支付宝本质不同。数字货币是真正的钱，是电子版人民币。支付宝是支付工具，真正的钱在银行卡里，只有绑定银行卡才能用，用的是银行卡里的钱。支付宝只是支付工具，数字货币是人民币，不需要用到银行卡里的人民币。

其本质区别是：数字货币是由央行发行的，而支付宝只是一种支付方式。虽然使用场景大多相同，但本质是不同的。当我们日常通过数字货币进行交易时，结算方是在央行；使用支付宝交易时，其背后的记账方式、结账方式以及对账方式与数字货币交易完全不同，而且结算方是商业银行。

数字货币安全性更高。由于数字货币是由央行发行，所以我们完全不用担心央行破产这一风险。但是历史上却不缺少破产的商业银行。如果商业银行破产了，在正常政策下，高于存款50万元的部分是不会全额赔付的，而数字货币的发行和结算方都是央行，不会存在这样的破产问题。

(案例来源：https://www.jiangzi.com/tuwen/jinrong/110860.html)

任务二 典型电子支付方式应用——微信支付实训

一、学习任务

根据实际情况，申请注册一个微信支付账号，然后根据各类型的支付或应用需求完成微信支付，以达到正确使用微信支付的目的。

二、建议课时

2 课时。

三、任务分析

想要使用微信支付，首先需要有微信账号，然后根据相关场景，使用微信支付的相关功能。只有了解了微信支付的相关操作才不会在使用中出现错误或者违反规定的情况。

四、引入案例

微信支付亮相数字政府建设峰会，数字办税缴费、智慧工会等方案引关注

2021 年 11 月 26 日，2021（第十六届）中国电子政务论坛暨首届数字政府建设峰会在广州正式开幕。在此次峰会上微信支付展示了"城市消费券""数字办税缴费""智慧工会""社保缴纳"的新成果和案例，为政务服务的数字化转型提供了一系列的解决方案。微信支付联合多地政府部门，共同探索创新、普惠、便捷的智慧民生服务。

在 2021 年中秋和国庆期间，湖北的电子消费券发放中，微信小程序成为发放此次消费券的渠道之一，如图 4-2-1 所示。据统计，超 2 000 万人次通过微信小程序参与领券，平均领券率达到 98% 以上，资金核销率超过 80%。

同时，多个地区还联合微信支付打造数字化缴费平台，也提供给了缴费人缴费的便捷服务。例如广东省财政厅打造的数字化网上缴费平台，覆盖所有非税收入种类，统一提供现金、微信支付等多样化的缴费渠道，让用户足不出户即可完成缴费。

（案例来源：http://cn.chinadaily.com.cn/a/202111/26/WS61a0a8c2a3107be4979fa25a.html）

图 4-2-1 微信支付城市消费券领取界面

五、任务的实施

（一）微信支付账号获得

1. 微信支付介绍

微信支付是隶属于腾讯集团旗下的第三方支付平台财付通与腾讯公司联合推出的移动支付工具，致力于为用户和企业提供安全、便捷、专业的支付服务。由于微信支付的全功能均在微信上，因此使用微信支付不需要单独下载微信支付来使用。用户仅需拥有微信 App 及微信账号即可使用微信支付。因为微信支付属于整个微信生态圈，在微信营销内，因此可以为各类型企业提供收款、运营营销、资金解决方案。普通用户可以使用微信支付来购物、吃饭、旅游、就医等。截至 2021 年，微信支付用户有 9.04 亿。

2021 年 10 月，微信支付正式推出品牌视频号，提供支付后跳转视频、直播预约、品牌红包、小程序跳转视频号及品牌发券等功能。2022 年 1 月，微信通过工信部首批适老化及无障碍水平评测，进一步为人口老龄化、用户老龄化做准备。

微信支付账号有两个类别：个人账号和商家账号。

个人账号即个人使用的账户，除支付功能之外，该账户可以进行简单的二维码收款活动。但其他的收付款活动不能使用。

商家账号，是微信支付提供给商家使用的账号。其注册方式与申请个人账号不同，所需要的申请材料也根据商家的具体情况而不同。

> **知识拓展**
> 为什么大部分国人常用微信支付，而不是支付宝支付

2. 微信支付账号注册

（1）个人账号注册。

微信个人账号注册步骤相对而言比较简单。首先是需要拥有已经注册成功的微信账号，在注册成功的微信账号中完成个人账号的注册。

第一步：打开微信 App，单击"我"选项，选择"服务"项，会出现支付界面，如图 4-2-2 所示。单击"钱包"选项，进入钱包界面，如图 4-2-3 所示。

第二步：单击钱包界面中的"银行卡"选项，然后根据提示添加银行卡，并输入持卡人信息，等待完成实名认证，如图 4-2-4 所示。

图 4-2-2 微信支付界面

第三步：接收短信验证码，在指定区域填写正确后，在设置相应的支付密码后，成功绑定银行卡，即开设成功微信支付功能。

（2）微信支付商户版。

微信支付商户版可以通过电脑端接入或是移动端接入。下面介绍移动端微信支付商户接入操作。

第一步：进入微信，在搜索栏里搜索"微信支付商家助手"并打开，选择"成为商家"，如图 4-2-5 所示。

第二步：根据持有的主体证件，选择对应的主体类型，并填写联系人信息。在线提交商家主体资料，如主图营业执照、法人身份证件、行业资质等基本信息，并按照系统引导完成用户验证。如果是小型商户可以直接选择微小商户，利用身份证信息进行认证，如图4-2-6所示。

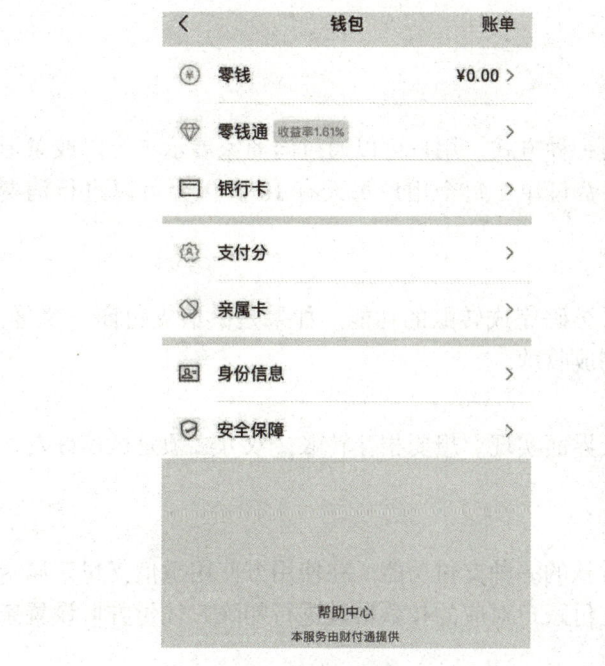

图 4-2-3　微信钱包界面　　　　　图 4-2-4　填写持卡人信息

图 4-2-5　微信支付商家助手界面　　　图 4-2-6　选择商家主体

第三步：待系统校验资料通过后，进行人工审核。人工审核是需要向指定账号汇款来进行的。在系统校验资料和账户验证通过后，需要填写商户开通资料，包括经营信息、收款银行卡/账户、手续费率等。完成以上步骤，即可再次提交资料进行微信商户账号签约审核。待微信支付团队审核通过后即可成为微信支付商家用户。

（二）微信支付常用功能介绍及操作

1. 微信支付常用功能介绍

（1）付款功能。

付款功能是微信支付用于线下支付的一种方式。用户可以通过向商家展示二维码或条形码完成支付操作。对于小于 1 000 元的消费订单，每个用户每天有 10 次机会可以进行消费免密支付。

（2）收款功能。

收款功能是微信用户之间通过扫描二维码完成转账的功能。如果是微信支付商户账号，可以通过微信支付团队提供的收款设备完成收款。

（3）转账功能。

微信的转账功能通过用户直接的聊天界面实现。想要相互转账，双方必须是微信好友才可以。

（4）亲属卡。

微信支付内的亲属卡是可以代亲友付款的一种支付功能。在使用方使用微信支付亲属卡消费时，消费资金将自动通过代付方的支付账户对应的扣款渠道进行扣除。代付方可设置亲属卡的每月消费额度上线，每月 1 日刷新。

（5）零钱通。

零钱通是腾讯下属公司与多家金融机构合作的货币基金产品的销售服务。类似于支付宝的余额宝功能。用户将零钱存于零钱通内，获取少量的收益，同时还可以使用零钱通内资金进行日常购物等支付。

（6）生活服务功能。

微信支付内为用户提供了便捷的生活缴费、城市服务等生活服务内容。在生活缴费功能界面，可以完成日常的宽带、水电燃气费等缴纳；在城市服务中，可以快速办理社保相关业务；还可以查询车辆的交通违法信息；此处，还可以在办证服务中办理相关证件。

（7）出行功能。

出行功能提供火车票和机票购买、滴滴打车以及酒店预订等服务。

（8）购物消费。

微信支付绑定了腾讯惠聚、京东购物、美团外卖、拼多多等购物平台的微信小程序。用户可以直接选择任意一款小程序，进行消费购物活动。

2. 微信支付常用功能操作

微信支付功能是基于微信实现的，因此微信支付操作仅在移动端进行。

（1）支付操作。

①展示二维码付款。

第一步：打开微信，单击"我"选项，进入微信支付界面。

第二步：在微信支付界面中单击"收付款"选项，立即弹出向商家付款的条形码和二维码。注意，第一次使用微信支付付款时，需要在开启付款功能之后才能使用，如图4-2-7所示。

第三步：向商家展示条形码或二维码，等待商家使用扫码枪进行扫描。商家操作成功后，即完成付款。

②扫码付款。

除了展示付款码进行付款外，用户还可以主动扫描商家二维码进行付款。其操作步骤如下：

第一步：在微信聊天页面，单击右上角的"+"按钮，选择里面的"扫一扫"功能。

第二步：扫描收款人的收款二维码，填写需要付款的金额，然后输入密码，确认支付，即完成付款。

（2）收款操作。

①二维码收款。

第一步：打开微信，单击"我"选项，进入微信支付界面。

第二步：在微信支付界面中单击"收付款"选项，进入收付款界面，然后选择下方的二维码收款，出现收款二维码，如图4-2-8所示。

图 4-2-7　微信支付首次使用收付款功能界面　　　图 4-2-8　二维码收款

第三步：如需收款方设置收款金额时，收款方在向付款方展示二维码之前进行设置。单击"二维码收款"下的"设置金额"选项，输入需要收款的金额，单击"下一步"选项，生成带有金额的收款二维码。

第四步：展示收款码给付款方，让付款方扫描二维码付款。付款方完成支付后，即收款成功。需要注意的是，二维码收款是有限额的，单日不超过20万元，每年不超过1 000万元。

②群收款。

第一步：打开微信，单击"我"选项，进入微信支付界面。

第二步：在微信支付界面中单击"收付款"选项，进入收付款界面，然后选择下方的

"群收款"选项。

第三步：选择需要收款的群聊，并输入需要收款的总金额和参与人数，完成后单击"发起收款"按钮，即向选择的群聊中的人员进行收款，如图4-2-9所示。

图4-2-9 群收款

（3）转账操作。

第一步：微信聊天界面中，找到需要转账的朋友，单击聊天框旁边的"+"按钮，选择下面出现的"转账"项。

第二步：输入转账金额，单击"转账"按钮。转账信息会通过聊天发送给朋友。

第三步：待对方点击收款后，即完成了转账，如图4-2-10所示。

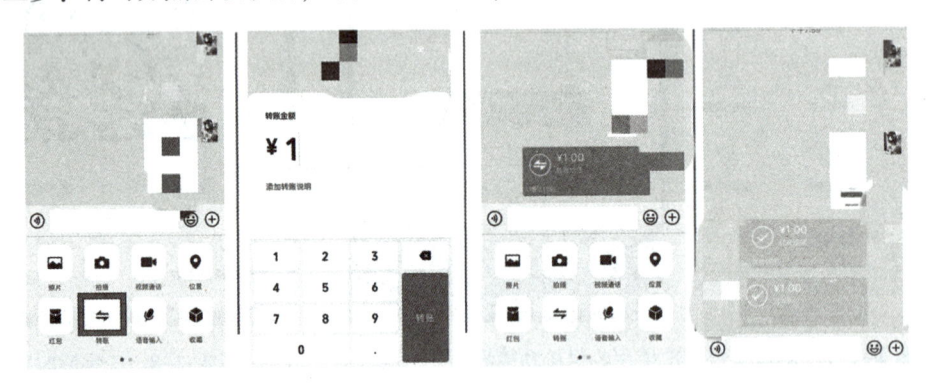

图4-2-10 微信聊天转账

（4）亲属卡操作。

①绑定亲属卡。

第一步：打开微信，单击"我"选项，进入微信支付界面。

第二步：单击"钱包"选项，选择"亲属卡"项，选择需要赠送的亲人。可以开通的亲属卡类别和数量分别为：父亲一张，母亲一张，子女最多三张。

第三步：输入使用限额，单击"赠送"按钮（见图4-2-11）。赠送的亲属卡会出现在与受赠方的对话界面。

第四步：等待受赠方点击确认接受亲属卡，即可以在未来对方支付的时候帮对方进行支付。

②解绑亲属卡。

如果不想再帮受赠方付款，可以在亲属卡界面进行管理。具体操作步骤如下：

第一步：打开微信，单击"我"选项，进入微信支付界面。

第二步：单击"钱包"选项，选择"亲属卡"项，进入亲属卡管理界面。

第三步：点击需要解绑的亲属卡，进入该卡片管理。可以在每个亲属卡的单独管理界面管理每月消费上限，设置有限扣款方式。

第四步：单击卡片管理界面右上角的"…"按钮，选择解绑亲属卡。待输入支付密码后，成功解绑亲属卡。

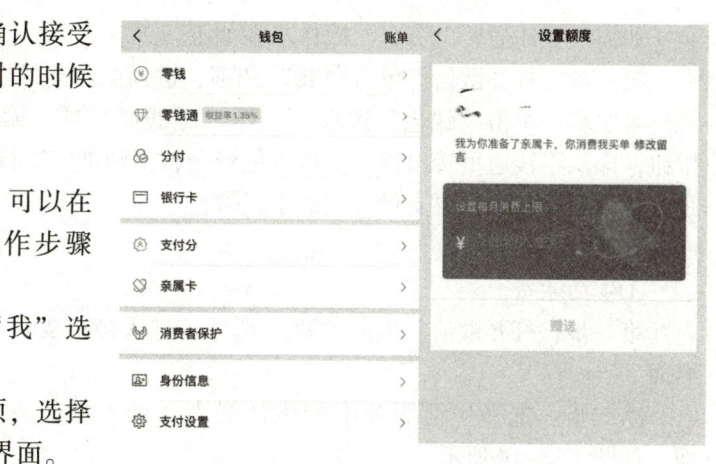

图 4-2-11　开通亲属卡

（5）零钱通操作。

①开通零钱通。

第一步：打开微信，单击"我"选项，进入微信支付界面。

第二步：单击"钱包"选项，选择"零钱通"项。单击"免费开通"按钮即可开通零钱通，如图 4-2-12 所示。

②零钱通操作。

如需转入资金进入零钱通，操作步骤如下：

第一步：打开微信，单击"我"选项，进入微信支付界面。

第二步：单击"钱包"选项，选择"零钱通"项，输入要转入的金额单击"转入"按钮（见图 4-2-13）。可以从绑定的银行卡转款到零钱通，也可以从零钱转款到零钱通。

图 4-2-12　开通零钱通　　　　图 4-2-13　零钱通界面

如需从零钱通转出资金，操作步骤如下：

第一步：打开微信，单击"我"选项，进入微信支付界面。

第二步：单击"钱包"选项，选择"零钱通"项，输入要转出的金额，单击"转出"按钮，即从零钱通里转出资金。可以把资金转出到绑定银行卡，或者是零钱。但需要注意的是，转款到银行卡需要支付一定的手续费。

（6）生活服务。

①生活缴费。

第一步：打开微信，单击"我"选项，进入微信支付界面。

第二步：选择生活服务中的生活缴费，进入缴费界面，如图4-2-14所示。

第三步：选择新增缴费，选择需要缴费的类别、填写缴费账号、输入缴费金额，完成缴费。如果已经有过缴费的可以直接选择需要缴费的账号进行缴费操作。

②城市服务。

a. 社保服务操作。

绑定电子社保卡操作如下。

第一步：打开微信，单击"我"选项，进入微信支付界面。

第二步：选择生活服务中的城市服务（见图4-2-15），单击"社保"选项，进入社保服务（见图4-2-16）。在社保服务界面中单击"电子社保卡"选项。

第三步：进入电子社保卡界面，单击"立即领取"选项，然后输入支付密码，授权领取电子社保卡。检查姓名和身份证号与本人相符后，即可绑定电子社保卡到微信支付当中。

图4-2-14　生活缴费界面

图4-2-15　城市服务界面

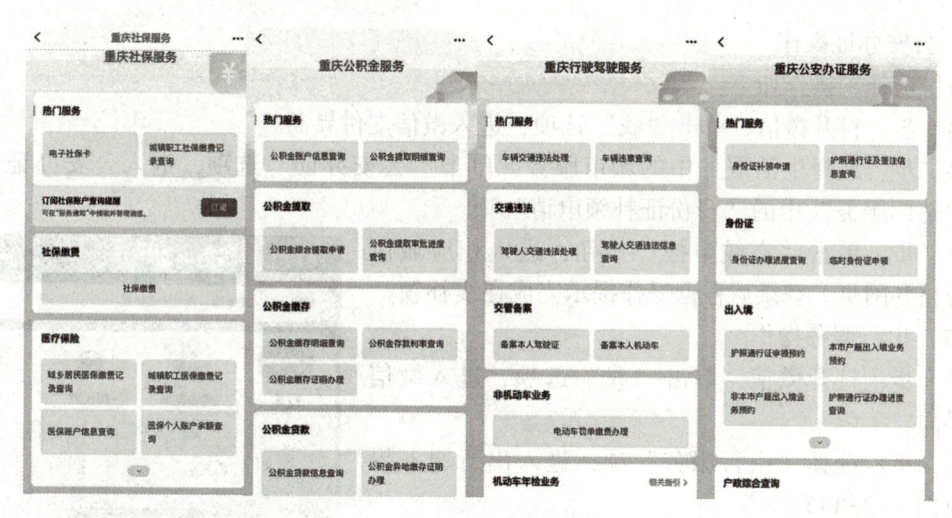

图 4-2-16　社保、公积金、驾驶、公安办证服务界面

　　缴纳社保费操作如下。
　　第一步：打开微信，单击"我"选项，进入微信支付界面。
　　第二步：选择生活服务中的城市服务，单击"社保"选项，进入社保服务。在社保服务界面中单击"社保缴费"选项。
　　第三步：跳转到相应城市电子税务局界面，登录到电子税务局，完成社保缴费。
　　b. 公积金账户操作。
　　公积金提取操作如下。
　　第一步：打开微信，单击"我"选项，进入微信支付界面。
　　第二步：选择生活服务中的城市服务，进入公积金服务界面。单击"公积金综合提取申请"选项。
　　第三步：进入相应城市住房公积金页面，填写信息，完成申请。
　　公积金查询操作如下。
　　第一步：打开微信，单击"我"选项，进入微信支付界面。
　　第二步：选择生活服务中的城市服务，进入公积金服务界面。单击"公积金缴存明细查询"选项。
　　第三步：进入全国住房公积金官网，在官网中完成查询操作。
　　c. 行驶驾驶操作。
　　违章查询操作如下。
　　第一步：打开微信，单击"我"选项，进入微信支付界面。
　　第二步：选择生活服务中的城市服务，单击"车辆违章查询"选项。
　　第三步：进入相应城市交通管网，填写机动车信息，进行违章查询。
　　违法处理操作如下。
　　第一步：打开微信，单击"我"选项，进入微信支付界面。
　　第二步：选择生活服务中的城市服务，选择"行驶驾驶服务"项，单击"车辆交通违法处理"选项。
　　第三步：扫描处罚决定书编号，确认无误后缴纳罚款。

d. 公安办证操作。

身份证补领操作如下：

第一步：打开微信，单击"我"选项，进入微信支付界面。

第二步：选择生活服务中的城市服务，单击"公安办证"选项，进入公安办证服务，选择"热门服务"中的"身份证补领申请"项。

第三步：单击"在线申报"按钮，进入相应城市公安警快办网页。登录后根据操作提示完成在线补领。

（7）出行服务操作。

第一步：打开微信，单击"我"选项，进入微信支付界面。

第二步：选择"出行服务"项，进入出行服务界面（见图 4-2-17）。

第三步：选择出行方式，或是出行内容。如果需要打车，单击"打车"选项，输入上车地点和目的地；如需要查询加油或汽车充电点，单击"加油充电"选项，选择最近的加油站或充电桩；如需代驾服务，单击"叫代驾"选项，然后输入出发地点和目的地；如需乘坐公交地铁，单击"公交地铁"选项，会出现交通乘车码，在乘坐公交车的时候使用乘车码即可。

（8）购物消费操作。

第一步：打开微信，单击"我"选项，进入微信支付界面。

第二步：选择购物平台，如京东购物、美团外卖、拼多多、美团团购等。

第三步：进入购物平台小程序选购商品，并利用微信支付完成最后的消费付款。

图 4-2-17 腾讯出行服务

六、考核与评价

通过本任务的学习，学生已经完成了微信支付的学习。请根据表 4-2-3 进行自我评价。

表 4-2-3 微信支付实训学习评价

评价项目	评价要点	自评	互评	师评
账号注册	1. 通过微信 App 注册微信支付账号（10 分）			
	2. 绑定一张银行卡到微信支付账号（10 分）			
微信支付操作	3. 能够利用微信完成转账（10 分）			
	4. 使用微信二维码收取款项（10 分）			
	5. 在外使用微信扫描商家收款码付款（10 分）			
	6. 使用微信群收款，收取群成员款项（10 分）			
	7. 为父母申请亲属卡（10 分）			

续表

评价项目	评价要点	自评	互评	师评
微信支付操作	8. 能够用微信支付缴纳生活费用（10分）			
	9. 往零钱通转入款项或转出零钱通内余额（10分）			
	10. 利用微信出行服务，外出乘坐公共交通（10分）			
总评成绩				

备注：自评、互评、师评三项的分数取平均值，计入总分。评价结果分为 A（85~100 分）、B（75~84 分）、C（60~74 分）、D（60 分以下）四个等级。
A 优秀；B 良好；C 合格；D 待合格。

七、巩固与练习

1. 判断题

（1）微信支付是隶属于腾讯集团旗下的第三方支付平台财付通与腾讯公司联合推出的移动支付工具，致力于为用户和企业提供安全、便捷、专业的支付服务。（　　）

（2）付款功能是微信支付用于线下支付的一种方式。用户可以通过向商家展示二维码或条形码完成支付操作。（　　）

（3）微信支付内的亲属卡是可以代亲友付款的一种支付功能。（　　）

2. 简答题

（1）如何开通微信支付账号？

（2）微信支付有哪些功能？

3. 技能实训题

对比分析"支付宝"以及"微信支付"支付功能的区别（见表 4-2-4）。

表 4-2-4　对比分析支付宝与微信支付

项目	支付宝	微信支付
注册方式		
操作难易程度		
支付功能的便捷性		
支付功能的种类		
支付的领域		
支持的银行网点		

八、技能归纳图表

知识回顾：
（绘制本任务的知识关系图）

微信支付实训 ┬ 注册微信支付账号：
　　　　　　 └ 微信支付的功能使用：

续表

思考总结：

九、拓展案例

微信宣布正式上线青少年模式支付限额

微信正式推出青少年模式支付限额功能。

现在，只要将手机更新到微信安卓版本8.0.23后，父母或监护人就可在青少年模式中设置微信支付的限额，包括"每日消费限额"和"单次消费限额"。完成设置后，青少年使用微信支付时，将会受到已设置的额度限制。具体方式是这样的：进入微信后，通过"我—设置—青少年模式—微信支付"进行设置，如图4-2-18所示。

开启支付限额功能完成设置后，青少年每日累计消费无法超过监护人所设置的每日消费限额，单次消费也无法超过监护人所设置的单次消费限额。家长可以根据青少年的消费情况，设置合理的消费限额，引导青少年健康消费，养成正确的金钱观和消费观，最终推动青少年身心各方面的健康成长。

目前，iOS微信也在逐步覆盖中，更新到微信最新版本即可体验。

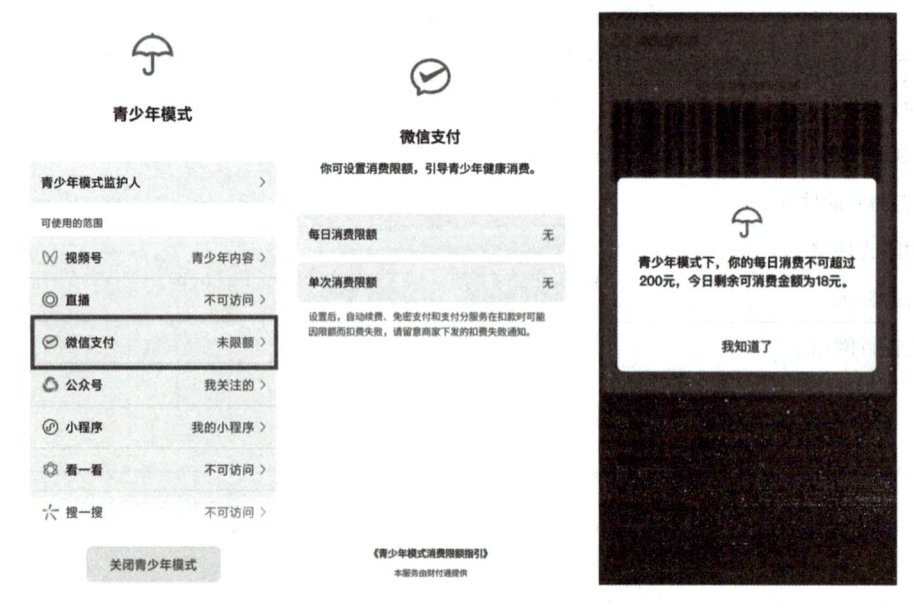

图4-2-18 微信支付青少年模式设定限额

(案例来源：https://baijiahao.baidu.com/s?id=1736786335456893405&wfr=spider&for=pc)

模块五

电子商务物流

本模块主要介绍的内容为：第一，电子商务物流的基础知识，包含物流的起源、物流的定义、物流的作用；电商物流的定义，电商物流的新特点，电商物流各特点关系等。第二，阐述电子商务物流配送中心，介绍电商物流配送流程及其发展趋势。第三，介绍智慧物流概念及其作用；介绍智慧物流的技术应用。第四，介绍智慧物流技术的具体应用场景。

学习目标

一、知识目标
1. 熟悉电子商务物流的定义及特点。
2. 掌握电子商务物流配送中心的概念。
3. 掌握电子商务物流配送中心的发展趋势。
4. 掌握智慧物流的概念及作用。
5. 熟悉智慧物流的技术应用。

二、技能目标
1. 能够在理解电子商务物流概念及特点的基础上，分析电子商务物流各特点关系。
2. 能够熟练掌握电子商务物流配送流程。
3. 能够全面了解电子商务物流配送中心，并分析其发展趋势。
4. 能够了解智慧物流的技术应用，并分析智慧物流技术的具体应用场景。

三、思政目标
1. 在了解电子商务物流发展历程基础上，培养创新精神和市场竞争意识。
2. 通过技术创新，采用绿色能源与新能源设备，树立节能减排、绿色减排的意识。
3. 落实电子商务物流发展策略，全面推进乡村振兴的战略任务。
4. 培养服务社会的责任感，加强职业素养。
5. 提高收集和查阅文献的能力。

项目一　电商物流基础知识

在电子商务领域，电商物流的高效运作对于顺利完成交易和提供优质服务至关重要。随着消费者对在线购物需求的不断增长，他们期望能够在最短的时间内收到所购商品，并享受到快捷、可靠的配送服务。因此，电商物流的效率和质量影响着用户的购物体验和满意度，进而影响着电商企业的声誉和业务增长。本项目旨在全面介绍电商物流的基础知识，以便学生们深入了解电商物流的含义、特点以及电子商务物流配送中心和配送流程。

任务一　电商物流的含义及特点

一、学习任务

随着电商行业的蓬勃发展，电商物流作为电商行业的重要组成部分，也得到了迅速发展。随着消费者对于物流服务质量和速度的要求不断提高，电商物流也在不断升级和优化。本任务主要是介绍电商物流的含义及其特点。

二、建议课时

4 课时。

三、任务分析

完成本任务需要充分了解物流的起源、物流的定义、物流的作用，掌握电商物流的定义、特点，以及电商物流各特点关系。

四、引入案例

京东物流

京东集团 2007 年开始自建物流，2017 年 4 月正式成立京东物流集团，2021 年 5 月，京东物流于香港联交所主板上市。京东物流是中国领先的技术驱动的供应链解决方案及物流服务商，以"技术驱动，引领全球高效流通和可持续发展"为使命，致力于成为全球最值得信赖的供应链基础设施服务商。

一体化供应链物流服务是京东物流的核心赛道。京东物流主要聚焦于快消、服装、家电家具、3C、汽车、生鲜等六大行业，为客户提供一体化供应链解决方案和物流服务，帮助客户优化存货管理、减少运营成本、高效分配内部资源，实现新的增长。同时，京东物流将长期积累的解决方案、产品和能力模块化，以更加灵活、可调用与组合的方式，满足不同行业的中小客户需求。

京东物流建立了包含仓储网络、综合运输网络、最后一公里配送网络、大件网络、冷链物流网络和跨境物流网络在内的高度协同的六大网络，具备数字化、广泛和灵活的特点，服务范围几乎覆盖了中国所有地区、城镇和人口，不仅建立了中国电商与消费者之间的信赖关系，还通过211限时达等时效产品和上门服务，重新定义了物流服务标准。在2021年，京东物流助力约90%的京东线上零售订单实现当日和次日达，客户体验持续领先行业。截至2022年3月31日，京东物流运营约1 400个仓库，含云仓生态平台的管理面积在内，京东物流仓储总面积超过2 500万平方米。

（案例来源：https://baike.baidu.com/item/%E4%BA%AC%E4%B8%9C%E7%89%A9%E6%B5%81/20476410?fr=aladdin）

五、任务的实施

（一）物流与电商物流的含义

1. 物流的起源

对于"物流"的概念，不同国家不同机构不同时期有所不同。关于物流活动的最早文献记载是在英国。1918年，英国犹尼利弗的哈姆勋爵成立了"即时送货股份有限公司"，目的是在全国范围内把商品及时送到批发商、零售商和用户手中。第二次世界大战期间，美国从军事需要出发，在战时对军火的供应中，首先采用了"物流管理"（Logistics Management）这一词，并对军火的运输、补给、屯驻等进行全面管理。第二次世界大战后，"物流"一词被美国人借用到企业管理中，被称作"企业物流"（Business Logistics）。企业物流是指对企业的供销、运输、存储等活动进行综合管理。

2. 物流的定义

在中国国家标准物流术语的定义中指出：物流是物品从供应地到接收地的实体流动过程，根据实际需要，将运输、储存、装卸、搬运、包装、流通加工、配送、回收、信息处理等基本功能实施有机的结合。

物流是一种高级的运动形式，其由"物"和"流"组成。其中，"物"是指具备物质实体特点并可以进行物理性位移的物质资料，"流"是指相对于地球而发生的物理性位移运动。这种运动可以在大范围的地理环境中发生，也可以在同一地域、同一环境中的微观运动中发生。

除了自然运动的规律外，物流还受到军事、经济和社会条件的限制。因此，物流不仅仅是"物"和"流"的简单组合，更重要的是，它是从军事、经济和社会的角度出发来考虑物的运输，以满足特定的军事、经济和社会要求。

3. 物流的作用

物流在服务商流、保障生产和方便生活等方面发挥着重要作用。

（1）在服务商流方面，物流是商流活动的服务者和后继者，确保商品实体能够按需方要求，以适当方式、途径从供方转移到需方，满足商流的需要。物流对电子商务中的支持至关重要。

（2）在保障生产方面，物流从原材料的采购开始，将所需的原材料和半成品运输到生产流程中，确保生产过程的顺利进行。物流通过降低运输费用、优化库存结构和强化管理等方式，提高生产效率，降低成本，促进整个社会经济水平的提高。

（3）在方便生活方面，物流服务涵盖了日常生活中的各个领域，包括国际运输、新鲜食品的储藏和运输、搬家服务、行李托运等。物流服务使得人们可以享受更加便利和舒适的生活。

物流是现代社会不可或缺的重要产业，对于经济、社会、环境等各个方面都有着深远的影响。

4. 电商物流的定义

电子商务物流（以下简称电商物流）又称网上物流，就是基于互联网技术，旨在创造性地推动物流行业发展的新商业模式。通过互联网，物流公司能够被更大范围内的货主客户主动找到，能够在全国乃至世界范围内拓展业务；贸易公司和工厂能够更加快捷地找到性价比最适合的物流公司。网上物流致力于把世界范围内最大数量的有物流需求的货主企业和提供物流服务的物流公司都吸引到一起，提供中立、诚信、自由的网上物流交易市场，帮助物流供需双方高效达成交易。已经有越来越多的客户通过网上物流交易市场找到了客户，找到了合作伙伴，找到了海外代理。

电子商务作为一种新的数字化商务方式，代表未来的贸易、消费和服务方式，因此，要完善整体商务环境，就需要打破原有工业的传统体系，发展建立以商品代理和配送为主要特征，物流、商流、信息流有机结合的社会化物流配送体系。电子商务物流的概念是伴随电子商务技术和社会需求的发展而出现的，它是电子商务真正的经济价值实现不可或缺的重要组成部分。

也有人理解为是物流企业的电子商务化。其实，可以从更广义的角度去理解这一个概念，既可以理解为"电子商务时代的物流"，即电子商务对物流管理提出的新要求，也可以理解为"物流管理电子化"，即利用电子商务技术（主要是计算机技术和信息技术）对传统物流管理的改造。因此，有人称其为虚拟物流（Virtual Logistics），即以计算机网络技术进行物流运作与管理，实现企业间物流资源共享和优化配置的物流方式。

（二）电子商务物流的特点

1. 电子商务物流的新特点

随着电子商务时代的来临，全球物流也迎来了一系列新的发展，其中最显著的特点是信息化、自动化和网络化。

信息化是指通过信息技术的应用，将物流活动中的信息收集、处理、传递和利用实现自动化和智能化。通过信息化，物流企业可以实现对物流运作全过程的实时监控和管理，提高物流运作效率和质量。

自动化是指将物流流程中的各个环节通过机器、设备或自动控制系统实现自动化操作。例如，利用自动化设备可以实现物流货物的自动装卸、自动分类、自动拣选等。

网络化是指通过网络技术将物流企业、供应商、客户等各方面连接起来，实现信息和资源的共享，形成一个全球物流网络。网络化物流可以实现全球物流资源的优化配置，提高物流效率和降低成本。同时，网络化物流还可以通过跨国物流运输，推动全球贸易和经济的发展。

2. 电子商务物流各特点关系

信息化是电子商务的必然要求，表现为物流信息的商品化、收集的数据库化和代码化、处理的电子化和计算机化、传递的标准化和实时化、存储的数字化等。

自动化的基础是信息化，自动化的核心是机电一体化，外在表现是无人化，效果是省力化，可扩大物流作业能力、提高劳动生产率、减少物流作业的差错等。

网络化的基础也是信息化，包括物流配送系统的计算机通信网络和组织的网络化。物流电子商务化是以互联网的形式提供物流行业相关信息，包括货运信息、空运信息、陆运信息、海运信息、物流行业资讯和物流知识等。

这三个特点相互关联、相互促进，都基于信息化技术，这也是物流发展的必然趋势。物流信息化提高了物流运作效率，减少了物流成本，促进了物流服务的创新，对于电子商务和现代制造业的发展至关重要。物流自动化和网络化可以提高物流效率和服务质量，降低物流成本和风险，增强物流供应链的整合能力和竞争力，提高企业市场占有率和盈利能力。

不过，在我国，物流业的信息化、自动化和网络化水平还有待提高，还面临着许多问题和挑战，如设施建设和更新、管理模式和组织结构的转型、人员素质和技能的提升、信息安全和隐私保护等。因此，物流企业应加强技术研究和创新，推进信息化、自动化和网络化建设，提高服务质量和效率，为电子商务时代的到来和我国现代化建设做出更大的贡献。

六、考核与评价

通过本任务的学习，学生已经了解了电商物流的基本知识，包括物流的起源、定义和作用，并且掌握了电商物流的定义、新特点及其关系。请根据表 5-1-1 进行自我评价。

表 5-1-1　电商物流的含义及特点学习评价

评价项目	评价要点	自评	互评	师评
电商物流的含义	1. 物流的起源（15 分）			
	2. 物流的定义（15 分）			
	3. 物流的作用（15 分）			
电商物流的特点	4. 电商物流的定义（15 分）			
	5. 电商物流的新特点（20 分）			
	6. 电商物流各特点关系（20 分）			
总评成绩				

备注：自评、互评、师评三项的分数取平均值，计入总分。评价结果分为 A（85~100 分）、B（75~84 分）、C（60~74 分）、D（60 分以下）四个等级。

A 优秀；B 良好；C 合格；D 待合格。

七、巩固与练习

1. 判断题

（1）物流最早出现在美国。（　　）

（2）物流是物品从供应地到接收地的实体流动过程，根据实际需要，将运输、储存、装卸、搬运、包装、流通加工、配送、回收、信息处理等基本功能实施有机的结合。（　　）

（3）电子商务物流又称网上物流，就是基于互联网技术，旨在创造性地推动物流行业发展的新商业模式。（　　）

2. 简答题

（1）电商物流的新特点有哪些？

（2）电商物流各特点之间有什么关系？

3. 技能实训题

以"我国物流发展趋势"为题,搜集相关信息,做一个简单的分析(见表5-1-2)。

表 5-1-2　我国物流发展趋势分析

我国物流发展趋势

八、技能归纳图表

技能回顾:
(绘制本任务的技能关系图)

电商物流的含义及特点 { 电商物流的含义:
电商物流的特点: }

思考总结:

九、拓展案例

京东物流公司发展现状

京东物流集团于2017年在西安成立,作为"京东商城"子公司,也是其首次以独立企业的组织结构形式成立。京东物流发展至今,虽然只有仅仅两年时间,但是京东物流相关业务配套与体制建设早已成熟。

京东物流成立时间虽远远滞后于"三通一达"与"中国邮政",但近年来,京东物流的发展速度以及业务单量实现了超指数级增长。以2019年"双十一"物流业务单量计算,京东物流的快递业务单量相较于同期增长超13倍,现如今,独立、高效、快速已然成为京东物流的代名词。

思政看点

从该案例中我们可以了解到京东物流通过创新的经营模式和现代科技技术投入,展现了创新精神和市场竞争意识。

而京东物流自创立之初便与诸多物流公司的经营模式大相径庭，京东在低成本的"物流外包"时创立京东物流，并花重金打造属于京东的物流网络与供应链体系。而随后更是大量投入现代科学技术，如5G、数字技术等，尤其是数字技术等建设，其虽然减少了企业的人工成本，但在数据建设以及技术开发等阶段所花费资金极为庞大。据资料统计，京东物流自创立之初，虽获得大量投资与业务单量，但由于成本因素，企业发展至今仍然处于亏损阶段。但随着"新零售"的兴起与发展，京东物流凭借自身服务质量以及网络体系的优势，可能在未来物流市场远远领先于国内诸多"物流大牛"。

（案例来源：https://zhuanlan.zhihu.com/p/561515786）

任务二　电商物流配送中心及配送流程

一、学习任务

电商物流配送是电子商务交易中重要的环节之一，是指将商品从商家仓库发出后，通过物流运输到达消费者手中的过程。与传统的物流配送相比，电商物流配送具有更高的时效性、更多样化的物流服务、更严格的配送要求等特点。在电商物流配送中心的支持下，物流公司通过建立多个配送站点、引入先进的配送技术，实现了更高效、更准确的配送服务，大大提高了消费者的购物体验。本任务主要介绍电子商务物流配送中心和物流配送。

二、建议课时

4课时。

三、任务分析

完成本任务需要充分了解电子商务物流配送中心，掌握电商物流配送流程及其发展趋势。

四、引入案例

正式投用！义乌"亚洲一号"来了

2022年"6·18"期间，京东物流在义乌和温州落成的两座"亚洲一号"智能物流园区已正式投入使用。作为京东物流"织网计划"中智能新基建的代表，两座"亚洲一号"均配备了全球领先的AGV拣选机器人、交叉带分拣机、高速分拣系统、智能控制系统等，将依托软件、硬件及系统集成的"三位一体"供应链技术核心优势，进一步提升浙江乃至长三角地区的物流服务时效和消费体验。

据介绍，义乌"亚洲一号"的"地狼仓"中，100多台京东物流自主研发的"地狼"AGV搬运机器人，采用京东物流自主研发的二维码+惯性导航方式，用"货找人"代替"人找货"，效率提高3倍。此外，义乌"亚洲一号"还拥有业内先进的智能分拣中心，最大分拣处理能力超过100万件/天，分拣中心进出快件最快只需十几分钟，效率能达到人工分拣的 5 倍。

而温州"亚洲一号"作为集成大件、中小件仓储,分拣中心、转运等功能于一体的综合性物流园区,后续也将配备高速矩阵分拣系统、交叉带分拣系统、阁楼货架、皮带输送系统等自动化物流设备。随着仓拣一体的"亚洲一号"园区落地,消费者下单购买的商品,从货架拣出、包装及贴好配送地址面单后,能够以极快的速度分配到对应运输车辆,并通过丰富的运输网络,第一时间配送到消费者手中。

从区位上看,加上此前位于杭州富阳区的杭州"亚洲一号",浙江率先成为京东物流在同一省内三座城市投用"亚洲一号"的省份。京东方面表示,杭州、义乌、温州的三座"亚洲一号"与京东物流在浙江 11 个地市设立的多个中心仓、卫星仓和分拣中心,构成一体多面的物流仓配网络,浙江省内京东自营订单当日达或次日达的比例将达约 95%,也将带动产业链与供应链的转型升级,助力中小企业高质量发展。在长三角区域内,目前京东物流已落地运营 7 座"亚洲一号"。

(案例来源:http://www.jinhua.gov.cn/art/2022/6/24/art_1229469639_60240035.html)

五、任务的实施

(一) 电商物流配送中心

电商物流配送中心作为电商物流的核心环节,扮演着收发货物、分拣、储存、配送、售后等多项角色。电商物流配送中心是电子商务物流配送的核心基础设施之一。

1. 电商物流配送中心定义

电商物流配送中心是从事物流活动的场所或组织,应基本符合以下要求:主要面向社会服务;物流功能健全;具有完善的信息网络;辐射范围大;少品种、大批量;存储吞吐能力强;物流业务统一经营管理。

它是电子商务物流的重要组成部分,其作用是为电子商务企业提供从订单处理、仓储管理、商品配送到售后服务等全方位的物流解决方案,以满足消费者对商品快速配送和良好售后服务的需求。电子商务物流配送中心的建设对于推动电子商务发展、提高消费者满意度以及促进社会经济发展具有重要意义。京东电商物流配送中心如图 5-1-1 所示。

图 5-1-1 京东电商物流配送中心

2. 电商物流配送中心的分类和特点

根据电商物流配送中心所提供的服务和功能,可以将其分为以下几类。

(1) 仓储配送中心：主要提供商品存储、管理、配送等服务，为电商企业提供商品的保管、处理和分发。

(2) 末端配送中心：主要提供最后一公里配送服务，包括订单确认、派送、安装等服务。

(3) 运营配送中心：主要提供电商平台运营所需的配送服务，包括快递、仓储、包装等。

(4) 跨境物流中心：主要提供跨境电商的物流配送服务，包括货物清关、货物分拣、包装等。

电商物流配送中心的特点包括以下几方面：

(1) 高效快捷：电商物流配送中心的主要目的是提供高效、快捷的物流配送服务，以满足电商平台和消费者的需求。

(2) 大数据应用：通过运用大数据技术，电商物流配送中心可以更好地预测需求、规划运输路线、提高物流效率等。

(3) 自动化技术：电商物流配送中心采用自动化技术，如机器人自动分拣、智能仓储管理等，提高工作效率和减少人力成本。

(4) 跨界合作：为了更好地满足消费者和电商平台的需求，电商物流配送中心会与快递公司、仓储公司等跨界合作，构建起更完整的物流配送网络。

(5) 环保可持续：电商物流配送中心采用环保材料、优化路线规划等措施，推进绿色物流发展，实现可持续发展。

3. 电商物流配送中心的作用和重要性

电商物流配送中心在电子商务物流配送中发挥着重要的作用，主要包括以下几个方面。

(1) 提高配送效率和服务质量：电商物流配送中心利用现代物流技术，通过集中管理、统一调度、快速配送等手段，大幅提高了配送效率和服务质量，为消费者提供更加快捷、安全、可靠的物流服务。

(2) 降低物流成本和风险：电商物流配送中心通过规模化运作、信息化管理等手段，优化了物流资源配置和利用效率，降低了物流成本和风险，提高了物流业务的盈利能力和竞争力。

(3) 推动电商行业发展：电商物流配送中心是电商行业的重要组成部分，通过为电商企业提供高效、便捷的物流配送服务，促进了电商行业的发展和壮大，为消费者提供了更加便捷、丰富的购物体验。

(4) 促进区域经济发展：电商物流配送中心的建设和运营，可以带动周边产业的发展和壮大，形成物流产业聚集效应，促进区域经济的发展和提升。

电商物流配送中心在电子商务物流配送中发挥着重要的作用，具有重要的战略意义和社会价值，是电商企业发展的重要基础设施。

（二）电商物流配送

电商物流配送中心在电商物流配送中扮演着重要的角色，它可以通过集中存储、分类分拣、快速配送等手段，优化物流配送流程，提高效率，降低成本，提高客户满意度。电商物流配送中心的建设和运营，对于提高电商物流配送服务的质量和效率，推动电商行业的发展具有重要意义。

1. 电商物流配送的概念

电商物流配送就是信息化、现代化和社会化的物流配送。它是指物流配送企业采用网络化的计算机技术和现代化的硬件设备、软件系统及先进的管理手段,针对社会需求,严格、守信用地按用户的订货要求,进行一系列分类、编配、整理、分工、配货等理货工作,定时、定点、定量地交给没有范围限度的各类用户,满足其对商品的需求。

2. 电商物流配送的特点

(1) 快速高效:由于电商交易的特点,消费者通常对物流配送的速度和效率有较高的要求,电商物流配送需要具备快速高效的特点。

(2) 大规模配送:由于电商平台面向全国乃至全球,需要完成大规模的商品配送,因此电商物流配送需要具备大规模配送的能力。

(3) 高度自动化:随着物流技术的不断进步,电商物流配送也越来越自动化,例如物流信息系统、智能仓储设备、自动化分拣系统等。

(4) 多样化的配送方式:由于不同地区、不同物品、不同顾客的不同需求,电商物流配送需要提供多样化的配送方式,例如普通快递、定时送达、门店自提等。

3. 电商物流配送流程和环节

(1) 订单接收:由电商平台接收消费者的订单,并将订单信息传递给物流服务商。这是准备配送商品的阶段,是配送中心运转的基础环节。

(2) 仓储管理:在物流仓库中对商品进行存储、管理、包装等处理,以确保商品在配送过程中的安全和完整性。

(3) 运输配送:将商品从仓库运往目的地,并进行配送,包括选择合适的运输方式,进行合理的线路规划和运输安排等。

(4) 配送安装:对于需要安装的商品,物流服务商需要提供相应的安装服务。

(5) 物流信息反馈:在配送过程中,物流服务商需要对配送状态进行实时的跟踪和反馈,以便电商平台和消费者随时了解订单状态。

(6) 售后服务:在商品配送完成后,物流服务商还需要提供相应的售后服务,例如退货处理、维修等。

4. 电商物流配送发展趋势

电商物流配送是随着电子商务的快速发展而兴起的,其发展趋势主要包括以下几个方面:

(1) 服务的升级:电商物流配送企业将通过不断提升自身的服务水平和品质,为客户提供更加优质、高效的物流配送服务,包括提高送货速度、实现智能化配送、增加配送选择等。

(2) 网络化、智能化:电商物流配送将借助物联网、云计算、大数据、人工智能等现代化科技手段,实现自动化、智能化管理和配送,从而提高效率和降低成本。

(3) 绿色环保:电商物流配送企业将更加注重环保问题,采取可持续发展的方式,通过推广电动车、使用环保包装材料等方式,减少碳排放和对环境的污染。

(4) 多元化、个性化:随着消费者对商品品质和服务的要求越来越高,电商物流配送企业将会开发更多种类的服务产品,满足不同客户的需求,提供个性化的配送服务。

(5) 跨境物流的发展:电商跨境业务的不断发展,将会推动电商物流配送企业进一步拓展国际市场,实现国际化经营。同时,随着国际物流配送标准的不断提高,跨境电商物流配送也将变得更加快捷、高效、可靠。

六、考核与评价

通过本任务的学习,学生已经掌握了电商物流配送的概念、特点、配送流程和环节,以及电商物流配送的发展趋势。请根据表 5-1-3 进行自我评价。

表 5-1-3 电商物流配送中心及配送流程学习评价

评价项目	评价要点	自评	互评	师评
电商物流配送中心	1. 电商物流配送中心定义(15分)			
	2. 电商物流配送中心的分类和特点(15分)			
	3. 电商物流配送中心的作用和重要性(15分)			
电商物流配送流程	4. 电商物流配送的概念(15分)			
	5. 电商物流配送的特点(15分)			
	6. 电商物流配送流程和环节(15分)			
	7. 电商物流配送发展趋势(10分)			
总评成绩				

备注:自评、互评、师评三项的分数取平均值,计入总分。评价结果分为 A(85~100分)、B(75~84分)、C(60~74分)、D(60分以下)四个等级。
A 优秀;B 良好;C 合格;D 待合格。

七、巩固与练习

1. 判断题

(1) 电商物流配送中心是电子商务物流配送的核心基础设施之一。( )

(2) 电商物流配送中心的建设和运营,面向全国,很难带动周边产业的发展和壮大。( )

(3) 订单接收,是由电商平台接收消费者的订单,并将订单信息传递给物流服务商,是准备配送商品的阶段,是配送中心运转的基础环节。( )

2. 简答题

(1) 电商物流配送流程主要包括哪些?

(2) 简述电商物流配送的发展趋势。

3. 技能实训题

搜集资料,分析两个电商物流配送中心(见表 5-1-4)。

表 5-1-4 电商物流配送中心对比分析

项目	配送中心 1	配送中心 2
电商物流配送中心名称		
电商物流配送中心简介		
电商物流配送中心功能		
电商物流配送中心类型		
电商物流配送中心特点		

八、技能归纳图表

技能回顾：
（绘制本任务的技能关系图）

电商物流配送中心及配送流程 { 电商物流配送中心：

电商物流配送：

思考总结：

九、拓展案例

物流企业相继加码绿色低碳，构建绿色、可持续的一体化供应链生态

随着经济步入高质量发展新阶段，绿色、可持续是企业、行业转型的必然选择之一。2021年10月18日，京东物流、菜鸟相继宣布持续加码绿色低碳，构建绿色、可持续的一体化供应链生态。

2021年10月18日，京东物流CEO余睿对外宣布，将继续投入10亿元用于加码绿色低碳的一体化供应链生态建设，未来5年实现自身碳效率提升35%。在他看来，京东物流的价值不仅是要发挥新型实体企业价值，帮助客户降本增效，全面优化供应链网络，推进产销高效对接，推进乡村振兴，还要有效推进绿色减排，实现一体化供应链物流可持续发展。

思政看点

物流企业采用绿色能源与新能源设备，助力节能减排、推进绿色减排，实现一体化供应链物流可持续发展。

"未来将通过积极推广绿色能源与新能源设备、采用能效优化解决方案、推进资源循环、支撑能源能耗可视化等方式，助力节能减排、绿色环保。"据余睿介绍，"青流箱"作为京东循环包装的重要代表之一，截至目前，青流箱等循环包装已累计使用2亿次；通过联动品牌商纸箱循环利用，节省约100亿个快递纸箱，超过20万商家、亿万消费者参与其中。

不仅如此，菜鸟"双十一"物流总指挥李武昌也在同一天表示，服务实体经济、快递送货上门、绿色减碳、感谢一线快递员，将成为今年菜鸟联合天猫备战"双十一"物流的四大关键词。同时，全国20城的菜鸟驿站将试点"循环包材绿色寄件"项目，促进快递包装的循环利用。"双十一"期间，菜鸟的智能合单、智能切箱等技术，将直接减少包材使用量。

知识拓展

什么是《碳目标白皮书2021》

"双十一物流早已经不仅仅是消费狂欢的履约环节，我们希望，用一张数智化、绿色、有温度的物流产业互联网，为实体经济和国内外消费者提供好的服务。"李武昌表示。

此外，2021年6月，顺丰发布了一份《碳目标白皮书2021》报告，提出拟在2021年基础上，在2030年实现自身碳效率提升55%，实现每个快件包裹的碳足迹降低70%，打造气候友好型快递。

报告显示，顺丰将构建碳排放管理平台，运用人工智能、大数据、物联网等科技实现低碳智慧化运营，通过减碳科技的应用降低12%的碳排放。

（案例来源：https://baijiahao.baidu.com/s?id=1714041007950354714&wfr=spider&for=pc）

项目二　智慧物流

近年来，随着电商业务的不断发展，物流业与互联网的融合越来越紧密，新技术、新模式、新业态不断涌现，以互联网为核心的新一轮科技革命深刻影响着物流业。在这个背景下，"互联网+物流"被视为推动物流业转型升级的重要抓手之一。智慧物流则是"互联网+物流"的重要组成部分，它借助物联网、云计算、大数据、人工智能等技术手段，打造数字化、智能化、网络化的物流体系，为物流企业提供了更高效、更便捷、更低成本的服务模式，也促进了全行业的转型升级。因此，智慧物流被认为是未来物流业发展的重要方向之一。

任务一　智慧物流的概念及技术

一、学习任务

随着全球化、多样化、个性化的市场需求越来越高，物流服务的质量也受到越来越多的关注。智慧物流不仅可以提高物流效率和服务质量，还可以提升整个产业的竞争力，拓展市场空间，实现可持续发展。因此，智慧物流被广泛认为是未来物流业发展的必然趋势。本任务主要介绍智慧物流的概念及技术。

二、建议课时

4课时。

三、任务分析

完成本任务需要充分掌握智慧物流概念及其作用，了解智慧物流的技术应用。

四、引入案例

2022年中国十大智能仓储企业

（1）京东物流：京东集团旗下，国内领先的技术驱动的供应链解决方案及物流服务商。京东物流建立了包含仓储网络、综合运输网络、配送网络、大件网络、冷链网络及跨境网络在内的高度协同的六大网络,截至2021年6月30日,京东物流运营约1 200个仓库,其中包含运营的38座"亚洲一号"大型智能仓库。

(2) 菜鸟网络:菜鸟网络是一个数据驱动、开放、协同、共享的社会化物流平台,利用物联网、人工智能、大数据、无人技术等物流科技结合物流行业"数智化"升级的痛点和需求,提供仓配一体解决方案、跨境无忧物流解决方案等服务。旗下拥有菜鸟驿站、菜鸟裹裹、菜鸟联盟、菜鸟乡村等业务品牌。目前,菜鸟物流园覆盖全国24个城市。

(3) 苏宁物流:苏宁物流始于1990年,苏宁控股集团旗下,涵盖仓配、冷链、即时配、快递、快运、跨境、售后、送装服务,提供物流区域、活动、季节等多种分仓模式。目前,苏宁物流在全国有24个物流中心,仓储面积1 105万平方米,售后服务网点8 000多家,门店自提点8 800多个,覆盖全国2 893个区县。

(4) 日日顺物流:日日顺物流成立于2000年,国内领先的供应链管理解决方案及场景物流服务提供商,具备覆盖生产制造、线上线下流通渠道、末端用户场景服务的端到端供应链管理能力的企业。目前,公司已在全国31个省,136个地级市,布局了916座仓库,拥有近14 000条干线线路,覆盖全国336个城市。

(5) 象屿:象屿成立于1995年,是集供应链管理、供应链流通服务、物流平台开发运营等业务于一体的公司,提供从原辅材料与半成品的采购供应直至产成品的分拨配送之间的全价值链流通服务,形成农林产品、能源化工、金属矿产等大宗商品供应链服务体系,2011年8月29日在上交所上市。

(6) 中外运物流:中外运物流隶属于招商局集团旗下,是国内极具规模的合同物流业务平台,专业从事全程供应链管理解决方案的提供商。目前,公司运营的仓储面积达400余万平方米,覆盖全国大部分区域及港澳地区,可控车辆超过3万台,在179个城市设立了运作网点729个,公司从业人员8 000余人。

(7) 中储:中储股份成立于1996年,是主营期现货交割物流、大宗商品供应链、互联网+物流、工程物流、消费品物流、金融物流等领域的大型仓储物流商,于1997年1月21日在上交所上市,中储旗下物流园区、物流中心总占地面积约1 000万平方米,铁路专用线57条,具备公铁、公水联运功能。

(8) 安得智联:安得智联创始于2000年,是一家致力于提供端到端"数智化"供应链解决方案的物流科技企业。目前,在全国拥有136个配送中心、6万余城配车、3 000多个最后一公里送装网点,全面覆盖3~5级市场、2 875个县/区、39 862个乡镇,配送网络覆盖全国95.3%的乡镇和辖区内乡镇100%覆盖。

(9) 宝供物流PGL:宝供物流创建于1994年,是较早运用现代物流理念提供一体化物流服务的专业第三方物流企业,集现代物流设施投资、供应链金融、电子商务、商品购销、国际货代、大数据服务等供应链服务功能为一体的综合集团。目前,公司建有25个大型供应链一体化服务平台,拥有200多万平方米仓储面积,2万多条运输线路。

(10) 中远海运物流:中远海运仓配隶属于中国远洋海运集团,是以航运物流为核心的国际化综合性物流企业,提供现代化、专业化的全程物流供应链解决方案。目前,中远海运物流在中国境内30个省、市、自治区及海外17个地区设立了分支机构,在全球范围内拥有600多个销售和服务网点,形成遍及中国、辐射全球的服务网络系统。

(案例来源:https://www.by56.com/news/16910.html)

五、任务的实施

（一）智慧物流概述

1. 智慧物流的概念

智慧物流是指通过智能软硬件、物联网、大数据等智慧化技术手段，实现物流各环节精细化、动态化、可视化管理，提高物流系统智能化分析决策和自动化操作执行能力，提升物流运作效率的现代化物流模式。

智慧物流基于大数据、云计算、智能感应等一系列现代科技，实现了物流服务的实时化、可控化和便捷化管理，同时也有助于物流产业链的优化升级。

2. 智慧物流的作用

（1）智慧物流可以降低企业成本，提高利润。

智慧物流可以大幅度降低制造业和物流业等行业的成本，提高企业利润。生产商、批发商、零售商之间可以通过智慧物流进行协作，共享信息，使物流企业能够更有效地进行智能调度管理和整合核心业务流程，从而优化物流管理，减少物流消耗和流通费用，增加利润。

（2）智慧物流可以推动物流产业发展，成为信息技术支持。

智慧物流的建设将加速当地物流产业的发展，并成为物流业的信息技术支撑。多功能的集仓储、运输、配送和信息服务于一体的系统打破了行业限制，协调了部门利益，实现了高效经营和社会物流资源配置的优化。同时，智慧物流也可以将物流企业进行整合，发挥整体优势和规模优势，实现现代化、专业化和互补性，共享基础设施、配套服务和信息，从而降低运营成本和费用支出，获得规模效益。

（3）智慧物流可以为企业的生产、采购和销售系统提供智能融合基础。

随着 RFID（射频识别）技术和传感器网络的普及，物与物的互联互通为企业的物流系统、生产系统、采购系统和销售系统的智能融合提供了基础。网络的融合必将产生智慧生产和智慧供应链的融合，企业物流完全智慧地融入企业经营之中，打破工序、流程的界限，从而打造智慧企业。

（4）智慧物流可以让消费者轻松购物，节省成本并提高信心。

智慧物流通过提供货物源头的自助查询和跟踪等多种服务，尤其是针对食品类货物的源头查询，可以让消费者更加放心地购买和食用，增强了消费者的购买信心和促进消费，最终对整体市场产生良性影响，从而帮助消费者节约成本。

（5）智慧物流可以提高政府工作效率，有助于政治体制改革。

智慧物流可以全程监管食品的生产、运输和销售，大大节省了相关政府部门的工作压力，同时也使监管更加彻底、透明。通过计算机和网络的应用，政府部门的工作效率将大大提高，从而有助于政治体制的改革，精简政府机构，裁汰冗员，从而削减政府开支。

（6）智慧物流可以促进当地经济发展，提高综合竞争力。

智慧物流集成多种服务功能于一体，体现了现代经济运作特点的需求，即强调信息流与物质流快速、高效、通畅地运转，从而降低社会成本，提高生产效率，整合社会资源。

3. 智慧物流行业发展现状

（1）智慧物流市场规模。

近年来，中国智慧物流市场规模呈高速增长状态。数据显示，2020 年中国智慧物流市场规模近 6 000 亿元，2021 年中国智慧物流市场规模达 6 477 亿元，同比增长 10.9%。随着物流业与互联网融合的进一步深化，我国智慧物流市场规模不断增长。中商产业研究院预测，2023 年中国智慧物流市场规模将达 7 903 亿元。

（2）自动化物流系统市场规模。

近年来，随着国内自动化信息技术水平的不断提升，我国自动化物流系统市场规模快速发展。自动化物流系统市场规模从 2001 年的不足 20 亿元，迅速增长至 2013 年的 360 亿元。2018 年，我国自动化物流系统市场规模突破 1 000 亿元。预计 2023 年我国自动化物流装备市规模将超 2 900 亿元。

（3）自动分拣设备市场规模。

数据显示，我国自动分拣设备市场规模由 2017 年的 105.4 亿元增至 2020 年的 189.7 亿元，年均复合增长率为 21.6%。2021 年我国自动分拣设备市场规模突破 200 亿元。中商产业研究院预测，2023 年我国自动分拣设备市场规模将达 287.8 亿元。

（4）智能快递柜市场规模。

智能快递柜凭借灵活性、安全性和便捷性等优点，自应用以来，便迅速获得了广大消费者的认可。数据显示，2017 年我国智能快递柜市场规模突破 100 亿元，到 2020 年超 300 亿元。2021 年我国智能快递柜市场规模进一步达到 363 亿元。随着我国快递业务的不断增长，以及智能快递柜的迅速发展，2022 年中国智能快递柜市场规模超过 470 亿元。

（5）全品类 AGV（自动导向车）市场规模。

得益于我国机器人市场规模不断增长，2020 年我国 AGV 市场规模达到 73.5 亿元，同比增长 18.9%。数据显示，2021 年我国 AGV 市场规模达到 87.7 亿元，同比增长 19.3%。随着 AGV 技术的发展与成熟，未来 AGV 仍有巨大的发展空间。中商产业研究院预测，2023 年我国全品类 AGV 市场规模将超 100 亿元。

（6）智慧物流企业注册量。

企查查数据显示，2017—2020 年我国智慧物流企业注册量快速增长，由 2017 年的 785 家迅速增长至 2020 年的 6 760 家，年均复合增长率达 35.7%。2021 年我国新增智慧物流企业 1 960 家，同比下降 71.0%。预计 2023 年我国智慧物流企业注册量将达 2 396 家。

4. 智慧物流行业发展前景

随着世界经济走向智慧时代，物流行业也开始跟随世界经济脚步进行转变。智慧物流是以物流互联网和物流大数据为依托，通过协同共享创新模式和人工智能先进技术，重塑产业分工，再造产业结构，转变产业发展方式的新生态。近年来，智慧物流行业发展环境向好。

中国"十四五"规划纲要提出，要建设现代物流体系，加快发展冷链物流，统筹物流枢纽设施、骨干线路、区域分拨中心和末端配送节点建设，完善国家物流枢纽、骨干冷链物流基地设施条件，健全县乡村三级物流配送体系，发展高铁快运等铁路快捷货运产品，加强国际航空货运能力建设，提升国际海运竞争力。要优化国际物流通道，加快形成内外联通、安全高效的物流网络。智慧物流是建设现代物流体系的必然之路，"十四五"期间，国家建设现代物流体系将利好智慧物流产业发展。

随着数字化转型升级，打造智慧物流行业领先数字物流平台，提供从工厂到目的地的一体化、智能化解决方案，可将物流环节中的信息流、物流、资金流全面打通，搭建完整物流体系并通过对信息流数据的共享和分析，随时提供精准物流服务和分析报告，在帮助客户降低物流风险和物流成本的同时，逐步呈现供应链管理的自我优化。预计智慧物流的广泛投入使用，将助力各产业实现高效生产配置，提高产销效率，带动行业发展。

5G 对智慧物流有关键性的推动作用。凭借 5G 的高速传输，货物从仓储到装车到在途再到最终送到，每个环节的所有数据均可以"实时"地传输到物流管理平台，实现真正实时化的监管和调度，再配合后台的智慧物流服务，可以进一步提高物流配送服务质量，全面提升物流的整体效率。未来，5G 将给智慧物流业带来新的变化，包括速度、连接性、流量和借助 AI 以及利用其他技术来提供场景智能，驱动智慧物流产业发展。

（二）智慧物流的技术

智慧物流是指利用先进的信息技术手段，对传统物流业务进行升级和优化，以实现物流运作的智能化、高效化和可视化。其中，智慧物流的技术体系主要包括物联网、云计算、大数据、人工智能等技术。

1. 物联网技术在智慧物流中的应用

物联网技术通过对物流设备、仓储设备、运输工具等物流场景中的物品进行智能化管理，实现了实时监控、数据采集、远程控制等功能。其应用场景主要包括以下方面。

（1）智能仓储：通过物联网技术，可以实现仓库内物品的自动识别、自动分拣、自动配载等功能，提高仓储效率和准确度。

（2）智能运输：通过物联网技术，可以实现对运输车辆的实时监控、路径规划、运输效率的优化等功能，提高运输效率和安全性。

（3）智能配送：通过物联网技术，可以实现对配送过程中货物的实时跟踪、签收信息的自动化收集等功能，提高配送效率和客户满意度。

物联网技术的优势在于可以实现物品的实时监控和远程控制，为物流企业提供更高效的物流管理方式，降低管理成本。

2. 云计算技术在智慧物流中的应用

云计算技术可以将大量的计算资源和存储资源进行集中管理，为物流企业提供更加高效的数据处理和存储方式。其应用场景主要包括以下方面。

（1）智能调度：通过云计算技术，可以实现对物流运输资源的智能调度，优化运输路径，提高物流效率。

（2）大规模数据分析：通过云计算技术，可以对物流数据进行大规模的分析，从而更好地预测物流需求，优化物流运作。

（3）数据共享：通过云计算技术，可以实现物流数据的共享，提高物流信息的透明度和准确度。

云计算技术的优势在于可以集中管理和处理数据，为物流企业提供更加高效的数据处理和存储方式，降低数据处理的成本和风险。

3. 大数据技术在智慧物流中的应用

大数据技术在智慧物流中的应用主要体现在以下几个方面。

（1）数据存储和处理：智慧物流系统需要处理大量的数据，云计算提供了高效的数据存储和处理能力，能够满足智慧物流系统对于数据的存储、处理、分析和挖掘等需求。

（2）远程协同办公：云计算提供了高效的远程协同办公能力，可以让智慧物流系统中的不同部门、分支机构和合作伙伴之间实现高效的沟通和协作。

（3）弹性计算和扩容：云计算具有弹性计算和扩容能力，可以根据智慧物流系统的业务需求，自动调整计算资源的大小，以保证系统的稳定和高效运行。

（4）降低成本：云计算可以帮助智慧物流企业降低 IT 基础设施建设和运营维护成本，提高 IT 资源的利用效率和管理效率。

4. 人工智能在智慧物流中的应用

人工智能在智慧物流中的应用主要体现在以下几个方面。

（1）预测分析：利用机器学习、深度学习等人工智能技术，可以对物流业务数据进行分析和建模，以预测未来的需求、趋势和风险等。

（2）自动化和智能化：利用人工智能技术，可以实现智慧物流系统中的各种业务流程的自动化和智能化，提高业务流程的效率和准确性。

（3）智能优化：利用人工智能技术，可以实现对物流过程的实时监控和优化，提高物流过程的效率和质量。

（4）风险管理：利用人工智能技术，可以对物流风险进行识别、评估和管理，提高物流过程的安全性和稳定性。

综上所述，物联网、大数据、云计算和人工智能等技术是智慧物流体系中的关键技术，它们的应用可以帮助企业实现物流过程的智能化、自动化和优化，提高物流效率和质量，降低物流成本，提高企业竞争力。

六、考核与评价

通过本任务的学习，学生已经掌握了智慧物流的概念、作用和智慧物流的技术等。请根据表 5-2-1 进行自我评价。

表 5-2-1　智慧物流的概念及技术学习评价

评价项目	评价要点	自评	互评	师评
智慧物流概述	1. 智慧物流的概念（10 分）			
	2. 智慧物流的作用（10 分）			
	3. 智慧物流行业发展现状（10 分）			
	4. 智慧物流行业发展前景（10 分）			
智慧物流的技术	5. 物联网技术在智慧物流中的应用（15 分）			
	6. 云计算技术在智慧物流中的应用（15 分）			
	7. 大数据技术在智慧物流中的应用（15 分）			
	8. 人工智能在智慧物流中的应用（15 分）			
总评成绩				

备注：自评、互评、师评三项的分数取平均值，计入总分。评价结果分为 A（85~100 分）、B（75~84 分）、C（60~74 分）、D（60 分以下）四个等级。

A 优秀；B 良好；C 合格；D 待合格。

七、巩固与练习

1. 判断题

（1）智慧物流基于大数据、云计算、智能感应等一系列现代科技，实现了物流服务的

实时化、可控化和便捷化管理。   （ ）
(2) 因为智慧物流投入较大，无法降低企业成本。   （ ）
(3) 近年来，中国智慧物流市场规模呈高速增长态势。   （ ）

2. 简答题

(1) 智慧物流的作用是什么？

(2) 智慧物流的技术包括哪些内容？

3. 技能实训题

浅析我国智慧物流的发展趋势，自拟题目（见表5-2-2）。

表5-2-2　浅析我国智慧物流的发展趋势

八、技能归纳图表

技能回顾：
（绘制本任务的技能关系图）

智慧物流的概念及技术 ｛ 智慧物流概述：
　　　　　　　　　　　智慧物流的技术：

思考总结：

九、拓展案例

菜鸟网络科技有限公司

菜鸟网络科技有限公司成立于2013年5月，是一家客户价值驱动的全球化产业互联网公司。菜鸟坚持长期主义，聚焦产业化、全球化和数智化，坚持把物流产业的运营、场景、设施和互联网技术做融合，坚持数智创新、开拓增量、普惠服务和开放共赢。菜鸟已形成面向消费者、商家和物流合作伙伴三类客户的五大核心服务板块：全球物流、消费者物流、供应链、全球地网、物流科技。

菜鸟持续投入全球物流基础设施和底层能力建设，全球运营地网设施面积超过1 000万平方米，日均服务跨境包裹量已超过500万件，可助商家用"一杯咖啡钱"实现全球排名前20的城市5日达。菜鸟数智物流设施和供应链已服务商家品牌数万个，80%从菜鸟产地仓库发出的包裹可隔日达。菜鸟驿站已覆盖全国200多个城市、3 000所高校和4万多个乡村，菜鸟裹裹为3亿多消费者带来寄件服务。

> **思政看点**
>
> 菜鸟驿站建立新赛道，助力双循环、乡村振兴、碳达峰碳中和。

菜鸟已在社区服务、全球物流、智慧供应链等领域建立了新赛道，通过遍布中国城乡的菜鸟驿站（包括社区、校园、乡村）与线上数字化产品菜鸟，以及菜鸟裹裹，为消费者提供便捷的寄递、代收、查询等物流服务。截至2021年年末，菜鸟驿站现已覆盖200多个城市、3 000所高校和4万多个乡村。在为消费者和商家提供服务的同时，也在服务实体经济，助力双循环、乡村振兴、碳达峰与碳中和方面发挥作用。

> **知识拓展**
> 菜鸟驿站是什么

（案例来源：https://baike.baidu.com/item/%E8%8F%9C%E9%B8%9F%E7%BD%91%E7%BB%9C%E7%A7%91%E6%8A%80%E6%9C%89%E9%99%90%E5%85%AC%E5%8F%B8/5130822?fromtitle=%E8%8F%9C%E9%B8%9F%E7%BD%91%E7%BB%9C&fromid=7630892&fr=aladdin）

任务二 电子商务环境下智慧物流的应用

一、学习任务

电子商务的发展十分迅速，并且变得更加成熟。当前，由于物流需求量的增加，人们对现代物流的需求也变得更加多样化。所以，想要保证物流能够满足当前消费者的服务水平，必须要多模式化进行创新。本任务以电子商务为背景，介绍智慧物流的具体应用。

二、建议课时

4课时。

三、任务分析

完成本任务需要充分掌握智慧物流技术在电子商务背景下的应用。

四、引入案例

无人机物流：打造智能物流新形态

随着电商下沉和农产品上行，为了打通物流的"毛细血管"，众多企业纷纷加码布局，多种商品被纳入无人机配送范围，一场货运无人机的"军备竞赛"正在升级。

2022年4月1日，大型货运无人机鸿雁007搭载300公斤农副产品从新疆生产建设兵团第一师阿拉尔市十团蓝泊湾机场抵达第三师图木舒克市四十八团河东机场，这标志着阿拉尔—图木舒克大型货运无人机专用航线开通，开始了大型无人机航空物流速递的常态化商业运行，初步建成了当地的大型无人机物流运营网络。

2022年6月，深圳市规划和自然资源局发布的《深圳市物流配送站规划配建指引》提出，"配建物流配送站宜考虑未来技术发展，合理预留无人车配送、无人机配送、地下管道配送等设施空间"，为无人机货运发展铺平了道路。

当前，无人机不仅能够完成城市短途紧急运送任务，让医疗冷链、应急保障、安防巡检物资快速抵达现场，还能在特色经济、同城配送、景区配送、山区配送等特殊场景中出一份力。"直来直去"的无人机不仅缩短了配送时间，还降低了人力成本。

除地方政府外，快递、电商、外卖平台等也在积极建设无人机配送网络。早在2015年，京东就开始探索无人机送货技术，此后建立了干线、支线、终端三个层次的无人机物流配送和通航物流体系，旨在构建"空地一体化"的智能物流网络；美团则基于更加高频的外卖配送业务，希望构建空地协同的本地即时配送网络，致力于为用户提供3公里、15分钟的标准配送服务；顺丰不仅启动了无人机同城急送业务试运营，还在支线物流领域发力。这类企业开启了无人机多用途的实践，促进了无人机在物流领域的发展。

（案例来源：https://www.163.com/dy/article/HSGH0RG50553RYPC.html）

五、任务的实施

（一）电子商务与智慧物流的关系及相互促进

电子商务与智慧物流是紧密相关的，它们相互促进、共同发展。电子商务是指利用互联网和信息技术进行商务活动的方式，包括在线购物、在线支付、物流配送等。而智慧物流则是利用先进的技术手段，对物流全流程进行优化管理，实现物流信息化、智能化和服务化。

一方面，智慧物流可以促进电子商务的发展。智慧物流能够提高物流配送效率，缩短物流时间，减少物流成本，为电子商务提供更快、更便捷、更可靠的物流配送服务，提升客户体验。例如，通过智慧仓储技术，将商品分类储存、智能化管理，可以提高货物存储、管理效率；通过智慧配送技术，实现智能路线规划、实时跟踪，可以提高配送效率、减少误配，为客户提供更快速、更安全、更精准的配送服务。

另一方面，电子商务也可以促进智慧物流的发展。电子商务订单数量的不断增加，推动了智慧物流技术的发展和应用。智慧物流可以更好地满足电子商务快速、高效、低成本的物流需求。例如，智慧分拣技术能够提高物流处理效率，减少人工错误率，降低物流成本；智慧运输技术能够提高运输效率，缩短物流时间，提高配送精准度。这些技术的应用不仅提高了物流效率和精准度，也减少了成本和误配率，为物流企业提供了更高的运营效益。

（二）智慧物流在电子商务中的应用

1. 智慧仓储

智慧仓储是通过智能化、自动化和信息化技术手段，实现仓库管理、物流运作和货物存储的高效、精准和可控。智慧仓储的实现方式包括RFID技术、自动化物流设备、物联网、云计算、人工智能等。

智慧仓储能够提高仓库运营效率和管理水平。例如，智慧仓储可以实现实时监控库存、自动化存储和取货、自动化管理库存、自动化库存调拨和采购等功能，从而提高仓库管理的精准性和效率。

智慧仓储（见图 5-2-1）对电子商务的贡献主要体现在提高订单处理速度和准确性方面。智慧仓储可以实现高效的订单处理和仓库管理，从而缩短订单处理时间和提高订单处理准确率。此外，智慧仓储还能够通过物联网技术和云计算技术实现实时监控货物运输状态和库存信息，提高供应链的可见性和管理水平。

图 5-2-1　智慧仓储

2. 智慧分拣

智慧分拣是通过自动化设备和信息技术手段，对货物进行自动化分拣，从而提高分拣效率和准确性。智慧分拣的实现方式包括条码识别、RFID 技术、自动分拣机器人等。自动化分拣线如图 5-2-2 所示，自动分拣机器人如图 5-2-3 所示。

图 5-2-2　自动化分拣线　　　　图 5-2-3　自动分拣机器人

智慧分拣能够提高分拣效率和准确性。例如，智慧分拣可以实现货物的自动化扫描和识别、自动化分拣、自动化分类和打包等功能，从而提高分拣速度和准确率。

智慧分拣对电子商务的影响主要体现在提高订单处理速度和准确性，降低人工成本方面。智慧分拣可以实现高效地分拣和管理仓库，从而缩短订单处理时间和提高订单处理准确率。此外，智慧分拣还能够降低人工成本，提高物流效率和准确性。

3. 智慧运输

智慧运输是利用物联网、云计算、大数据等技术手段，对运输流程进行智能化管理，以提高物流效率和安全性。智慧运输的实现方式包括车辆智能化、路线规划优化、实时监控等。例如，车辆智能化可以通过安装传感器和控制器，对车辆的状况进行实时监测和调整，减少事故发生的风险。

智慧运输可以提高物流效率和安全性。通过智慧运输，物流企业可以实现运输过程的实时监测和管理，避免货物的丢失和损坏，提高运输效率和准确性。智慧运输还可以通过路线规划优化，避免堵车，减少运输时间和成本。

智慧运输对电子商务的贡献主要体现在提高物流速度和准确性，降低运输成本和损失方面。对于电商企业来说，快速的物流服务可以提升客户满意度，提高回购率。同时，智慧运输可以减少人工成本和运输损失，提高物流效率和利润率。智慧运输大数据平台如图 5-2-4 所示。

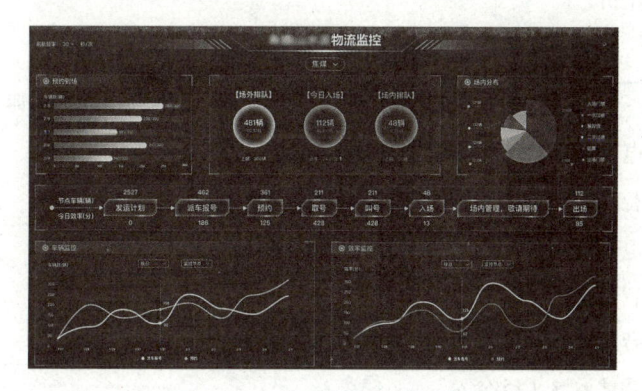

图 5-2-4　智慧运输大数据平台

4. 智慧配送

智慧配送是指通过技术手段，提高配送的效率和准确性，从而更好地满足客户的需求。实现智慧配送需要从订单管理、路线规划到配送过程管理等方面进行全面优化和改进。

实现智慧配送可以为电子商务带来许多好处。首先，智慧配送可以对订单进行实时监控和跟踪，实现即时调度和动态路线规划，从而避免了配送员在路上的空转和重复配送，提高了配送效率和准确性，降低了配送成本和误差率。

其次，智慧配送可以提高客户的满意度和快递准确性。智慧配送可以实现对配送过程的全程监控和跟踪，让客户能够实时了解快递状态和到达时间，避免了配送过程中的不确定性和延误，提高了客户的满意度和快递准确性。

最后，智慧配送还可以为电子商务提供更加精细化的服务。通过对配送数据的收集和分析，可以实现对客户需求的个性化推荐和服务，提高了电商的竞争力和客户的忠诚度。

总之，智慧配送对电子商务的影响非常大，可以提高配送效率和准确性，降低配送成本和误差率，提高客户的满意度和快递准确性，同时还可以为电商提供更加精细化的服务。智慧配送无人车如图 5-2-5 所示，智慧配送无人机如图 5-2-6 所示。

图 5-2-5　智慧配送无人车　　　　　图 5-2-6　智慧配送无人机

六、考核与评价

通过本任务的学习，学生已经掌握了智慧物流技术在电子商务背景下的应用。请根据表 5-2-3 进行自我评价。

表 5-2-3　电子商务环境下智慧物流的应用学习评价

评价项目	评价要点	自评	互评	师评
电子商务与智慧物流的关系及相互促进	1. 电子商务与智慧物流的关系（10分）			
	2. 智慧物流可以促进电子商务的发展（15分）			
	3. 电子商务也可以促进智慧物流的发展（15分）			
智慧物流的技术	4. 智慧仓储（15分）			
	5. 智慧分拣（15分）			
	6. 智慧运输（15分）			
	7. 智慧配送（15分）			
总评成绩				

备注：自评、互评、师评三项的分数取平均值，计入总分。评价结果分为 A（85~100分）、B（75~84分）、C（60~74分）、D（60分以下）四个等级。

A 优秀；B 良好；C 合格；D 待合格。

七、巩固与练习

1. 判断题

（1）电子商务与智慧物流是紧密相关的，它们相互促进、共同发展。（　）

（2）电子商务订单数量的不断增加，推动了智慧物流技术的发展和应用。（　）

（3）智慧仓储对电子商务的贡献主要体现在能保存更多货物方面。（　）

2. 简答题

（1）如何理解电子商务与智慧物流的关系？

（2）智慧物流在电子商务中的应用包括哪些？

3. 技能实训题

查询资料，了解智慧物流在电子商务中的场景和具体应用（见表 5-2-4）。

表 5-2-4　智慧物流技术的应用

序列	场景	具体应用
1	智慧仓储	
2	智慧分拣	
3	智慧运输	
4	智慧配送	

八、技能归纳图表

技能回顾：
(绘制本任务的技能关系图)

电子商务环境下智慧物流的应用 { 电子商务与智慧物流的关系：
智慧物流在电子商务中的场景应用：

思考总结：

九、拓展案例

顺丰无人机支援上海抗疫，空中运送菜肉等物资！

2022年4月，上海防疫管控升级，顺丰无人机团队为帮助群众解决燃眉之急，积极行动，多措并举，为上海居民运送蔬菜、生鲜、抗原试剂、应急药品等物资。

在封控期间，一架架无人机的身影，穿梭在城市上空，为急需物资的配送增添运力，满足居民们的生活所需……

无人机开辟空中抗疫航线，运送物资零接触。

连日来，高新区社区充分利用无人机这项高新技术开展"非接触式"运输物资等防控工作，让疫情防控更智慧、更有效、更安全。

华东无人机基地无人机突击队共配备了物资配送、空中巡查喊话、消毒消杀等无人机总共30余架，配置有经验的飞手5名，累计飞行时长超过500小时，为战胜疫情提供积极助力。

顺丰方舟40无人机作为华东无人机基地无人机突击队的一员，主要用于城市末端物流配送，为居民运送蔬菜、生鲜、抗原试剂、应急药品等物资。

无人机配送不仅可以缓解封控期间运力紧缺的问题，在疫情防控的关键阶段，也可以降低配送过程中存在的感染风险，大大提高了紧急配送的时效。

> **思政看点**
>
> 顺丰无人机团队在疫情期间积极行动，利用高新技术进行配送，帮助群众解决燃眉之急，体现了企业的社会责任感。

知识拓展
顺丰无人机状况介绍

(案例来源：https://baijiahao.baidu.com/s?id=1729740938974440358&wfr=spider&for=pc)

模块六

电子商务客户服务

　　电子商务客户服务是随着网络店铺的兴起而发展起来的全新职业，是电商平台或网店与买家之间进行沟通交流的第一窗口，承担着为买家提供客户服务，提升买家购物体验的职责。当前，电子商务市场的发展日趋成熟，买家购物体验受到空前重视，网店客服的重要性日益凸显，成为网店运营的核心内容之一，也是电子商务研究学习的重要课题之一。为了使学生对电子商务客户服务有一个较为全面的认知，本项目将对电商客服的含义、电商客服所必备的岗位素质、电商客服常用软件等内容进行介绍，激发学生对电子商务客户服务相关岗位的兴趣，并培养其相关技能。

学习目标

一、知识目标

1. 掌握电商客服基本含义。
2. 了解电商客服基本素养。
3. 了解电商客服基本技能。
4. 掌握电商客服售前的技巧。
5. 掌握电商客服售中的技巧。
6. 掌握电商客服售后的技巧。

二、技能目标

1. 能够通过学习"千牛"的安装与使用，独立下载"千牛"并在平台完成登录，能够在"千牛"进行基本的设置及操作。
2. 能够通过实际的操作掌握电商客服售前的沟通方法和客服技巧。
3. 能够通过实际的操作掌握电商客服售中的沟通方法和客服技巧。
4. 能够通过实际的操作掌握电商客服售后的沟通方法和客服技巧。

三、思政目标

1. 树立科技强国的自信。
2. 在学习客户服务知识的过程中，培养服务意识。

项目一 电商客服基本技能

当电子商务成为人们生活必不可少的一部分时，类似于实体销售人员的"电商客服"也应运而生，成为网上店铺与电子屏幕另一端的客户之间重要的沟通纽带，在双方信息、情感的传递过程中拉近了商家与客户之间的距离，在电商世界里扮演着不可或缺的重要角色。本项目重点介绍电商客服基本技能及常用客户服务软件。通过本项目的学习，学生将了解电子商务客服岗位，培养学生的客户服务专业技能。

任务一 电商客服基本素养及技能

一、学习任务

电商客服作为网店与顾客互动交流的桥梁，是店铺直面顾客的一线销售人员，在交易的每个环节中都扮演着重要角色，在整个网店运营发展的过程中起着不可小觑的作用。本任务通过对电商客服基本素养及技能的介绍，培养学生对电商客服岗位的基本认知。

二、建议课时

4 课时。

三、任务分析

本任务将介绍电商客服应当具备的基本素养及专业技能。学生在学习了本任务后，可以对电商客服岗位建立初步的认识。

四、引入案例

阿里 CEO 张勇"当客服"

阿里巴巴首席客户官吴敏芝向全体阿里人发起的一项名为"亲听"的号召——鼓励大家走到一线，聆听客户声音、重视客户体验。

为了响应号召，阿里巴巴集团 CEO 张勇也借此机会当了一次客服。张勇直接来到阿里集团客户体验事业群（CCO），刚认完"师兄"（客服小二），张勇就发出一串连珠炮般的"请教"，了解客户诉求。之后他直接落座开始接听客户电话，并表示"继续，今天上午我就在这里不走了"。

从上午 10 点开始，这位 CEO 师弟先是跟着一位师兄接听商家电话，不停问不停记。接着又跟着另一位师兄接听消费者电话，继续刨根问底。全部听完后，张勇又特意留下与吴敏芝等几位业务负责人深度详谈。

张勇在一线客服部门说："我希望每个季度，我们都能认真坐下来听大家代表客户发出的声音，听大家的洞察，能够让我们真正在生态体系的平台建设上，走出一条新路来，提前想到和解决商家都没有想到的痛点。"

吴敏芝说，新消费时代开始了，必须向客户提供更好的体验，每个业务线的负责人最重要的不是关注 KPI 的数字，而是回归客户第一。

此次活动中，直接到服务一线旁听的阿里管理者已超过了 500 人，并就客户体验的具体改进方向现场交换意见。其中的很多反馈，已经通过 CCO 线的"9 点电台"等机制流转落实到具体业务优化中。

（案例来源：https://baijiahao.baidu.com/s?id=1588751316509936826&wfr=spider&for=pc）

五、任务的实施

（一）电商客服基本含义

电商客服是在电子商务环境下为客户服务的工作，与传统实体店的销售人员一样，要承担为顾客答疑、商品推介、交易促成等工作。从工作性质上来说，电商客服人员的工作与传统实体店销售人员在本质上是一样的，都是为了满足顾客的需求而提供一系列的服务。然而传统实体店的销售人员与顾客之间是一种面对面的交流方式，双方的互动性极强；电商客服人员则需通过网络，利用各种互联网即时通信工具与顾客进行信息传输，完成双方的沟通过程。与传统实体店销售人员相比，电商客服在服务形式、工作内容和服务对象上都存在着较大差异。

（二）电商客服基本素养

一个合格的网店客服应该具备一些基本素养，如图 6-1-1 所示。

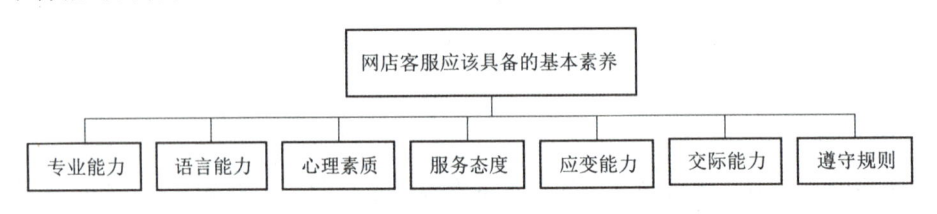

图 6-1-1 网店客服应该具备的基本素养

（1）专业能力保障了网店客服具有相应的知识储备，能够从容应对买家咨询。

（2）语言能力保障了网店客服准确地传递信息。

（3）较强的心理素质帮助网店客服从容面对性格各异的买家。

（4）热情的服务态度是网店客服应该一直保持的工作状态。

（5）较好的应变能力来源于网店客服的综合素质，以便处理突发事件。

（6）交际能力决定了网店客服是否能够维护好老客户。

（7）遵守规则是网店客服处理售后问题及交易纠纷的基本准则。

知识拓展
淘宝客服应熟知的规则

（三）电商客服基本技能

网店客服是通过计算机为买家服务的网店工作人员，因此网店客服必须具备基本的计算机基础操作技能，并熟练使用辅助工具。

1. 计算机基础操作

网店客服一般不需要掌握太高深的计算机技能，但需要懂得一些计算机基础操作，包括熟悉 Windows 系统，会熟练操作 Word 和 Excel 软件，会简单地管理电子文件，能够熟练地进行网上搜索并快速找到需要的资料。

2. 辅助工具的使用

一般大型网购平台都有自己的辅助工具，以淘宝网为例，"千牛"是淘宝网客服人员最常使用的辅助工具。"千牛"不仅具有聊天接单功能（阿里旺旺），而且具有强大的交易管理功能。通过"千牛"，客服人员可以进行交易管理、商品管理、评价管理、物流管理等日常操作。

六、考核与评价

本任务通过对电商客服基本素养及技能的介绍，使学生对电商客服岗位有了一定的基本认知。请根据表 6-1-1 进行自我评价。

表 6-1-1　电商客服基本素养及技能学习评价

评价项目	评价要点	自评	互评	师评
电商客服基本素养及技能	1. 了解电商客服基本含义（20分）			
	2. 能够区分电商客服与传统实体店销售（20分）			
	3. 能够说出电商客服基本素养（20分）			
	4. 了解电商客服基本技能（20分）			
	5. 了解电商客服的基本工作内容（20分）			
总评成绩				

备注：自评、互评、师评三项的分数取平均值，计入总分。评价结果分为 A（85~100 分）、B（75~84 分）、C（60~74 分）、D（60 分以下）四个等级。

A 优秀；B 良好；C 合格；D 待合格。

七、巩固与练习

1. 判断题

（1）电商客服与传统实体店销售人员的工作内容是一样的。（　　）

（2）电商客服应具备计算机基础操作能力。（　　）

（3）遵守规则是网店客服处理售后问题及交易纠纷的基本准则。（　　）

2. 简答题

（1）一个合格的网店客服应该具备哪些基本素养？

（2）电商客服的基本技能有哪些？

3. 技能实训题

请登录招聘网站，查找有关电商客服的工作岗位，记录这些岗位都有哪些工作内容及技能要求。

八、技能归纳图表

技能回顾：
(绘制本任务的技能关系图)

电商客服基本素养及技能
- 电商客服基本含义：
- 电商客服基本素养：
- 电商客服基本技能：

思考总结：

九、拓展案例

你可能不知道的阿里客服：十年给上万残疾人提供就业岗位

2019年秋天，28个残疾人走进位于顺义的北京工业大学耿丹学院——他们成为这里一批特殊的"大学生"，将在这里进行为期两个月的阿里"云客服"的技能培训。28个孤独星球带着试探的、害羞的、憧憬的心情汇聚在一起，碰撞出意想不到的温暖能量。这是阿里巴巴客户体验事业群（CCO）给社会弱势群体提供就业岗位的故事。

河北贫困县来的学员李东特别刻苦，每天晚上写日志，整理笔记，忙到夜里一两点才睡觉。他行动自如，但是因为天生没有汗腺，外形异于常人，常受歧视，夏天尤其难过，如果外出打工，无法排汗，根本受不了，每年夏天，他只能待在家里，几个月没有收入。云客服可以在家有一个电脑就能工作，他觉得有了新希望，特别珍惜这次机会。

> **思政看点**
>
> 纵有千般困难，也要全力以赴。残疾人顺利就业，事关残疾人更好地实现价值、融入社会，这既能够为他们的生活提供必要的经济保障，更可以让他们重拾对生活的信心。

赵森华是一个宝妈，孩子两岁半，从小残疾，借助轮椅走路。她表示："每个人来这收获都不一样，对我来说，是掌握了一门技术，多了一项生存能力，不用费劲出门就可以工作，有时间陪孩子。"

张录曾是南昌工程学院一名大三学生，一场高烧改变了他的人生。病好后，大脑神经被烧坏，不会走路了。对张录来说，参加"云客服"培训不仅获得了工作机会，还找到了久违的自信和存在感。

韩鑫宇，来自河北邯郸。他也是后天致残——17岁那年到工厂打工，因操作失误失掉了一只手。在耿丹学院参加"云客服"培训，犹如在天堂，是他第一次体验大学校园生活。

彭月是班长，侏儒症。人很聪明，自己开了家菜鸟驿站，参加完云客服培训，他又多了一门手艺。

韩旭，一级残疾，走不了路，参加培训获得工作之前，他从没想过自己还能找到社会价值。

除了阿里巴巴CCO，还有残联和公益基金会在背后主推这个项目。张宁是这个活动的发起人。她自己也是一名残疾人，现任中国残联助残志愿者协会的副秘书长。她见证了前后几十个残疾人的变化。"不光是给了他们一个技能，一份可以持久的工作，我看到了他们精神状态的改变。融入一个大学校园里去接受培训，和大学生同吃同住，他们获得的是尊重和信心。"

资料显示，中国残疾人总数超过8 500万，就业问题一直是社会热点。除了政府推动，企业也是非常关键的参与力量。"云客服"背后的阿里巴巴客户体验服务事业群，2010年开始做"云客服"的项目，帮助包括残疾人在内的就业弱势群体获得就业岗位。截至2022年年底共有1.6万名残障人士上岗电商平台云客服。

生活经常跟我们耍鬼脸，给一些人关上一扇门，这些背后的力量在做的事情就是给这些被生活开过玩笑的残疾人，照进一缕阳光。这缕阳光足以让他们的生活变光明。每一缕光明背后，都是一个家庭的希望。

（案例来源：https://baijiahao.baidu.com/s?id=1654973808813843633&wfr=spider&for=pc）

任务二　客户服务软件介绍

一、学习任务

大型的购物网站通常会为入驻商家提供便捷高效的店铺管理工具，比如淘宝网的"千牛"、京东商城的"咚咚"、苏宁易购的"苏宁云信"等，这些工具为客服工作提供了强大的辅助性作用，因此要想成为一名客服人员，应当熟悉这些工具的基本操作。本任务以"千牛"为例介绍常见的客服软件。

二、建议课时

4课时。

三、任务分析

本任务将介绍"千牛"的基本使用。学生在学习了本任务后，能够通过"千牛"进行一些基本操作。

四、引入案例

阿里推智能客服店小蜜，商家有福了

阿里人工智能服务机器人阿里小蜜推出了商家版智能客服"店小蜜"，并在天猫荣耀官方旗舰店率先投入测试。目前店小蜜已开放给更多的商家测试和使用。拥有了店小蜜商家就等于拥有7×24小时的智能客服。

据悉，店小蜜在荣耀官方旗舰店测试的第一天，从23点到早上9点就承接了超1 100位的用户咨询，对商品咨询、店铺服务等问题都来之不拒，且解答得颇为完美。此次测试取得了较好的成绩。

店小蜜是首个开放体验的店铺淘宝店小秘智能客服。天猫荣耀官方旗舰店客服总监齐亮说，以前没有智能客服的时候用户体验并不是很好，有了智能客服就可以大大提升用户体验。一是因为如果用户是在夜间咨询，人工客服需要等到第二天再根据留言来回复，对于用户来说，没法第一时间获得回复。二是在"双十一"及店铺上新等活动中，商家通常会面临大量的服务压力，有了智能客服就可以帮助店铺分流这些压力，商家服务更具备弹性。

> **思政看点**
>
> 科技改变生活，我国人工智能快速发展，在生活的方方面面都能为我们提供便利。

其实早在此次推出店小蜜之前，阿里巴巴就开始了商家智能机器人的探索，并在此前推出过初版的商家机器人，累计超109万商家在使用。

店小蜜负责人赵坤说："我们希望把阿里巴巴在服务领域的积累和技术能力输出给生态圈的合作伙伴，为数亿消费者和千万商家提供极速和愉悦的体验。店小蜜就是这个使命下的又一个重要里程碑。"

（案例来源：https://www.ibjoo.com/13420.html）

五、任务的实施

1. 下载并安装"千牛"

随着各个网店业务量不断增加，出现了不少专供卖家使用的管理软件，其中以由阿里旺旺卖家版升级而来的"千牛"卖家工作台的使用最为普遍。下面就详细介绍"千牛"的下载与安装方法。

第一步：在百度搜索引擎中搜索"千牛"官方网站，如图6-1-2所示。

> **知识拓展**
> 千牛的主要功能有哪些

图6-1-2 百度搜索"千牛"

第二步：进入"千牛"官网后，单击"下载使用"按钮，如图6-1-3所示。接着单击"电脑客户端下载"或"手机客户端下载"选项，根据实际需求选择，如图6-1-4所示。在这里我们主要介绍电脑客户端的下载与安装，因此选择"电脑客户端下载"。电脑客户端有两种版本，如图6-1-5所示，根据电脑

图6-1-3 进入"千牛"官网

安装的计算机系统来选择相应的版本，一般 Windows 系统的使用人群比较多，我们这里选择"Windows 版"进行下载。

图 6-1-4 "千牛"电脑端及手机端　　　　图 6-1-5 电脑客户端的两种版本

第三步：在弹出的下载对话框中选择保存安装文件的保存路径，然后单击"下载"按钮，如图 6-1-6 所示。

第四步：待下载完毕，打开保存软件安装包的文件夹，双击安装文件。此时会自动弹出安装对话框，可选择自定义安装，一般我们建议新手直接单击"立即安装"按钮，如图 6-1-7 所示。

图 6-1-6 下载对话框　　　　图 6-1-7 安装文件对话框

第五步：安装完成后，立即打开软件，第一次使用软件会自动弹出对话框，以选择工作台数据的存放路径，聊天记录等数据将会存放在选择的保存目录及文件夹下面，如图 6-1-8 所示。

图 6-1-8 选择工作台数据的存放路径

第六步：选择数据保存路径后，会弹出登录对话框（见图 6-1-9），需输入淘宝网账户及密码，单击"登录"按钮，即可进入卖家工作台工作。电脑版"接待中心"界面如图 6-1-10 所示。

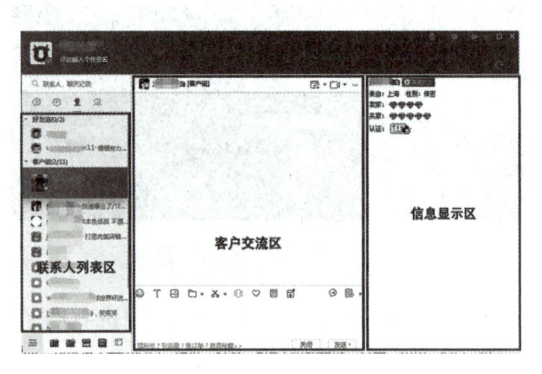

图 6-1-9　登录对话框　　　　　　　　图 6-1-10　电脑版"接待中心"界面

2. 设置自动回复和快捷回复

第一步：登录千牛软件后，系统会自动进入卖家工作台，在卖家工作台的右上方会出现一个浮动窗口，需单击浮动窗口中的"接待中心"按钮，如图 6-1-11 所示。

图 6-1-11　"千牛"浮动窗口

第二步：进入"接待中心"后，单击"接待中心"左下角的"更多"按钮，并在出现的列表中单击"系统设置"选项，就能进入系统设置界面，在"系统设置"的"接待设置"中选择"自动回复"选项，如图 6-1-12 所示。

第三步：进入自动回复设置界面后，会出现各种不同状态下的自动回复设置，我们选择"当天第一次收到买家消息时自动回复"来进行设置演示，勾选对应选项左侧的方框，再单击"新增"按钮，如图 6-1-13 所示。

图 6-1-12　系统设置操作界面　　　　　　图 6-1-13　自动回复设置

第四步：进入"新增自动回复"界面，在文字输入区域输入需要自动回复的内容，再设置文字的字体、大小、颜色等格式，单击"保存"按钮即可，如图 6-1-14 所示。

第五步：在"接待中心"界面的客户交流区中还可以设置新增"快捷短语"。单击"快捷短语"按钮，右侧将会出现系统自带的和卖家设置的快捷短语，单击下面的"新增"选项，即可进入"新增快捷短语"界面，如图 6-1-15 所示。

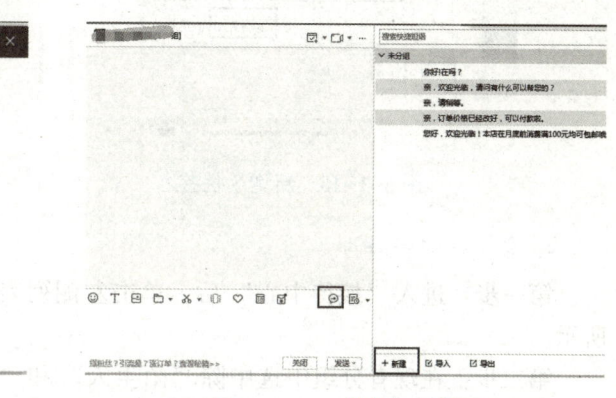

图 6-1-14　新增自动回复界面

图 6-1-15　快捷短语界面

第六步：在"新增快捷短语"对话框中，输入需要设置的快捷回复内容，再对文字的字体、大小、颜色等格式进行设置，输入"快捷编码"，选择分组后，单击"保存"按钮即可设置成功，如图 6-1-16 所示。

3. 设置个性签名

第一步：个性签名的设置跟自动回复设置一样，都需要进入系统设置界面进行操作。系统设置选项的位置可参见设置自动回复相应操作步骤，如图 6-1-17 所示。

图 6-1-16　新增快捷短语

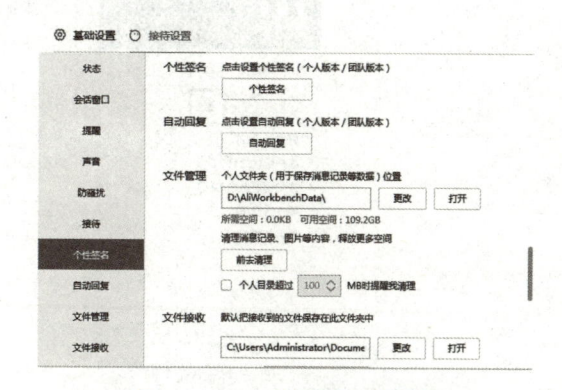

图 6-1-17　个性签名设置界面

第二步：进入"个性签名"对话框后，单击下方的"新增"按钮，在自动弹出的"新增个性签名"对话框中，输入想要新增的个性签名内容，单击"保存"按钮即可，如图 6-1-18 所示。此时回到接待中心，在左上角的头像处就会自动显示刚才设置的个性签名内容，如图 6-1-19 所示。

图 6-1-18　新增个性签名　　　　　图 6-1-19　设置成功的个性签名

4. 客户分组操作

第一步：进入"接待中心"后，单击左侧列表中的"我的好友"按钮，如图 6-1-20 所示。

第二步：在现有分组中选中除"陌生人"和"黑名单"分组以外的任意一个分组，单击鼠标右键，并在弹出菜单中选择"添加组"选项，如图 6-1-21 所示。

第三步：在"新建组"处输入新建分组的名称，如"老客户组"，输入后按 Enter 键或单击软件界面空白处即可，如图 6-1-22 所示。

图 6-1-21　添加组界面

图 6-1-20　客户分组界面　　　　图 6-1-22　新建分组界面

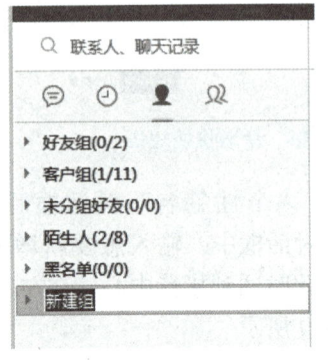

第四步：找到需要移动到新组的好友或客户，在其用户名上单击鼠标右键，然后选择"移动好友"选项，如图 6-1-23 所示。

第五步：系统将自动弹出"选择组"的对话框，再选择想要移动的组别，单击"确定"按钮即可，如图 6-1-24 所示。

图 6-1-23　选择移动好友界面　　图 6-1-24　"选择组"对话框

5. 客户排序操作

客户排序方式有按"联系时间"和"等待分钟"两种。卖家想再次联系已经沟通过的老客户时，可用"联系时间"方式进行排序，可以用最快速度找到最近联系的客户；如果想积极响应客户对话，缩短客户等待时间，则应该选用"等待分钟"方式进行排序，优先回复等待时间较长的客户。具体操作很简单，在"接待中心"的界面左侧"联系人列表区"上方，选择"联系中"选项，在展开的列表中将会显示卖家最近接待的客户，单击"排序"按钮，则可在打开的列表中选择希望排序的方式，如图 6-1-25 所示。

图 6-1-25　客户排序界面

6. 查看今日接待和客户信息

"接待中心"还可以查看今日接待情况，以及最近接待过的客户信息。查看今日接待情况是在"接待中心"左下角单击"今日接待"选项。系统会弹出"最近联系的客户"对话框，通过选择最后联系时间，可以搜索出今日接待的所有客户列表。然后卖家选择重点关注的客户，进行发起聊天、查看聊天记录等操作，还可在与客户的聊天窗口中详细查看客户信息，对于卖家来说十分方便且有针对性，如图 6-1-26 所示。

六、考核与评价

本任务介绍了"千牛"的基本使用。学生在学习了本任务后，应该掌握"千牛"的一些基本操作。请根据表 6-1-2 进行自我评价。

图 6-1-26　查看今日接待客户

表 6-1-2　客户服务软件介绍学习评价

评价项目	评价要点	自评	互评	师评
客户服务软件介绍	1. 能够自行下载并安装"千牛"（10分）			
	2. 能够成功登录"千牛"（10分）			
	3. 能够设置自动回复（20分）			
	4. 能够设置快捷回复（20分）			
	5. 能够设置个性签名（10分）			
	6. 能够对客户进行分组操作（10分）			
	7. 能够查看今日接单情况（10分）			
	8. 能够查看客户信息（10分）			
总评成绩				

备注：自评、互评、师评三项的分数取平均值，计入总分。评价结果分为 A（85~100 分）、B（75~84 分）、C（60~74 分）、D（60 分以下）四个等级。
　　A 优秀；B 良好；C 合格；D 待合格。

七、巩固与练习

1. 判断题

（1）个性签名的设置跟自动回复设置一样，都需要进入系统设置界面进行操作。（　　）

（2）"千牛"的"接待中心"还可以查看今日接单情况，但是无法查看最近接待过的客户信息。（　　）

（3）"千牛"工作台既有电脑客户端也有手机客户端。（　　）

2. 简答题

（1）如何通过"千牛"设置自动回复？

（2）请简述"千牛"客户排序方式。

3. 技能实训题

请下载安装"千牛"电脑客户端，并进行登录，然后根据所学为店铺设置自动回复、快捷回复及个性签名等。

八、技能归纳图表

技能回顾：
(绘制本任务的技能关系图)

客户服务软件介绍 ｛ "千牛"的安装：
　　　　　　　　　　"千牛"的使用：

思考总结：

九、拓展案例

"千牛"插件使用白皮书

"千牛"工作台是在卖家版旺旺的基础上升级而来的,具有强大的功能且更能为卖家提高工作效率。熟练操作"千牛"是每个卖家必须掌握的一项技能,下面讲讲"千牛"插件的功能及操作,希望能帮助大家更好地使用"千牛"。

1. 插件介绍

"千牛"对店铺的经营管理是通过插件实现的,比如处理订单、管理商品、分析数据都是通过相关插件完成的。千牛分为PC和无线两个版本,插件也分PC和无线两个版本,以满足大家不同的操作需求和习惯。

2. 插件分类

"千牛"插件分为基础类、数据类、营销类等,多达20余种的插件,满足大家不同的使用场景需求,现在我们就来看看都有哪些插件。

(1) 基础类:快速发布商品、供应品管理、订单管理、诚信通。
(2) 数据类:生意参谋、精准营销。
(3) 营销类:网销宝、阿里推客、服务市场、店铺红包、营销+、淘工厂、高德亮标。
(4) 客服工具:自动回复、团队知识库、任务中心。
(5) 服务:商学院、生意经、成长中心、服务中心等。

3. 插件使用场景

插件是"千牛"的功能之一,现在让我们一起来看看这些插件的用途及使用场景。

(1) 户外篇。作为一个电商,每天总有几个时间段不在座位,每个月总有那么几天出差在外,每年总有那么几个时间段去参加各种展会。日常操作怎么办?无线"千牛"插件可以帮商家解决所有烦恼。

①商品上新:进入"快速发布商品"插件,轻松解决新品上新问题。
②重发Offer:进入"供应品管理",一键重发所有信息。
③订单交易:进入"订单管理",改价、确认发货、物流信息统统搞定。
④店铺动态:进入"生意参谋"每日必看的店铺数据一览无遗;有访客来访,"精准营销"插件消息实时提醒,让客服不错过任何买家接待。

(2) 营销篇。做电商,流量是必不可少的,所以营销推广就是电商生涯中的大事情。我们可以通过"网销宝"设置关键词引流,也可以参加一些网站活动给店铺设置红包,回馈老用户,刺激新用户下单。

①"网销宝"插件:接入了PC和无线两个版本,进入插件后可以直接操作关键词,查看消耗情况及相关数据。最值得一提的是,在无线插件进行充值比在PC端充值送的红包会更多。
②"诚信通"插件:登录后可查看"诚信通"到期时间及续费相关优惠,此外,还会不定期更新同行成功经验及电商操作技巧。
③"店铺红包"插件:可以让商家给自己的店铺设置红包,分享给新老用户,提升首次及再次下单率。
④"服务市场"插件:集合了第三方插件,可以在里面根据自己的需求订购日常操作

的小工具，免费和付费都有。

（3）服务篇。随着电商平台越来越丰富，服务成为买家采购的必要条件之一。售前是否有好好接待，售后是否完善，都影响着买家的下单及二次回购率。

①"自动回复"插件：让客服做好自动回复，做好每一个买家的咨询接待。

②"规妹"插件：1688网站的规则会实时更新在"规妹"中，了解规则能帮商家更好地服务买家。

除了以上的插件，"千牛"还有很多学习类的插件，比如商学院、生意经等。

（案例来源：https://qianniu.1688.com/page/2016/xinshouzhinan.html）

项目二　电商客服基本流程

随着电子商务行业的蓬勃发展，网购已经成为大多数人生活中必不可少的组成部分。在商品同质化现象比较严重的情况下，网店仅仅靠拼价格、比质量等抢客方式，已经不能适应当下激烈的市场竞争环境，商家们开始纷纷关注商品的销售方式与服务。网购交易中出现的发货、物流、咨询服务、退款退换货等一系列客户服务问题，都影响着一个网店的流量以及转化率，做好店铺客户服务工作已经成为所有商家的共识。那么究竟网店的客户服务工作包含哪些？在向客户提供服务时有哪些方法和技巧？总体来说，网店客服工作分为三个阶段：售前客户服务、售中客户服务以及售后客户服务。售前客服主要以店铺吸粉、促成交易为主；售中客服则是以处理订单、完成交易为主；售后客服则是以提升客户体验、建立客户关系为主。

本项目以网店客户服务的三个工作阶段为主线，为学生讲解客服工作的主要内容和基本方法与技巧。

任务一　售前客户服务实训

一、学习任务

通过了解网店售前客户服务的主要工作流程，掌握售前客户服务的工作技巧，了解移动店铺平台在售前客户服务工作板块提供的一些基本工具，并掌握其操作方法。

二、建议课时

4课时。

三、任务分析

在本任务中，学生首先要了解网络店铺售前客户服务工作的基本流程以及工作技巧，然后以微店为例，实践学习和掌握各种售前客户服务工具的应用方法，做好售前客户服务工作，提高店铺的客户流量及商品转化率。

四、引入案例

如果客户讨价还价，你如何回复？

问题1：别人比你卖得便宜呢！你多少也得给点优惠吧！

问题2：我第一次在你这里买，给我打个折吧！

问题3：老板我还是学生，给我打个折吧，我会介绍同学的！

面对这样占便宜型买家、新买家、博同情型买家，你会怎么回复呢？大家不妨以商家的身份来尝试回答一下这些问题，看看与我们的建议回复内容差别在哪里。

问题1建议回复：我完全同意您的意见，但您应该知道价格和价值是成正比的吧？从现在来看，您也许觉得买得比较贵，但是长期来说反倒是最便宜的。因为你一次就把东西买对了，分摊到长期的使用成本来说，这样是最有利的。常言说：好货不便宜，便宜没好货，所以，我们宁可一时为价格解释，也不要一世为质量道歉。

> **思政看点**
>
> 与客户沟通的时候要拥有更多的耐心和信心，只有诚以待人、童叟无欺才能做好客服工作。

问题2建议回复：非常感谢亲对小店的惠顾，不过，对于初次交易我们都是这个价格的哦，当然在我们交易后您就是我们的老顾客啦，那么以后不论是您再次购买或者是介绍朋友来购买我们都会根据不同金额给予优惠。

问题3建议回复：现在淘宝的生意也难做呀，竞争激烈，我们这个月的销售还没有完成任务呢，其实大家都不容易，何苦为难彼此呢？亲再讲价的话，这个月我们就要以泪洗面了，请亲也理解一下我们的苦衷吧，好吗？

从以上的建议回复内容，我们可以看出，在接待客户咨询的过程中，首先要做到的是站在客户的立场去肯定客户，争取拉近与客户的距离，建立起朋友一样的客户关系。其次再根据客户的类型、特点选择客户容易接受的方式去回应无法满足的原因或给客户带来后续良好的预期，以争取订单转化。要做到这些，就需要我们具备基本的客户服务工作能力、知识储备以及应对不同客户的基本技巧。

（案例来源：https://www.sodocs.net/doc/6d8071989.html）

五、任务的实施

（一）售前客户服务基本工作流程及技巧

售前客服主要是从事引导性的服务，比如客户（含潜在客户）对产品技术方面的咨询，从客户入店咨询到下单付款的整个流程都属于售前客服的工作范畴，主要包含售前准备、接待客户、推荐产品、解决异议、下单指引、欢送客户等六个工作环节。

1. 售前准备

其主要包含以下三方面的工作。

（1）熟悉店铺、商品及近期活动，掌握沟通技巧。

客服人员在上岗之前必须学会掌握基本的沟通交流方法及技巧，同时熟悉自己工作的店铺以及店铺内所售卖的所有商品。特别是店铺新上架的商品以及近期正在进行的活动，客服人员需参加相关产品的培训学习，熟悉相关活动的运作方式，以便能够迅速准确地为客户推介及答疑。

(2) 熟悉沟通工具。

客服人员必须学会使用店铺所在平台最基本的客服沟通工具，同时平台以外的即时通信工具如微信、QQ 等，也需要熟练使用其各种基本功能，如快捷回复、自动回复、聊天时间排序以及好友分组等，这样可以同时接待多个客户，进而提高接待客户的效率。

(3) 了解移动店铺平台规则与注意事项。

各个电商平台都有其运行的规则，因此作为客服人员必须先了解清楚，否则一旦触犯规则就会被处罚。同时还需要注意一些细节，哪些可以说，哪些不能说，要做到心中有数，这样才能在合规的情况下尽量促成更多的交易。

2. 接待客户

客户在购买店铺商品时，看中的不仅仅是商品本身的物质价值，还有在购物过程中所获得的情感体验。因此客服人员应该随时做好接待客户的准备，时刻保持热情、耐心、周到、专业的服务态度，对待客户要应对及时，一般第一响应时间应该在 10 秒以内。不能用冷冰冰的语言对待客户，应多通过一些语气助词、表情图片来调动气氛，给客户一种热情、真诚的服务体验。

3. 推荐产品

当客户询问某一产品时，客服人员应从客户的只言片语中主动挖掘客户的现实需求，以一种专业的态度解答客户所提出的问题。根据客户需求，主动向客户介绍产品的质量、卖点、优势等信息，引起客户购买的欲望。同时在合适的时机，提出一些合理化的建议，以达到推介关联产品的目的，做到二次营销。那么要做好产品的推荐，就需要精准把握客户消费心理及需求，掌握对不同类型客户的应对技巧。客服人员应根据客户年龄、性别、性格等属性对客户进行分类分析，具体如下：

(1) 按年龄分类分析。

①针对 16~25 岁的客户。这类客户大多数收入不太稳定，容易接受平价商品，但其好奇心较强，比较追求时尚潮流的产品。因此我们应尽量向他们推荐一些时尚潮流产品，详细地介绍推荐产品的市场知名度以及独特性，这样会很容易被其所接受。

②针对 25~30 岁的客户。这类客户已经有了比较稳定的收入，但在消费过程中依然有一定的冲动性，因此只要是看中的商品，会较快做出下单决定。客服人员在进行客户咨询时，应注意切中客户的真实需求。

③针对 30~45 岁的客户。这类客户多数属于成熟型的客户，大部分人有着稳定的收入和比较成熟的消费观念，对认定的品牌有极高的依赖性和忠诚度。因此我们必须先了解他们的消费偏好，然后投其所好地向他们推荐商品。

④针对 45 岁以上的客户。这类客户一般都具有较强的经济实力，有着非常成熟的消费观念及固化的消费习惯，他们通常对新产品持有的是一种怀疑的态度。因此客服人员应该适时地推荐大众反响很好的产品，同时找准时机夸赞客户的眼光，去刺激他们的消费欲望。

(2) 按性别分类分析。

①针对男性客户。通常来说，男性客户在选购商品时会比较理性，多数情况下都有着明确的购买意图或自己感兴趣的目标商品，更加关注商品的用途、质量以及功能，对价格的敏感度相对较弱。因此只要客服人员所推荐的商品符合他们对质量及功能的预期，在价格相对合理的情况下，他们大多都会很快下单购买。

②针对女性客户。女性客户往往喜欢货比三家，对商品的价格比较敏感，通常会选择性价比较高的商品，而且口碑传递在她们选购商品时起着十分重要的作用。因此客服人员需要抓住女性价格冲动这一消费特点，向她们推荐一些性价比较高的商品，总有一款会刺激到她们的购买欲望。

（3）按不同性格分析。

①针对外向型客户。客服人员需要直接一点，了解客户选购商品的兴趣点，并以此展开双方都比较感兴趣的话题，引起对方的关注，然后巧妙地将商品推荐信息融入谈话之中，激发对方的购买意愿。当客户对推荐商品感兴趣时，就很容易促成交易了。

②针对理智型客户。客服人员一定要掌握专业的产品知识，这样才能让理智型客户感受到客服人员专业的职业素养，并信任自己。一旦得到了他们的认可，这类客户反倒容易成为店铺最忠实的客户，而且他们的目的明确，再次复购时也不需要客服人员再多费唇舌。

③针对优柔寡断型客户。要让这类型的客户尽快做出抉择，首先要分析判断他们犹豫的原因，消除客户的顾虑。其次可以通过第三者来促成交易，可以提供已购买此商品的客户评价截图来进行佐证，从而增强客户的购买决心，但也不能过于心急。

④针对小气型客户。这类客户最大的特点就是"贪图小便宜"，虽然这类客户很不讨喜。但从另一个角度来看，这类客户其实也是很好应对的一类，只要能够满足他们"贪图小便宜"的心理，就能让他们很快下单购买。

⑤针对挑剔型客户。这类客户在产品细节上的问题很多，因此面对他们提出的各种问题，与其争辩让客户更加排斥或拒绝，不如调整好自己的心态，站在客户的角度去耐心倾听，感受对方主观的感觉及情绪，结合客观事实去冷静分析对方挑剔的原因，尽力去帮助他们解决这些问题。

4. 解决异议

在客户咨询商品信息时，会遇到一些比较疑难的问题，客服人员需要通过自己专业的销售技巧来进行处理。一般来说，客户会遇到以下几方面的问题。

（1）产品问题：产品材质、尺寸、版型等。

（2）操作问题：提交订单、使用优惠券、购买运费险等。

（3）发货问题：发货时间、快递时效等。

（4）服务问题：品牌售后服务、产品售后保障等。

5. 下单指引

当客户决定拍下商品后，客服人员须主动提醒客户核对商品购买订单，准确填写收件地址及收件人基本信息；指引客户选择合适的物流快递公司及支付方式，避免发生不必要的误会或纠纷，同时也能体现出客服人员细心谨慎的服务态度。

6. 欢送客户

客户购买商品后，客服人员要以热情、感恩的服务态度向客户表达感谢，至此才算完成了一次愉快且成功的交易流程。

（二）微店售前客服基本工具应用

了解了售前客户服务的基本工作流程和一些实用技巧后，接下来就以微店为例，介绍一下移动店铺电商平台为商家提供的售前客服工作中能用到的一些基本工具。从"微店店长版"的客户管理功能中，我们可以看到店铺的成交客户数、回头率、7日客单价、潜在客户、全部客户等基本客户信息，同时它也提供了与客户沟通的即时通信功能，以及客户动态、客户评价等信息功能。在售前客服工作中，我们通常会进行客户群的建立和定向客户订单转化等工作，从而应用到相关平台工具中。

知识拓展
开网店常用的客户工具

1. 建立顾客群

（1）首先登录进入"微店店长版"首页，在下方功能区单击"客户管理"选项，如图6-2-1所示。

图 6-2-1　微店客户管理功能

（2）进入客户管理界面，向下滑动找到"我的顾客群"，单击"立即创建"按钮，如图6-2-2所示。

图 6-2-2　"我的顾客群"客服工具

（3）进入创建界面后，单击"立即建群"按钮，对不同客户进行分类分级，可以创建多个不同类型的客户群，如以客户消费频次分类建立新客户群、VIP 客户群。根据群分类情况，完善客户群的名称、公告以及入群条件，即可创建成功，如图6-2-3所示。

（4）进入新创建的客户群后，单击"立即邀请顾客加入"选项，可邀请符合入群条件的客户，也可通过微信好友、朋友圈等社交网络邀请更多潜在客户加入，如图6-2-4所示。

2. 定向优惠券的发放

（1）在"客户管理"界面，向下滑动可以找到"定向营销引导发券"客户运营功能，如图6-2-5所示。

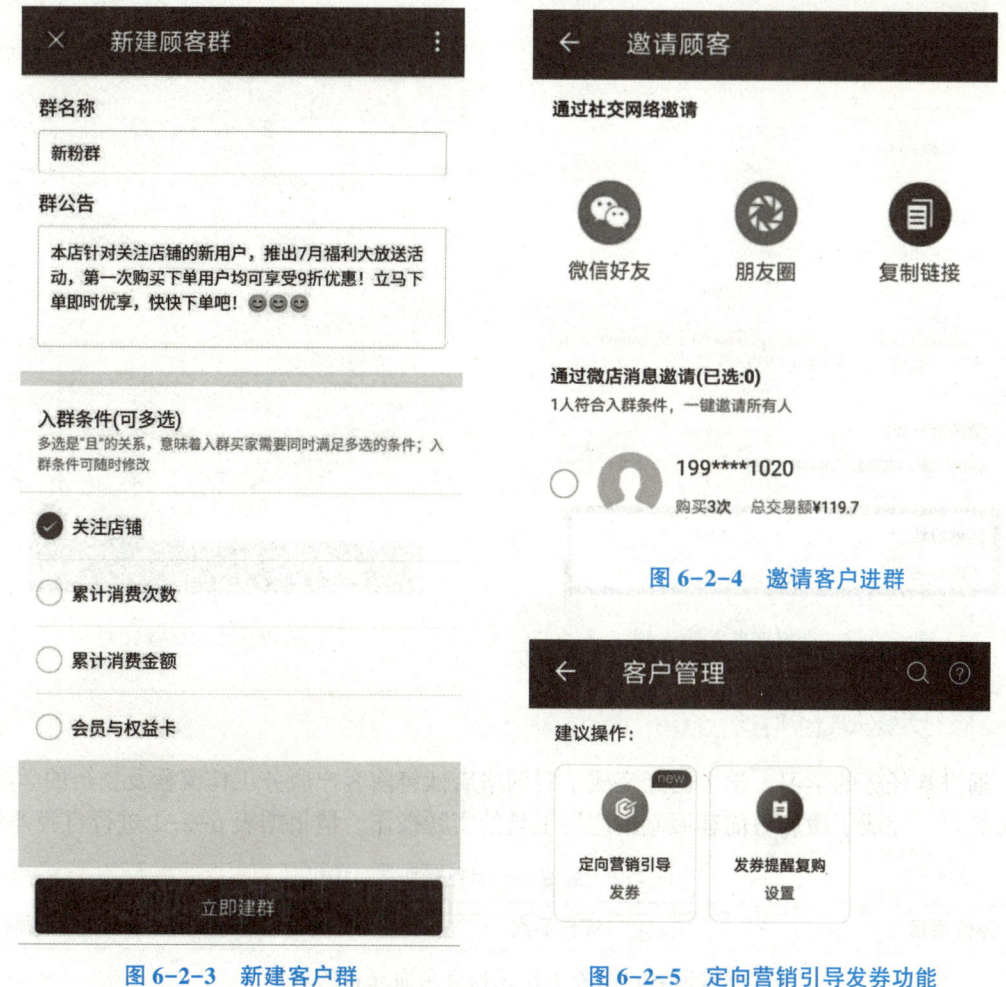

图 6-2-3　新建客户群

图 6-2-4　邀请客户进群

图 6-2-5　定向营销引导发券功能

（2）进入客户运营页面，单击"添加运营计划"选项，选择定向营销目标人群，如向"店铺粉丝"做定向营销，如图6-2-6所示。

（3）在"添加运营计划"页面，填写完成计划名称，选择发放权益后，单击"立即开启"按钮即可，如图6-2-7所示。

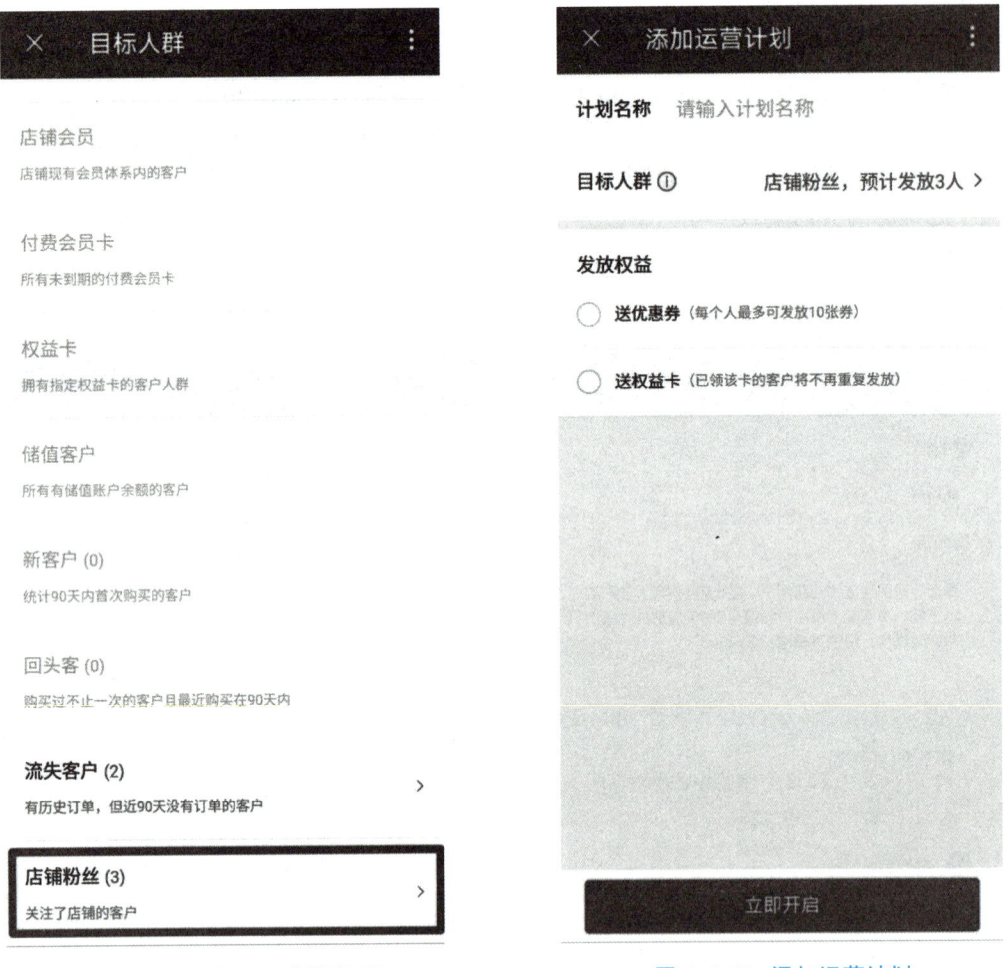

图 6-2-6　选择定向营销人群　　　　图 6-2-7　添加运营计划

六、考核与评价

通过本任务的学习，学生已经完成了对网络店铺售前客户服务工作流程及技巧的学习及模拟练习，完成了微店售前客服基本应用工具的实践操作。请根据表 6-2-1 进行自我评价。

表 6-2-1　售前客户服务实训学习评价

评价项目	评价要点	自评	互评	师评
网络店铺售前客户服务工作流程	1. 是否对售前客户服务工作流程有全面完整的认识（10 分）			
	2. 是否对店铺内售卖商品及活动计划有全面的了解（10 分）			
网络店铺售前客户服务沟通技巧	3. 是否具有良好的语言沟通能力（20 分）			
	4. 是否能较好应对模拟情景中不同类型客户的咨询问题（20 分）			

续表

评价项目	评价要点	自评	互评	师评
微店客户群的创建	5. 是否学会客户群的创建及邀请（20分）			
微店定向营销计划发布	6. 是否学会定向营销计划的发布（20分）			
总评成绩				

备注：自评、互评、师评三项的分数取平均值，计入总分。评价结果分为 A（85~100 分）、B（75~84 分）、C（60~74 分）、D（60 分以下）四个等级。
A 优秀；B 良好；C 合格；D 待合格。

七、巩固与练习

1. 判断题

（1）售前客服主要是从事引导性的服务，比如客户（含潜在客户）对产品技术方面的咨询，从客户入店咨询到下单付款的整个流程都属于售前客服的工作范畴。（   ）

（2）当客户询问某一产品时，客服人员应从客户的只言片语中主动挖掘客户的现实需求，以一种专业的态度解答客户所提出的问题。（   ）

（3）客户在购买店铺商品时，看中的不仅仅是商品本身的物质价值，还有在购物过程中所获得的情感体验。因此客服人员应该随时做好接待客户的准备，时刻保持热情、耐心、周到、专业的服务态度，对待客户要应对及时，一般第一响应时间应该在 10 秒以内。
（   ）

2. 简答题

（1）网络售前客服有哪些工作流程？
（2）微店售前客服的基本工具有哪些？

3. 技能实训题

对比分析传统售前客服工作以及电商售前客服工作的区别（见表 6-2-2）。

表 6-2-2 对比分析传统售前客服与电商售前客服

项目	传统售前客服	电商售前客服
工作流程		
使用的工具		
时效性		
效果		
服务技巧		
服务反馈方式		

八、技能归纳图表

知识回顾：
(绘制本任务的知识关系图)

售前客户服务实训 ┤
　　├ 售前客户服务基本工作流程：
　　└ 微店售前客服基本工具应用：

思考总结：

九、拓展案例

几种客户疑虑的消除实例

消除客户疑虑，是客服人员需要掌握的一项基本技巧。客户在决定是否购买产品时，一般会在产品质量、售后服务、物流、价格等方面存在担忧或疑虑。针对这几种疑虑，我们以实例来介绍一下如何进行应对。

1. 针对产品质量

买家：这款手表是瑞士生产的？

客服叮叮：绝对正牌瑞士名表，全自动机械，具有防水功能，皮带设计简约不简单，尽显高端大气。现在这款表正在做活动哦，原价2 000元，现在只需1 588元！

买家：我看红色皮带的那款是原价，这款是特价，不会是质量上有什么问题吧？

客服叮叮：亲，以前也有一些老顾客有过类似疑虑，他们也提过类似的问题。不过我可以负责任地告诉您，不管是正价还是特价，都是同一个品牌哦，质量也是完全一样的。只不过我们店里拿这一款来做促销，以回馈新老客户。所以，现在买是非常划算的哦，亲完全可以放心地拍下来哦。

买家：哦，原来是这样啊，好的，我马上下单。

客服叮叮：感谢您对小店的支持，祝您购物愉快！

在这个情景对话中，客服叮叮对三个方面进行了说明，消除了客户对产品质量的疑虑。一是告知买家是同一批货，不会有问题；二是打特价是因为做促销，回馈新老客户；三是强调买家购买的利益。

2. 针对售后服务

买家：这款手机的性能着实不错，我想入手一部，但在您这购买是否保修呢？

客服小杨：亲，购买我们这款手机，可以免费保修一年，而且是全国联保。我们在全国有将近500个维修点，只要您持保修卡，就可以在任何一个维修点进行修理。所以，亲可以放心购买，我们会在给您发货时一同把保修卡发给您。只要不是人为损坏，在我们的保修范围内，我们都可以保修哦。

买家：那我现在就拍下来。

客服小杨：感谢您对小店的支持，祝您购物愉快哦！

在这个情景对话中，我们可以看到客服人员用了两个接待技巧：一是表现出保修能力强大；二是具体说明保修范围。

3. 针对物流

买家：我想拍下这款产品，但是很担心你们不能第一时间发货。上次在其他店铺购物，等了两天还不发货。催了几次，客服根本不回应，让人很生气！

客服瑶瑶：这样的店铺确实挺气人的，既耽误买家的时间，又破坏了买家的心情。在咱家购物，亲尽可放心！咱们这款货物库存量大，只要您拍单，我们会在第一时间为您发货。

买家：好，那我就拍一单，希望你们不要让我失望！

客服瑶瑶：准保您满意，我们不会有丝毫拖延的。

在这个情景对话中，客服人员运用了两个小技巧：一是认同买家的感受；二是展示自己的实力，成功地消除了客户对物流的疑虑。

任务二　售中客户服务实训

一、学习任务

通过了解网络店铺售中客户服务的主要工作流程，掌握售中客户服务的工作技巧，了解网络店铺平台工具的订单处理功能并掌握订单处理的操作方法。

二、建议课时

4课时。

三、任务分析

在本任务中，学生首先要了解网络店铺售中客户服务工作的基本流程以及工作技巧，然后以微店为例，实践学习和掌握订单处理的基本操作方法以及如何与客户即时沟通，做好售中客户服务工作，确保订单交易完成，提高客户好评度及客户复购率。

四、引入案例

快递包裹不当造成卖家损失屡见不鲜

2020年7月，黑牛投诉平台接到上海李女士的投诉，称自己通过某快递公司给客户快递了价值8 100元的限量工艺品并进行了全额保价，但货物抵达后却出现了损坏，客户方只愿意以3 600元收购。为了降低损失，李女士只能忍痛给客户退回4 500元货款。虽然经过与快递公司的多番协商，最终获得快递公司3 000元的赔偿，但李女士作为卖家还是承担了1 500元的经济损失。更重要的不仅是经济上的损失，还有客户口碑及交易评价的受损，后续影响不可估计。

在这个案例中，虽然快递公司有包装不当的行为过失，但作为卖家，更应该引起重视，一次交易并不是以客户下单付款作为流程的终结，后续订单处理、货物运输、货物交割、收货评价等交易处理流程也是十分重要的。那么如果要避免上述案例中出现的问题，我们作为卖家或客服人员，在订单后续处理工作中需要注意哪些问题呢？

> **思政看点**
>
> 作为企业客服人员，应该站在消费者角度充分地去思考问题，帮助客户解决问题，这样才能够更好地提高企业满意度和提升客户体验。

五、任务的实施

（一）售中客户服务基本工作流程及技巧

售中客服的工作流程主要涉及从客户付款到订单签收的整个过程，其核心工作是处理订单的物流事项。特别需要提醒的是，售中客服一定要做好与售前客服的衔接工作，以免出现订单错乱的情况。为了减少类似这样的失误，部分网店会将售前客服和售中客服予以合并。售中客户服务工作主要包含订单确认及核实、装配商品并打包、发货并跟踪物流、提醒客户及时收货等四个工作环节。

1. 订单确认及核实

客户下单后，售中客服人员要在第一时间提醒客户确认及核实订单信息，如购买产品型号、大小、颜色、收件人姓名、联系电话、收件地址等，以减少订单出错的概率，避免后续不必要的麻烦。如客户有新的需求，需要及时修改订单备注信息，并尽快联系告知相应快递公司，保证货物及时送达，如图6-2-8所示。

2. 装配商品并打包

与客户确认订单信息后，应尽快装配商品并打包，联系相应快递公司来接单发货，以提高店铺发货的效率。打包时须再一次检验货物与包装，避免产品出现瑕疵或包装破损的现象。同时还需再次核对客户信息及快递信息，尤其是客户特别提出的备注要求，千万不能疏漏。不能出现发错货、少发货的问题。在打包商品时，需要注意的打包要点如下。

（1）快递件外包装保护要点。

①按照货件体积选择包装盒的尺寸。包装盒剩余空间多，容易凹陷；填得太满，容易爆裂。

②时刻使用高质素物料包装货物。

③使用边角质料良好的皱褶纸板盒，贵重物品，宜用厚身双层纸板。

④适当使用索带，可封口以及保护包装盒。

⑤易碎的物件应放置在包装盒中心位置，避免触碰盒边，并使用吸震力强的物料包裹物件四周。

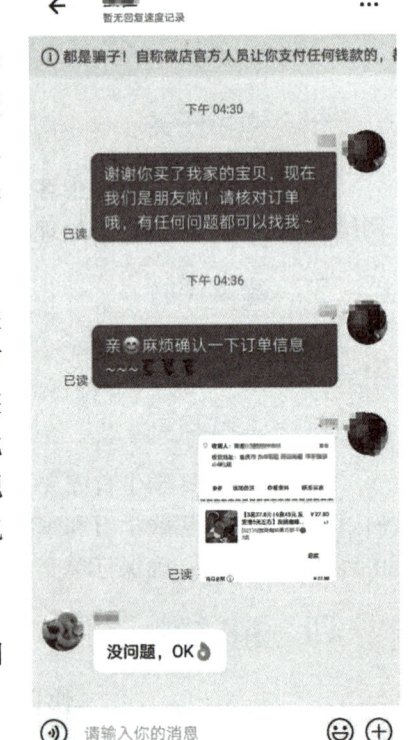

图6-2-8 客户订单确认

⑥液体应用不渗漏的容器盛载，填塞重量轻、坚韧的物料（例如，发泡胶），再以塑胶袋密封。

⑦粉末及颗粒需用坚韧的胶袋，再用坚实的纤维盒包装及密封。

（2）快递件内部货物保护要点。

建议在外部的容器与内部产品之间预留最少 5 厘米的空间，并放入揉成一团的旧报纸、布块等各类护垫物料。常用的护垫物料有植物纤维及可自然分解的细条状、碎条状、花生粒状的物料，以及遍布气袋的塑胶气珠包装纸。

同时，在包装物件或叠层物品时，可以使用分隔纸板，以吸收震荡。最常用的分隔纸板是皱褶纸板、粗纸板或浅棕色牛皮纸。皱褶纸板可切成不同大小、成本低廉的优良护垫物料。建议使发泡胶纸包装易碎的物品。

知识拓展
物流的包装技术你懂得多少

（3）特殊货物包装要点。

①单张及文件。

避免纸张松散，可先用牛皮纸包装快递物品，再放在适当大小的盒内；如果重量少于 4 千克，可放入速递袋。如果单张、小册子或文件的数量少，厚度不超过 10 毫米，可直接使用速递袋投寄。如果数量多，厚度超过 45 毫米，可将松散的纸张放在盒内，不要在盒内留有空间，可用护垫物料填充剩余的空间，再尽量用胶纸封好包装盒。

②粉末。

一切粉末必须包装，以免损害其他货品。粉末应用安全密封胶袋，然后将胶袋放入坚硬的鼓形皱褶纸板容器中，再紧密封口。

③液体。

所有液体容器必须密封，以免因运送过程中震荡或撞击而渗漏。要用不渗漏的物料包装容器，或者加入足够的吸收物料，万一爆裂也可吸去液体。不要使用松散护垫物料，要用坚实、高密度的物料，如发泡胶或皱褶纸板。可用护垫物料分隔各个瓶子，避免它们互相接触。

④剪刀或利器。

锐利的物件应分开包装处理，用厚身纸板确保所有尖角及刃口完全密封。将包装好的物件放进盒内，再放入充足的护垫物料，不要让物件触碰容器边。

3. 发货并跟踪物流

客服人员完成订单发货处理后，须及时告知客户已发货的信息。发货后需要随时跟踪货物的物流状态，如果发生了意外而导致货物延迟送达，一定要提前与客户沟通，并请求客户的谅解。同时联系该快递公司，共同尽快解决延迟问题，确保客户能够尽早收到货品。

如果客户已经签收货品，而迟迟没有确认收货，这时客服人员可以稍加提醒，但切不可生硬地去要求客户，以免造成客户的反感。在物流送达这个环节，也是最可能出现中差评或投诉的工作环节。一旦出现这种问题，客服人员需要保持冷静，分析原因，尽力让客户得到一个满意的回复，实现双赢。

订单发货后，电商客服人员要及时与客户进行相关物流情况的沟通，收集意见反馈。目前主要是通过编辑相关的通知发送到客户手机上进行提醒。

（1）货物发出通知模板。

①标准式。

您在××旗舰店购买的×××：已被××快运揽收，单号×××，愿它以火箭般的速度飞到您手中！期待您打个全5分！

②卖萌式。

亲，您订购的宝贝已被××快递的大叔带走了，旅途号（单号）。宝贝即将送到，满意请给5分好评哦！

③幽默式。

阁下在铁匠铺订的宝刀今晚已被××镖局接走，因朝廷对兵刃盘查严苛，孔有耽搁，约三到五日抵达。飞鸽传书，勿回。

（2）货物已签收通知。

①标准式。

亲爱的顾客，您的订单已经签收，再次感谢您对本店的支持，请记得及时给我们好评哦！（×××旗舰店）

②幽默式。

亲爱的××小店收到飞鸽传书，得知您的宝贝已经安全抵达。有任何疑问欢迎咨询我们。喜欢请记得5分好评。（×××旗舰店）

4. 提醒客户及时收货

当货物送达客户收件地址所在区域时，客服人员应及时给客户留言，告知客户货物已经到达所在区域，即将进行配送。当收到快递公司已配送完毕的信息后，还需提醒客户及时收货验货，以防货物的丢失。提醒客户验收货品信息，如图6-2-9所示。

此外，在售中客服工作中，还有一个提高客户复购率的方法，即通过客户已购商品信息推测其兴趣爱好和延伸消费需求，进行个性化商品推荐。这样能够精准满足客户的需求并深度挖掘客户的需求，从而提高客户对店铺的延伸消费。如图6-2-10所示，即商家根据用户已购商品而进行的相关商品推荐。

图6-2-9 提醒客户验收货品信息

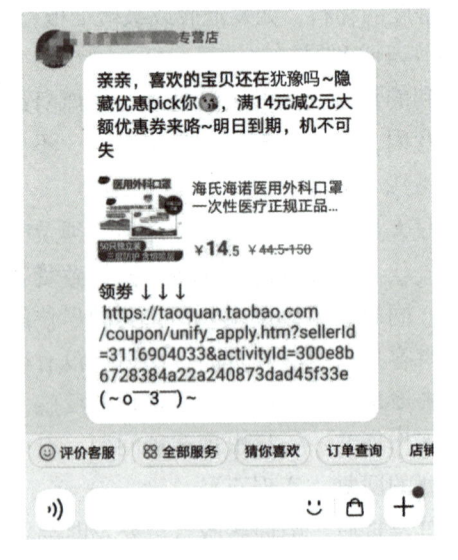

图6-2-10 售中客服商品推荐

（二）微店售中客服基本工具应用

了解了售中客户服务的基本工作流程和一些实用技巧后，下面就以微店为例，介绍一下售中客服所用到的订单管理工具以及如何给已购客户发放定向优惠券。

1. 订单管理

（1）当客户下单后，我们会在"微店店长版"首页中的"订单管理"得到信息提示，如图 6-2-11 所示。

（2）进入订单管理页面，如果是分销商品，则可以通过订单信息实时跟踪分销商的订单处理进度，及时进行发货、确认收货、售后等流程环节的跟踪处理，如图 6-2-12 所示。如果是自营商品，则在待处理订单右下角单击"发货"按钮，进一步选择发货方式、填写快递单号、快递公司后，即可完成发货。

图 6-2-11　订单管理工具

图 6-2-12　订单管理操作界面

2. 给已购客户发放定向优惠券

（1）进入"微店店长版"的"客户管理"功能模块，向下找到成交客户，如图 6-2-13 所示。

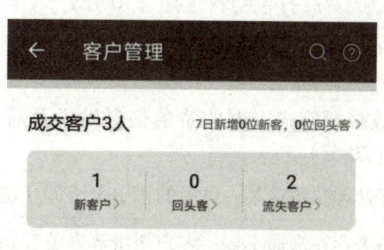

图 6-2-13　查看成交客户

（2）进入"成交客户"界面，找到需要发放定向优惠券的客户，单击进入"客户详情"页面，在下方单击"发优惠券"选项，如图6-2-14所示。

（3）定向优惠券有专享优惠券和普通优惠券两种。若店铺已创建了普通优惠券，只需要单击"普通优惠券"选项，再选择其中一种进行定向发放即可。专享优惠券则是为定向发放客户定制的个性优惠券，填写优惠券面值、满减金额以及有效时间后，单击"立即发送"按钮即可，如图6-2-15所示。

图6-2-14　发优惠券入口

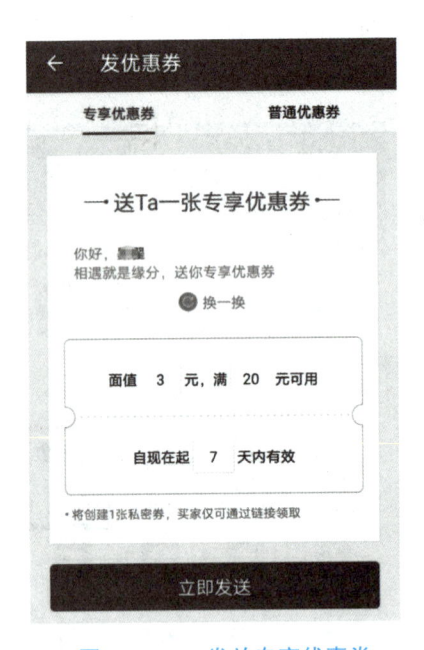

图6-2-15　发放专享优惠券

六、考核与评价

通过本任务的学习，学生已经完成了对网络店铺售中客户服务工作流程及技巧的学习及模拟练习，完成了微店售中客服订单管理以及定向客户优惠券的发放等实践操作。请根据表6-2-3进行自我评价。

表6-2-3　售中客户服务实训学习评价

评价项目	评价要点	自评	互评	师评
网络店铺售中客户服务工作流程	1. 是否能较好完成订单确认及核实信息发送（10分）			
	2. 是否能够较好完成货品打包物料选择（10分）			
	3. 是否能较好完成货物发出通知及已签收通知模板撰写（10分）			
	4. 是否能较好完成提醒客户及时收货的信息发送及对已购客户进行商品推荐（20分）			
微店订单管理处理	5. 能否及时、完整处理及跟踪某一订单的售中全流程（20分）			
	6. 在订单处理中是否存在沟通不畅、客户纠纷等现象（10分）			

续表

评价项目	评价要点	自评	互评	师评
已购客户定向优惠券发放	7. 是否能够对已购客户定向发放优惠券（15分）			
	8. 发放优惠券是否促成客户复购（5分）			
总评成绩				

备注：自评、互评、师评三项的分数取平均值，计入总分。评价结果分为 A（85~100 分）、B（75~84 分）、C（60~74 分）、D（60 分以下）四个等级。
A 优秀；B 良好；C 合格；D 待合格。

七、巩固与练习

1. 判断题

（1）售中客服的工作流程主要涉及从客户付款到订单签收的整个过程，其核心工作是处理订单的物流事项。（　　）

（2）如果客户已经签收货品，而迟迟没有确认收货，这时客服人员可以稍加提醒，但切不可生硬地去要求客户，以免造成客户的反感。（　　）

（3）定向优惠券有专享优惠券和普通优惠券两种。若店铺已创建了普通优惠券，只需要单击"普通优惠券"选项，再选择其中一种进行定向发放即可。（　　）

2. 简答题

（1）售中客户服务基本工作流程及技巧有哪些？
（2）微店售中客服的基本工具有哪些？

3. 技能实训题

对比分析传统售中客服工作以及电商售中客服工作的区别（见表 6-2-4）。

表 6-2-4　对比分析传统客服与电商客服的售中工作

项目	传统售中客服工作	电商售中客服工作
确认订单的方式		
交付货物的方式		
给客户提供优惠的方式		
与客户沟通的方式		
推荐产品的方式		
货物递送的方式		

八、技能归纳图表

知识回顾：
（绘制本任务的知识关系图）

售中客户服务实训 { 售中客户服务基本工作流程及技巧：
　　　　　　　　　　微店售中客服基本工具应用：

续表

思考总结：

九、拓展案例

电商客服沟通技巧之"推荐商品"

向客户推荐商品而不引起反感就要学会抓住客户的需求方向。不要向客户推荐不需要、没需求的商品，而是推荐其有购买有意向的商品。我们来看一个关于推荐商品的成功电商客服沟通案例。

有一个客户购买了辣味的豆干，就可以合理判断客户是一个比较喜欢吃辣的人，可以依据这个判断，向对方推荐一款同样是辣味的牛肉干。但是对方表示太多的时候，客服马上站在客户的角度为客户着想，先说出这两款商品加一起并不多，而且一包可能不会过瘾。解决了关于量的问题，接着又加上一句话"单买需要一定邮费，但是如果两款一起购买的话，可以包邮"。这样为客户省下了邮费，最后可想而知客户买下了这个客服推荐的商品。

从这个案例我们可以看出推荐商品应依据使用者的实际情况并且商品间要有同质性。

如何才能做到有针对性和达到高说服力呢？

（1）明确我们的优势，其中有货源正宗、质量保障和价格优势。

（2）结合大数据分析，在推荐商品选择上考虑历史数据，用大数据和实际情况确定推荐的产品。

（3）一定要站在客户的角度为客户解决问题，让客户感觉这是一个双赢的结果。

（4）最重要的一点就是要学会发问。为什么这点最重要呢？很多时候我们都不知道客户真正的需求是什么，不是我们不用心，而是我们不知道如何问，不懂得怎样让客户告诉我们他们自己的需求。盲目推荐是低效的，而且容易引起客户的反感，向客户提出一些有针对性的问题，反而可以让客户觉得我们够专业，为我们的成交加分。不过提问同样是一门艺术，要注意：提问切忌生硬，要贴合语境发问，要很自然。

（案例来源：https://zhuanlan.zhihu.com/p/134077795）

任务三　售后客户服务实训

一、学习任务

通过了解网络店铺售后客户服务的主要工作内容，掌握售后客户服务的工作方法与技巧，并掌握会员体系创建的基本操作方法。

二、建议课时

4课时。

三、任务分析

在本任务中，学生首先要了解网络店铺售后客户服务工作的主要内容以及工作方法与技巧，然后以微店为例，实践学习和掌握会员体系的创建、售后服务的客户回访与引导评价，做好售后服务工作，建立起良好的客户关系，提高客户满意度与忠诚度。

四、引入案例

华为24 ℃服务理念 用脉脉温情感动用户

一直以来，华为都坚持以消费者为中心的核心价值观，旨在为华为用户提供更为优质的服务品质，为此还推出了24 ℃服务理念，即购买无忧体验和产品享乐体验，以及热情、专业、高效、具有同理心的服务态度。华为希望用户在踏进华为授权体验店的那一刻起，就能被舒适的服务环境包围，感受到华为工作人员耐心热情的服务态度，享受整个购买和体验过程。

> **思政看点**
> 华为坚持以消费者为中心的服务理念，并且深入地落实在实际工作中。

除此之外，华为授权体验店内（见图6-2-16）还会在服务日期间（每月第一个周五、周六、周日）提供照片打印、DIY保护壳、系统加速、屏幕贴膜、消毒加香以及玩机技巧和免费寄修等活动项目来回馈客户，而在日常营业期间则要求工作人员无条件为顾客提供雨伞借用、一杯水服务以及免费Wi-Fi和自助充电服务，因此在华为授权体验店里，经常因为这些小小的温情服务，而上演一幕幕感动的故事。

图6-2-16　华为授权体验店

其实不论是线下店铺还是移动网店,在客户服务工作方面的理念和内容都是相通的,只有带给客户满意的服务体验,才能让客户在产品满意的基础上,增强对品牌乃至企业的忠诚度,提升客户黏性。那么如何才能做好客户关系管理呢?与客户建立起关系是我们第一步要考虑的问题。

(案例来源:https://www.sohu.com/a/227827117_115239)

五、任务的实施

(一)售后客户服务基本工作内容及技巧

售后服务,就是在商品出售以后所提供的各种服务活动。从推销工作来看,售后服务本身也是一种促销手段。维护好一个老客户比开发十个新客户都重要,做好售后服务,不仅能提高客户的回头率,让客户成为免费的推广招牌,更能提升整个店铺的品牌形象。那么如何才能做好移动店铺的客户关系管理呢?大致分为两个方面,具体如下。

1. 创建店铺会员体系,建立客户关系

通过创建会员体系,我们可以建立起与客户的基本联系。了解更多准确的客户信息,进而精准地分析客户需求,提升客户满意度及忠诚度,实现商家的终极目标,提高销量及提升品牌影响力。会员等级设计一般有开放型和限制型等两种类型。

(1)开放型。

开放型的入会门槛相对比较低,甚至无门槛设定,只要客户愿意加入会员即可,目的就在于吸引潜在客户,获取更多客户信息。但无门槛的会员设计模式所吸引的客户,在客户质量及对商家的价值认同度上都较低,会员维护的投入产出比也较低,因此对商家的综合实力要求较高。

(2)限制型。

限制型的入会门槛相对较高,一般需要客户达到一定条件或资格后,才能加入会员体系,这在客户服务售后板块的应用价值较高,让客户管理更加精准,有利于深度挖掘客户价值。加入的方式有申请加入、商家自动赋予会员等级等多种方式。某品牌女装会员体系如图6-2-17所示。

2. 处理售后问题及客户关系维护

主要包括客户反馈问题处理、退换货处理、投诉处理以及客户回访等四个方面。

(1)客户反馈问题处理。

客户收到商品后或在使用过程中,有可能会出现一些问题。这时,客户要么找到购买商品时接待的客服人员进行反馈,要么直接在评论中提出来。若客户直接找到客服人员反馈,客服人员一定要认真对待,首先安抚客户的不满情绪,再进一步了解出现问题的原因,根据具体问题的实际情况,尽量满足客户的诉求,避免中差评。如果客户的问题直接反映到了评论中,客服人员也需要积极地对评论做出回应,在表示抱歉的同时,对客户提出的问题做出详尽的解释,在让客户理解并满意的同时,也消除

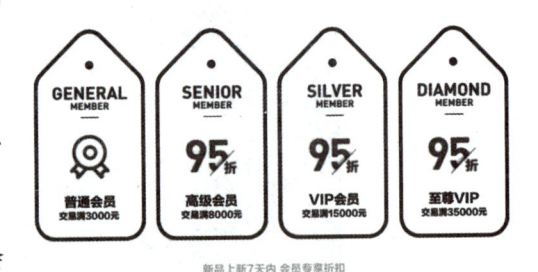

图6-2-17 某品牌女装会员体系

了其他客户对店铺及商品的误解。

（2）退换货处理。

当客户提出退换货的要求时，客服人员应先了解客户退换货的原因。如果确实是商品或者物流等方面的问题，要及时接受客户提出的请求，并告知客户退换货的详细流程及注意事项，使客户退换货的要求及时得到响应，保证客户的最大利益。退换货的基本工作流程如图 6-2-18 所示。

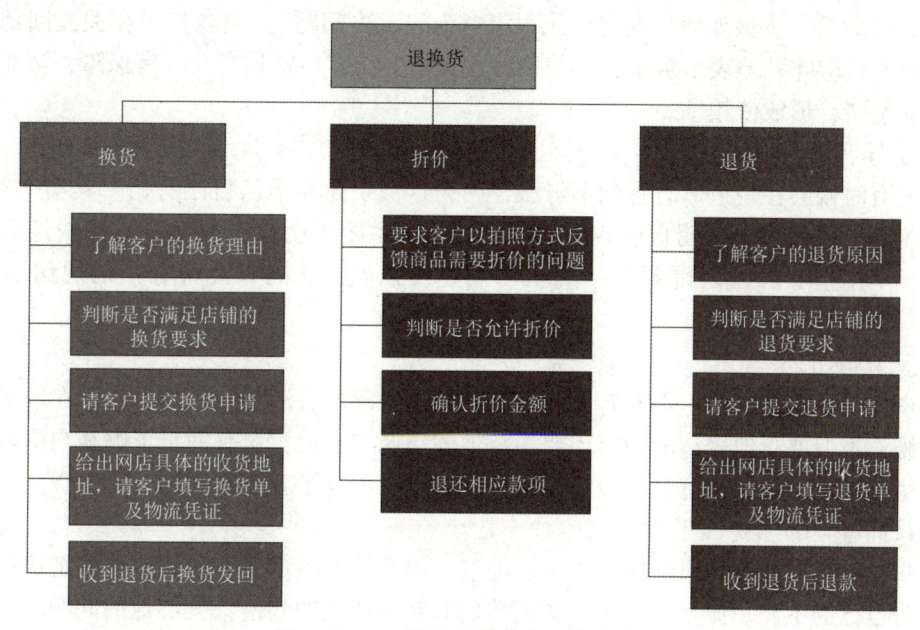

图 6-2-18　退换货的基本工作流程

（3）投诉处理。

如果客户投诉店铺，首先商家应该自我反省，就客户投诉的原因进行分析。若确实是自身原因造成的，则应该承担相应的后果，并真诚地向客户道歉。若是客户方的无理要求，则应尽量想办法获取实证，寻求平台仲裁帮助，保护自身的正当权益。

①客户投诉产生的原因。

最根本的原因是客户没有得到预期的服务，即实际情况与客户期望有差距。即使我们的产品和服务已达到良好水平，但只要与客户的期望有距离，投诉就有可能产生。具体原因如下：

a. 在使用服务过程中，有人歧视或小看客户，没有人聆听他们的申诉。

b. 没有人愿意承担错误及责任。

c. 因为某人的失职令客户蒙受金钱或时间的损失。

d. 客户的问题或需求得不到解决，也没有人向他们解释清楚。

e. 客户认为商家应该义不容辞地去解决一切。

②客户投诉处理的技巧。

a. 快速反应。

客户认为商品有问题，一般会比较着急，担心不能得到解决，而且也会不太高兴。这个时候要快速反应，记下客户的问题，及时查询问题发生的原因，及时帮助客户解决问题。有些问题不是能够马上解决的，也要告诉客户会马上为他解决。

b. 热情接待。

如果客户收到产品后反映产品有问题，要热情对待，甚至要比交易的时候更热情，这样客户就会觉得卖家好，不虚伪。如果卖家爱理不理，客户就会很失望，即使东西再好，他们也不会再来了。

c. 表示愿意提供帮助。

如"让我看一下该如何帮助您，我很愿意为您解决问题"。当客户正在关注问题的解决时，客服人员应体贴地表示乐于提供帮助，这自然会让客户感到安全、有保障，从而进一步消除对立情绪，形成依赖感。

d. 引导客户思绪。

我们有时候会在说道歉时感到不舒服，因为这似乎是在承认自己有错。其实"对不起"或"很抱歉"并不一定表明自己或公司犯了错，这主要表明自己对客户不愉快经历的遗憾与同情。不用担心客户因得到自己的认可而越发强硬，认同只会将客户的思绪引向解决方案。

e. 认真倾听。

客户投诉商品有问题，不要着急去辩解，而是要耐心听清楚问题的所在。在倾听客户投诉的时候，不但要听他表达的内容还要注意他的语调与音量，这有助于了解客户语言背后的内在情绪。同时，要通过解释与澄清，确保自己真正了解了客户的问题。

f. 认同客户的感受。

客户在投诉时会表现出烦恼、失望、泄气、愤怒等各种情感，我们不应当把这些表现理解成是对自己的不满。而是要让客户知道我们非常理解他的心情，关心他的问题。无论客户是否永远是对的，至少在客户的世界里，他的情绪与要求是真实的，找到最合适的方式与他交流，从而为成功的投诉处理奠定基础。

g. 诚恳道歉。

不管是什么原因造成客户的不满，都要诚恳地向客户致歉。如果我们已经非常诚恳地认识到自己的不足，客户一般也不好意思继续不依不饶。

h. 提出补救措施。

对于客户的不满，要能及时提出补救的方法，并且明确告诉客户，让客户感觉到我们在为他考虑，为他弥补，并且很重视他。一个及时有效的补救措施，往往能让客户的不满化成感谢和满意。

(4) 客户回访。

客户回访的目的主要是增加客户的黏性，加深客户对店铺的印象。回访时切不可一味地推销产品，造成客户的反感，可适时介绍一下近期正在进行的优惠活动，引起客户的购买欲望，又或是对客户进行产品质量或服务的跟踪调查，让客户感到被重视，提升客户对产品及店铺的感观价值。

(二) 微店售后客服基本工具应用

在移动店铺客户服务售后工作中，建立客户关系是第一步，在了解了售后客户服务的基本工作内容及技巧后，下面还是以微店为例，介绍一下会员体系创建、客户回访及引导评论的基本操作方法。

> **知识拓展**
> 电商常用的客服
> 工具软件大全

1. 开通店铺会员

（1）首先进入"微店店长版"，在首页中找到客户管理功能，单击进入客户管理界面，向下滑动找到"店铺会员"，如图 6-2-19 所示。

（2）单击"立即开通"按钮，进入店铺会员新建界面，这里有"普通会员"和"超级会员"两种类型。普通会员适用于零售客户管理，超级会员适用于有批发/代理客户的商家。因此对于新手店长来说，首先从普通会员做起。店铺会员界面如图 6-2-20 所示。

（3）单击"新建会员等级"选项进入会员体系设置界面，填写完善等级名称、获得条件、会员权益、升级礼包等，即可完成这一级的会员等级设置，如图 6-2-21 所示。接下来就是按会员体系设计构想，依次完成每一级的设定，如会员等级为三级，就需要分别完成三次新建会员等级操作。

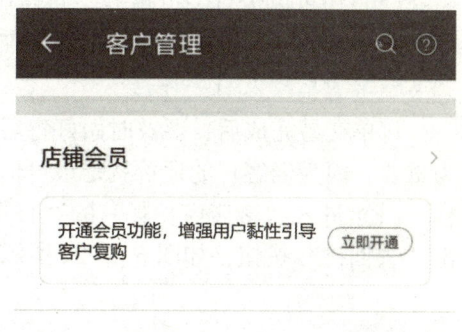

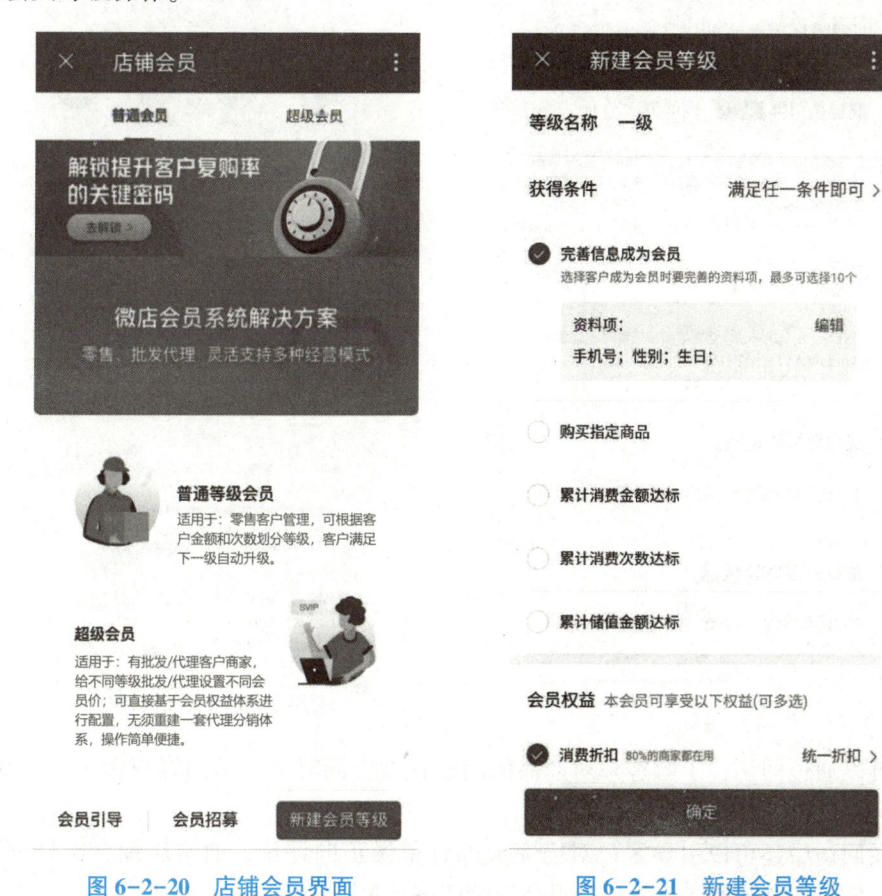

图 6-2-19　开通店铺会员功能

图 6-2-20　店铺会员界面

图 6-2-21　新建会员等级

（4）会员体系建立完成后，在店铺会员管理界面左下角单击"会员引导"选项，就可以进行会员引导设置，通过引导设置，帮助商家引导买家完成会员注册流程，如图 6-2-22 所示。

(5) 还可以进行会员招募，同样在会员管理界面下方单击"会员招募"选项，通过微信、朋友圈等分享生成的会员招募二维码或链接地址，完成招募推广，如图6-2-23所示。

2. 客户回访及引导评论

订单交易完成后，要及时做好售后回访及评论引导工作，特别是复购客户的评论引导尤为重要，因为老客户的评价就是最可信的口碑。

（1）进入"微店店长版"的"订单管理"功能模块，会看到已完成待回访的订单，单击"去回访"按钮，如图6-2-24所示。

图6-2-22　会员引导设置

图6-2-23　会员招募推广

图6-2-24　选择回访客户

（2）可以通过回访，了解客户对产品的满意程度，同时适时地向客户做一些新品推荐，提高新客户的复购率，如图6-2-25所示。

（3）在回访中还可以引导客户对已完成的订单做正向评价，通常店铺会给好评用户发放一些优惠券或定向返现红包等，以提高店铺的好评度，如图6-2-26所示。

（4）对于购买了两次及以上的老客户，我们还可以邀请他们发布"回头客说"，提升店铺或产品的口碑，提高潜在客户的订单转化率。操作方法是进入"客户管理"功能界面，单击下方的"口碑"选项，进入店铺口碑界面，在导航栏单击"回头客说"选项，完成老客户的评价邀请，如图6-2-27所示。

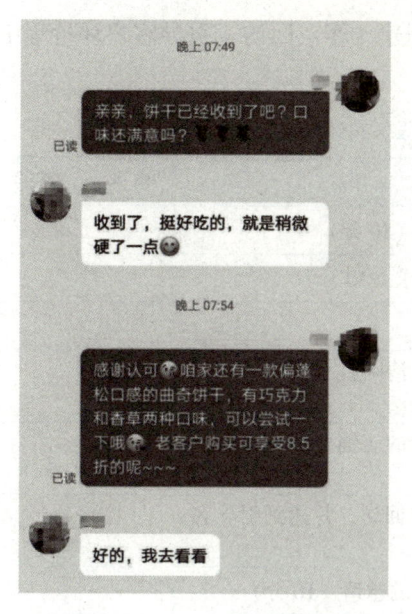

图 6-2-25　客户回访示例

图 6-2-26　客户点评示例

图 6-2-27　邀请老客户做"回头客说"

六、考核与评价

通过本任务的学习，学生已经完成了对网络店铺售后客户服务工作内容、工作方法及技巧的学习及模拟练习，完成了微店会员体系的创建、客户回访、引导客户评价等工作的实践操作。请根据表6-2-5进行自我评价。

表6-2-5　售后客户服务实训学习评价

评价项目	评价要点	自评	互评	师评
网络店铺售后客户服务各类工作	1. 是否能较好应对客户售后问题反馈（10分）			
	2. 是否能够较好应对客户的退换货请求（10分）			
	3. 是否能较好应对客户投诉（10分）			
微店会员体系的创建	4. 能否设计一套等级分明、会员权益清晰且合理的，有利于店铺运营的会员体系（30分）			
	5. 是否能在"微店店长版"中将设计的店铺会员体系新建出来（15分）			
客户回访及引导评价	6. 能否通过"微店店长版"进行客户回访，并达到引导客户好评或复购的效果（15分）			
	7. 能否较好完成老客户"回头客说"的邀请（10分）			
总评成绩				

备注：自评、互评、师评三项的分数取平均值，计入总分。评价结果分为A（85~100分）、B（75~84分）、C（60~74分）、D（60分以下）四个等级。

A 优秀；B 良好；C 合格；D 待合格。

七、巩固与练习

1. 判断题

（1）售后服务，就是在商品出售以后所提供的各种服务活动。　　　　　　　　　　（　　）

（2）开放型的入会门槛相对比较低，甚至无门槛设定，只要客户愿意加入会员即可，目的就在于吸引潜在客户，获取更多客户信息。　　　　　　　　　　　　　　　　（　　）

（3）当客户提出退换货的要求时，客服人员应先了解客户退换货的原因。　　　　（　　）

2. 简答题

（1）网络店铺售后客户服务的工作有哪些？

（2）如何创建微店会员体系？

3. 技能实训题

对比分析支付宝以及微信的客户服务（见表6-2-6）。

表6-2-6　对比分析支付宝与微信的客户服务

支付宝	微信

八、技能归纳图表

知识回顾：
（绘制本任务的知识关系图）

售后客户服务实训 ┬ 售后客户服务基本工作流程及技巧：
　　　　　　　　└ 微店售后客服基本工具应用：

思考总结：

九、拓展案例

案例详解淘宝售后客服沟通技巧

客服就是维护客户的，如果没有将客户维护好，就不是一个成功的客服。不管出现什么问题，客服首先要做的是放低自己的姿态。下面来看看淘宝售后客服沟通技巧。

一个品牌鞋子的店铺，客户购买了2双情侣款鞋子，来咨询客服的时候就已经确认收货差评了，大家都知道一个差评对网店来说是比较严重的，聊天记录是这样的。

客户：在吗？你们这个鞋子太假了。

客服：亲，在的呢，鞋子是哪里不舒服吗？咱们鞋子都是有正品保证的，这点亲可以放心的哦。

客户：穿上之后一点都不好看，鞋舌头老是往一边歪。

客服：亲，因为鞋舌头不是固定的，所以穿的时候难免会有一点左右歪的现象，这个属于正常现象的哦，教您一个小妙招，您在穿鞋子的时候将鞋带放在鞋舌里面，这样会好一些。

客户：但我感觉是假的，一点也不好。

客服：亲，很多东西凭感觉并不能断定结果，您说对吗？就是咱们第一次遇到某人，感觉不是很好，但是通过相处，她可能会成为我们后期的挚友，您说对吗？亲要是实在不放心，咱们鞋子是支持鉴定的哦。

客户：主要是鞋子前面有一点胶水。

客服：亲，因为鞋子刷胶都是密集型手工操作，有可能会存在溢胶等瑕疵问题，主要是看溢胶的面积和高度。如果仅仅是一条胶线紧贴着大底边沿，1~2毫米是正常的，不会影响外观和穿着，在此感谢您的谅解，后期也不会出现问题的哦。

客户：哦哦，原来是这样。

这个时候客户自己的疑虑解决了，下面开始说评价的问题，也不会引起客户反感。

客服：亲，看见您购买的这2双鞋子给了2个不好的评价，通过刚才的聊天知道了亲的疑惑，我看亲评价主要说有胶水，影响了美观，感觉不是正品。亲，咱们淘宝评价对我们也挺重要的，溢胶的话也确实是正常的现象，辛苦亲这边帮我们删除一下评价，您看下可以吗？

客户：可是确实有胶，2双都有。

客服：您看这样可以吗？本身咱们鞋子与专卖店相比，保证正品的同时价格也都是很优惠的，您也可以去专卖店对比看下鞋子，多少都有点溢胶情况，亲这边帮我们删除下评价，这边破例帮您申请一个10元优惠，您删除之后单独退您支付宝，您看可以吗？

客户：行吧，感觉你们也挺不容易。

客服：真的很谢谢亲的理解，我们遇到了好买家，也很感谢亲这边愿意听我们解释，以后需要品牌鞋子可以随时联系我们。

总结经验如下：

（1）放平心态，不要从心里抵触客户。

（2）上来不要直接就说改评价的事情，先看看评价，然后问问客户具体问题，帮助客户解答疑惑，解决问题。

（3）回复一定要快，要比客户说话多，最好做到一问三答，尽量给客户打字，不要发快捷短语。

（4）不要上来就谈补偿，先给客户说明情况，然后慢慢引导客户，进入最终主题。

（案例来源：https://www.maijia.com/news/article/275118）

参 考 文 献

[1] 白东蕊. 新媒体营销与案例分析［M］. 北京：人民邮电出版社，2022.
[2] 赵霁春，朱宏英. 直播电商与消费者行为研究［J］. 广告研究，2020（2）：70-76.
[3] 刘玉莹，张弛，周彦斌. 短视频平台用户行为分析研究［J］. 现代情报，2020，40（5）：144-151.
[4] 胡浩然，王雪. 论音频营销对品牌营销的影响［J］. 商业研究，2021（1）：115-118.
[5] 胡守忠，陈洁. 移动商务［M］. 北京：清华大学出版社，2022.
[6] 郭黎，王庆春. 网络营销［M］. 2版. 北京：人民邮电出版社，2023.
[7] 舒燕. 市场调查与预测（微课版）［M］. 北京：人民邮电出版社，2022.
[8] 何毓颖，李圆圆. 网络推广实务（微课版）［M］. 北京：人民邮电出版社，2022.
[9] 万守付，罗慧. 电子商务基础［M］. 5版. 北京：人民邮电出版社，2019.
[10] 秋叶，孙亮. 微信营销与运营［M］. 3版. 北京：人民邮电出版社，2022.